Daniel Lavigne

Lire et relire I

Lecture, écoute et expression

Manuel

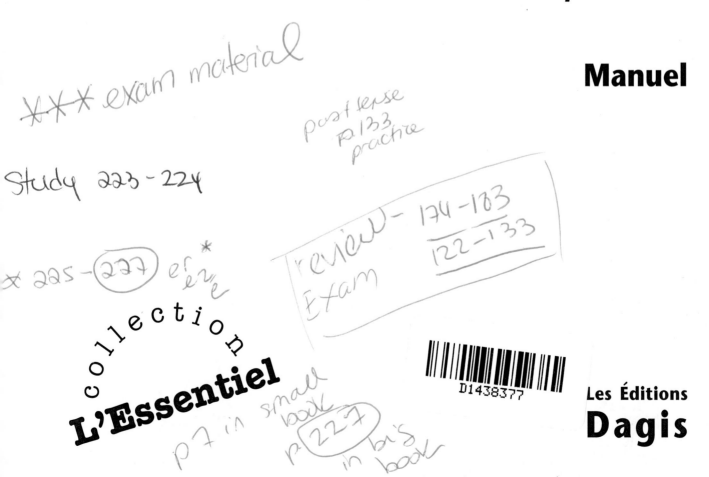

collection
L'Essentiel

Les Éditions
Dagis

Conception graphique et mise en pages :
   Jean Yves Collette

Couverture :
   André Leclerc

Lire et relire I, lecture, écoute et expression – Manuel

© Les éditions Dagis 2000
Dépôt légal : BNQ et BNC
Troisième trimestre 2000
ISBN : 2-922063-20-8

TABLE DES MATIÈRES

LES ANNEXES

Avant-propos

AUX ÉLÈVES

Ce manuel a été conçu pour vous aider à perfectionner votre maîtrise du français écrit et oral. Il accompagne les documents *Lire et relire 1 – Recueil de textes* et *Lire et relire 1 – Cahier de laboratoire*.

Il vise premièrement à améliorer votre compétence en compréhension du français écrit et, deuxièmement, à vous donner une base « minimale » en grammaire pour que vous puissiez écrire des textes simples conformes au code linguistique du français.

Pour apprendre à mieux lire en français, vous trouverez dans ce cahier une grande variété d'exercices, chacun ciblant une compétence précise en lecture. Vous apprendrez

- à mieux comprendre la portée – le sens – des textes que vous lirez ;
- à mieux apprécier la richesse des idées secondaires ;
- à mieux deviner le sens des mots selon leur contexte ;
- à enrichir et à élargir votre vocabulaire de base ;
- à développer des « stratégies » de lecture et d'écoute que vous pourrez appliquer à d'autres langues et à d'autres matières.

Pour apprendre à parler et à écrire le français avec un minimum de fautes, une abondante variété d'exercices de grammaire vous est fournie. Vous apprendrez

- comment reconnaître la nature et la fonction des mots dans une phrase ;
- comment faire la distinction entre les homophones les plus courants ;
- comment faire l'accord des déterminants, des adjectifs et du verbe avec le sujet ;
- comment reconnaître, former et utiliser l'impératif, le présent, le passé composé, et l'imparfait.

Pour améliorer votre compréhension auditive, des exercices de laboratoire, intégrés aux thèmes des modules, vous sont fournis dans le *Cahier de laboratoire*.

Vous remarquerez, après la plupart des exercices, un espace où vous pouvez inscrire la note obtenue lors de la correction. Vous pouvez ainsi comptabiliser vos notes et mieux suivre vos progrès en lecture et en grammaire. Dans la partie « grammaire », le pré-test et le post-test de format identique vous permettent de constater, en comparant les résultats des deux tests, si les exercices que vous avez effectués dans le module ont porté fruit.

Ce manuel, accompagné du *Recueil de textes,* vous permettra donc de développer votre compétence dans les quatre habiletés : compréhension de l'écrit, compréhension de l'oral, expression écrite et expression orale. Si vous faites consciencieusement les exercices que votre professeur vous demande de faire, vous aurez, à la fin de ce cours, une base solide en français, qui vous permettra de lire plus facilement, et avec plaisir, des articles de votre choix, et de rédiger des messages corrects en français.

En plus, votre capacité de lire plus « intelligemment » en anglais ou dans une autre langue s'en trouvera d'autant augmentée.

AUX PROFESSEURS

Voici le premier de deux manuels conçus pour des cours intermédiaires faibles ou faux débutants. Il vise premièrement à améliorer la compétence de l'élève en compréhension du français écrit. Vous y trouverez, à cette fin, une grande variété d'exercices, chacun ayant pour cible une habileté particulière en lecture.

Le manuel vise deuxièmement à donner à l'élève une base « minimale » en grammaire pour qu'il puisse écrire des textes simples conformes au code grammatical du français. Il va sans dire aussi que les acquis en lecture et à l'écrit ne pourront qu'améliorer son expression orale. Ce manuel accompagne les documents *Lire et relire 1 – Recueil de textes* et *Lire et relire 1 – Cahier de laboratoire*.

Chaque module comprend deux chapitres : le premier présente des activités s'articulant autour des quatre habiletés langagières ; le deuxième, des exercices de grammaire en format auto-formation. Voici donc, brièvement, comment s'articule la pédagogie que nous vous proposons pour amener l'élève à mieux comprendre, lire, écrire et parler le français.

Puisque que les activités d'écoute sont définies dans le *Cahier de laboratoire*, nous allons ici commenter plus particulièrement la pédagogie de la lecture. Pour le plan détaillé de toutes les activités, voyez la table des matières ou le plan de chaque chapitre.

CHAPITRE 1 – LIRE, ÉCOUTER, PARLER, ÉCRIRE

Préparation à la lecture

L'anticipation
Normalement, avant de lire un document écrit, un texte informatif par exemple, l'élève a déjà au moins quelques vagues connaissances de son sujet ; il a aussi des attentes et il a probablement formulé quelques hypothèses sur le contenu en voyant le titre, hypothèses qui seront confirmées ou infirmées par la lecture. Les questions posées dans la partie « anticipation » ont pour but de lui faire anticiper le message de l'auteur, de piquer sa curiosité et de lui donner le goût de découvrir ce que le texte lui apprendra.

La pré-lecture
La pré-lecture prépare l'élève à mieux lire le texte. Un premier type d'exercices lui apprend comment utiliser les indices contextuels et les mots apparentés en anglais pour deviner le sens des mots dans une phrase. Les mots en gras se retrouvent, dans un autre contexte, dans le texte du module. Comme l'élève est déjà quelque peu familier avec ces mots, il pourra plus facilement en inférer le sens dans leur nouveau contexte. Un deuxième type d'exercices incite l'élève à utiliser ses connaissances préalables sur le sujet pour les mettre à profit en lisant le texte.

Lecture principale et activités connexes

Sous cette rubrique figurent divers exercices qui amènent l'élève à faire plusieurs lectures du texte en vue d'objectifs précis et à développer en même temps chez lui certaines « stratégies » pour mieux lire.

La compréhension globale
Après une première lecture, des exercices incitent l'élève à voir le texte dans son ensemble : comprendre sa signification globale, distinguer les idées générales des idées secondaires qui les illustrent ou les étoffent ; comprendre comment les idées maîtres-

ses s'articulent. En faisant les exercices de cette première étape de lecture, l'élève découvre l'intention de l'auteur, son message et comment celui-ci l'exprime.

La compréhension détaillée

Après cette première saisie du texte dans sa portée générale, d'autres exercices aiguillent ensuite l'élève vers les détails du contenu : les faits, les arguments, les statistiques, les données, le caractère des personnages, la chronologie d'une narration, etc. Ces exercices vont de la simple reconnaissance (de type vrai ou faux) à l'extrapolation de données (remplissage de tableau sous forme schématique). Dans tous les cas, ils obligent le lecteur apprenti à lire et à relire le texte pour bien en comprendre le contenu « sous toutes ses coutures ».

La vérification du vocabulaire

Après une lecture approfondie du texte, nous proposons à l'élève des exercices qui ont pour but de vérifier l'acquisition du vocabulaire : peut-il réutiliser les mots de vocabulaire dans un contexte similaire, connexe et différent ? Peut-il en reconnaître la définition ? Peut-il trouver des équivalences synonymiques ou antonymiques ? Enfin, peut-il découvrir des mots de même famille et en reconnaître la catégorie grammaticale ? L'objectif final de ces exercices est de rendre actif le vocabulaire chez l'élève pour qu'il puisse l'utiliser lors des productions orales et écrites.

Le repérage et le balayage

Le repérage et le balayage sont des techniques de lecture qui peuvent s'enseigner sans passer nécessairement par la compréhension globale et détaillée d'un texte : on peut tout simplement parcourir un texte quelconque pour se faire une idée de son contenu (balayage) ou pour trouver une information précise (repérage). Pour des raisons de temps et d'efficacité, nous avons préféré utiliser ces techniques de lecture à une autre fin : l'enrichissement du vocabulaire par la reconnaissance de synonymes, d'antonymes et de mots de même famille – ce qui explique pourquoi les tableaux de mots de même famille sont utilisés à la fois comme exercice de vocabulaire et comme exercice de repérage. Nous pouvons ainsi faire d'une pierre deux coups !

La récapitulation

Cet exercice invite l'élève à compléter un résumé du texte principal avec l'aide d'une liste de mots. Tout en lui permettant de réviser et de consolider le vocabulaire du texte, l'exercice l'oblige à utiliser sa « grammaire interne » du français – sa connaissance globale de la langue – pour choisir le mot approprié selon sa nature et sa fonction dans la phrase. Le texte reconstitué peut aussi lui fournir un modèle de résumé.

La reformulation

Des questions qui suivent le développement chronologique du texte et dont les réponses enchaînées constituent un résumé du contenu, des résumés dirigés, des questions à formuler d'après les réponses données, voilà autant d'exercices qui permettent à l'élève de réutiliser, dans un contexte similaire, le vocabulaire, les expressions et les structures apprises. Ces exercices d'écriture dirigée l'obligent à se référer au texte et donc à penser en français, sans passer par l'anglais, pour formuler ses idées sur le sujet proposé.

Lecture supplémentaire

Pour donner à chaque professeur une plus grande latitude dans sa démarche pédagogique, nous avons fourni un deuxième texte principal (texte principal 2) dans chaque module. Quant aux nombreux textes supplémentaires, ils permettent à l'élève d'aller plus loin dans l'exploration du thème du module.

CHAPITRE 2 – LA BOÎTE À OUTILS

Le deuxième chapitre de chaque module fournit les « outils » grammaticaux dont l'élève a besoin pour écrire et parler correctement. Par ailleurs, nous savons que la grammaire est une partie intégrante de la lecture : c'est le code qui permet au lecteur de comprendre le sens d'un enchaînement de mots dans une phrase. Nous croyons qu'il est important de rappeler à l'élève qu'une bonne connaissance de la grammaire du français le rendra meilleur lecteur et, bien sûr, meilleur scripteur.

Un souci d'intégration

Vu l'importance de la grammaire et pour la lecture et pour l'écriture, nous avons voulu qu'elle soit intégrée à l'apprentissage de la lecture, c'est-à-dire qu'elle s'appuie, dans la mesure du possible, sur le vocabulaire et les idées des textes étudiés, et que les verbes du texte se retrouvent dans les exercices de grammaire. Les avantages pédagogiques sont nombreux :

• Le texte illustre en contexte la grammaire du module.
• Les exercices de grammaire reprennent et élargissent les idées et le vocabulaire et en renforcent l'apprentissage.
• Les élèves n'ont pas à buter sur des mots inconnus ; les mots leur sont familiers et restent, autant que possible, dans les limites du champ thématique. Les exercices de grammaire deviennent alors des tâches de lecture complémentaires.
• Certains verbes utilisés dans les exercices sont tirés du texte, donc déjà connus.
• La grammaire devient un outil qui facilite la lecture aussi bien que l'expression écrite.

Une démarche graduée

Notre pédagogie est « étapiste » et procède du simple au complexe, du passif à l'actif.

Le module préliminaire présente d'abord des concepts grammaticaux fondamentaux : la nature et la fonction des mots dans une phrase. Des exercices gradués permettent ensuite à l'élève de bien comprendre ces concepts de base sans lesquels tous les exercices de grammaire que nous lui proposons, dans les quatre modules du manuel, ne pourront porter fruit, et il continuera à faire toujours les mêmes fautes.

La partie révision des temps de chaque chapitre de grammaire se déroule comme suit : l'identification d'abord (savoir reconnaître en vue de la lecture surtout), la formation ensuite et enfin l'utilisation dans des exercices de complexité croissante. L'élève ne doit jamais oublier que la grammaire n'est pas une fin en soi mais un outil pour mieux lire, mieux écrire et mieux parler.

Chaque module contient un pré-test et post-test de format identique, qui permettent à l'élève de mesurer ses progrès. Le professeur peut aussi utiliser le post-test pour de petites évaluations formatives. Pour un suivi encore plus rigoureux de son apprentissage, l'élève peut inscrire sa note dans l'espace prévu après chaque exercice corrigé et en faire le total à la fin du module.

La partie Les accords à l'œuvre permet à l'élève de mettre en pratique, à l'oral et à l'écrit, tout ce qu'il a appris dans le module et aussi d'appliquer le code grammatical d'une façon moins ponctuelle. Les exercices sont regroupés sous trois rubriques : Homophones (transposition graphique des homophones entendus) ; Reconstitution de texte (texte lacunaire portant sur les accords de base) et Dictée lacunaire (sur les temps étudiés).

Un contenu limité

Dans un cours de 45 heures où la grammaire est un outil parmi d'autres pour mieux lire, écrire et parler, nous pensons, de concert avec nos collègues, qu'il faut circonscrire le contenu grammatical en le limitant à des notions de base, et s'assurer qu'elles sont bien acquises par l'élève. Pour ce premier cours, les notions de bases – le niveau seuil en quelque sorte – sont les suivantes : la nature et la fonction des mots ; l'accord des adjectifs, des déterminants et du verbe avec le sujet ; la distinction entre les homophones les plus courants ; l'impératif présent ; le présent, le passé composé, l'imparfait et le plus-que-parfait de l'indicatif.

Dans un deuxième manuel, *Lire et relire 2,* les élèves aborderont le futur simple et le futur proche ; le conditionnel présent ; les pronoms relatifs « qui » et « que », et quelques expressions avec le verbe « avoir ». Des mécanismes de révision dans chaque module assureront que les acquis du premier cours seront maintenus.

LES ANNEXES

L'élève pourra trouver en annexe toutes les explications grammaticales nécessaires pour faire les différents exercices. Il trouvera à cet égard les références pertinentes avant chaque exercice.

Un index alphabétique de tous les verbes utilisés dans les exercices, chacun ayant une référence précise à un tableau des conjugaisons, permet à l'élève de prendre en main son perfectionnement du français.

LE CAHIER DE LABORATOIRE

Le manuel est complété par des exercices de laboratoire intégrés aux thèmes des modules. Ils permettent à l'élève de développer sa compréhension auditive et sa prononciation tout en explorant plus en profondeur les thèmes étudiés en lecture et dans les exercices de grammaire.

NOTES MÉTHODOLOGIQUES

Lecture et activités

Notre matériel suit une démarche stratégique et progressive visant à développer chez l'élève une autonomie à la lecture dont dépend l'acquisition de certaines habiletés déjà énumérées ci-dessus en regard des différents exercices. Ces exercices (dont le but est d'obliger l'élève à lire et à relire les textes selon certaines « stratégies ») sont abondants et ne doivent pas nécessairement être tous faits dans chaque module. Certains peuvent d'ailleurs être laissés à l'initiative de l'élève et servir d'évaluation formative. L'enchaînement des exercices ne constitue pas non plus une méthodologie comme telle, celle-ci étant laissée à l'initiative de chaque professeur. Nous vous invitons d'ailleurs à intégrer les divers exercices à des activités pédagogiques motivantes pour renforcer l'apprentissage en salle de classe. En cela, votre imagination est votre meilleur guide.

Grammaire et activités

Les exercices de grammaire forment un chapitre autonome et sont conçus en vue de la même pédagogie auto-formative que le chapitre sur la compréhension de l'écrit, la compréhension de l'oral, l'expression écrite et l'expression orale. Des tableaux d'aide-mémoire que les élèves complètent à l'aide des annexes, des pré-tests, des exercices suivant une démarche de pas à pas pour lesquels le corrigé est fourni dans le manuel même, des post-tests et enfin un conjugueur sont autant d'outils qui permettent à l'élève de prendre en main sa révision de la grammaire. Les pages devoirs et dictées lacunaires, qui sont détachables, peuvent être ramassées, corrigées et servir de contrôle noté. On peut aussi les faire faire en classe et les utiliser comme évaluation sommative. Du même coup, se trouve résolu le problème des manuels « déjà utilisés ».

Nous espérons que vous trouverez dans le présent manuel, parmi la matière relativement abondante que nous vous proposons, des exercices qui vous permettront d'atteindre les objectifs d'enseignement du cours en lecture aussi bien qu'en expression écrite, et par ricochet en expression orale. Nous tenons à vous rappeler qu'utiliser ce cahier à des fins pour lesquelles il n'a pas été conçu pourrait aboutir à des aberrations sur le plan pédagogique.

DES REMERCIEMENTS

Nous voulons remercier les professeurs du Collège Vanier qui nous ont donné de précieux conseils pour le choix des textes et du contenu grammatical. Merci à Marcel Pérez et à Serge Hervouet Zeibert qui ont bien voulu mettre à l'essai certaines parties du matériel dans leur classe.

Un remerciement particulier à Régis Fournier, ancien collaborateur, dont l'expertise en édition a été grandement appréciée, voire vitale.

Module préliminaire

La nature et la fonction des mots

INTRODUCTION

Si on devait vous donner une seule « recette », presque magique (ou du moins effica-ce) pour apprendre rapidement à lire et surtout à écrire correctement dans une langue donnée, ce serait la suivante : **apprenez à reconnaître la nature et la fonction des mots de la langue.** En français, sans cette maîtrise des éléments de base de la phrase, il est impossible d'écrire correctement. Examinez les phrases suivantes :

The small white shoes are on the big black table.

Les petites chaussures blanches sont sur la grande table noire.

Les flèches indiquent l'interdépendance des mots dans la phrase, et par conséquent, les accords à faire. Vous remarquez qu'en anglais le mot *shoes* (pluriel) oblige l'utilisa-tion de *are.* C'est le seul accord à faire. Mais, en français, les liens d'interdépendance (les accords obligatoires) sont beaucoup plus nombreux, n'est-ce pas ?

N'oublions pas qu'une langue n'est qu'un ensemble de mots, reliés selon des règles (la grammaire), qui permet à un groupe de personnes de communiquer.

En gros, on peut examiner chaque mot d'une langue seconde de trois façons.

1.   Du point vue de son sens (le vocabulaire)

Il y a des mots de la langue seconde dont on ne peut pas déduire le sens à partir de sa langue maternelle. Ces mots de vocabulaire s'apprennent par mémorisation.

      Exemple :   le chien = *dog*

Il y a des mots qui se ressemblent *(cognates),* on dit alors qu'ils sont apparentés, sou-vent parce qu'ils ont la même origine, et qui ont une forme et un sens plus ou moins identiques dans les deux langues. Ces mots sont faciles à apprendre, mais il faut faire attention aux faux amis.

      Exemple :   gouvernement = *government* ; librairie ≠ *library*

Il y a des mots qui font partie d'une famille et dont le sens est facile à deviner si au moins un mot nous est familier.

      Exemple :   vendre – le vendeur – la vente

Il y a des expressions idiomatiques dont on ne peut deviner le sens même si on con-naît chacun des mots qui la compose ; il faut les apprendre par cœur *(by heart).*

      Exemple :   faire la queue *(to line up)*

2.   Du point de vue de sa catégorie (sa nature)

Les mots d'une langue appartiennent à des catégories qu'on appelle aussi les parties du discours : le nom, l'adjectif, le déterminant, le verbe, l'adverbe, la préposition et la conjonction. Chaque catégorie de mots a ses règles d'orthographe et de prononcia-tion qu'un apprenant d'une langue seconde doit connaître. Examinez les phrases sui-vantes en anglais :

<u>What</u> do you think ?
<u>What</u> book did you read ?
I will do <u>what</u> you ask.

Le mot *what* est identique dans les trois phrases, mais pensez-vous qu'il aurait la même forme si on le traduisait en français ? Vous avez deviné que *what* a une nature différente dans chaque phrase : pronom interrogatif, adjectif interrogatif et pronom relatif respectivement. Pouvez-vous traduire les trois phrases en français ?

3. Du point de son rôle dans la phrase (sa fonction)

Chaque mot, selon sa nature, joue aussi un rôle (une fonction) précis dans la phrase ; il peut être **sujet, attribut, complément direct, complément prépositionnel**, etc. Puisque la fonction d'un mot a des **conséquences** sur les autres mots de la phrase, il est très important de la reconnaître. Par exemple, un sujet pluriel doit avoir un verbe pluriel.

> Exemple : *Paul sings but Paul and Julie sing.*
>
> Paul chant**e** mais Paul et Julie chant**ent**.

Remarquez bien ceci : la nature des mots et leur fonction dans la phrase ne dépendent pas du sens des mots mais de la **structure de la phrase**. Examinez les deux phrases suivantes en charabia :

The trigs were zranded refruly by the rishful graggs.

Les vrags étaient bnivichés wrisiment par les bodites prenches.

Pouvez-vous donner la nature et la fonction de chaque mot dans les deux phrases ?

Voilà ! Vous êtes maintenant prêts à faire les exercices sur **la nature des mots** et **leur fonction** dans la phrase. Ils vous donneront **la base** qui vous permettra, une fois pour toutes, **de comprendre la grammaire pour écrire correctement**.

Pour vous en convaincre réfléchissez aux questions suivantes :

- Comment accorder l'adjectif avec le nom si on ne reconnaît pas la nature de l'un et de l'autre ?

- Comment accorder le verbe avec son sujet si on ne sait pas ce qu'est un verbe ou un sujet ?

- Comment savoir qu'il faut mettre la forme infinitive du verbe après une préposition si on ne peut pas reconnaître la préposition ?

- Comment savoir qu'un adverbe est toujours invariable si on ne peut l'identifier dans une phrase ?

N'oubliez pas que, pour faire les exercices que nous vous proposons, il n'est pas nécessaire de connaître le sens de tous les mots dans les phrases que vous allez rencontrer.

I LA NATURE DES MOTS

La nature désigne les caractéristiques qui distinguent un mot des autres éléments du discours. Ne pas confondre avec **la fonction**, qui indique le rôle d'un mot dans une phrase.

Dans la vie de tous les jours, la **nature** de l'eau, par exemple, est d'être une boisson, tandis que sa **fonction** est d'enlever la soif.

l'être	la nature	la fonction
l'eau	une boisson	enlever la soif

En grammaire, il faut aussi bien distinguer la **nature** des mots (qui est indépendante de la phrase dans laquelle les mots sont utilisés) de leur **fonction**, qui dépend entièrement de la phrase dans laquelle les mots se trouvent.

Survol rapide

N.B. : Les premiers exemples de chaque type de mots vous sont donnés en anglais. Une bonne nouvelle : si vous reconnaissez la nature des mots en anglais, vous la reconnaîtrez aussi en français. On retrouve les mêmes catégories de mots dans les deux langues.

1. Le nom

Mot qui sert à **nommer** une chose, une personne, un être ; il peut être accompagné d'un déterminant (article et adjectif non qualitatif) qui en indique le genre et le nombre.

The car ; le **crayon**, une **règle**, ces **livres**, nos **idées**, etc.

2. L'adjectif

Mot qui **qualifie** ou **modifie** un nom auquel il se rapporte et dont il prend le genre et le nombre.

The rich man. Ce **jeune** homme aime les voitures **anciennes**.

3. Le déterminant (article et adjectif non qualificatif)

Mot qui fournit des **indications** (non qualificatives) sur un nom auquel il se rapporte. Il en prend le genre et le nombre.

My dignity. Ce jeune homme aime **les** voitures anciennes. **Mon** père est plus vieux que **ma** mère.

4. Le verbe

Mot qui indique en général **l'action** ou **l'état** du sujet dans une phrase.

The rain falls. Le train **roule** vite. La liberté **est** précieuse.

Le verbe peut se conjuguer à différentes personnes.

I eat, you eat, he eats ; Je **mange**, tu **manges**, il **mange**, etc.

5.   Le pronom

Mot qui **remplace** un nom qu'on appelle référent ; le pronom prend le genre et le nombre du nom qu'il remplace.

> *The Boys'bands ? **They** are now popular.*
> L'ordinateur fonctionne mal : **il** fait des fautes. Je **les** vois.

6.   L'adverbe

Mot invariable (qui ne s'accorde pas) qui **modifie** ou **complète** le sens du verbe (1), de l'adjectif (2) ou d'un autre adverbe (3).

1*) He runs **fast**.*	2*) He is **very** fast.*	3*) He walks **very** slowly.*
1) Vous lisez **rapidement**.	2) Il est **trop** lent.	3) Il conduit **très** lentement.

7.   La préposition

Mot invariable qui sert à **introduire un complément**, généralement d'un verbe (1) ou d'un nom (2).

Exemple :   1)   *He is going **to** Paris ;* il va **à** Paris.

2)   *A glass **of** wine ;* un verre **de** vin.

N.B. : Pour voir l'utilité des prépositions, enlevez-les dans les phrases ci-dessus.

1)   *He is going Paris. A glass wine.*

2)   Il va Paris.   Un verre vin.

Une préposition, en introduisant un complément (une idée qui complète le verbe ou le nom), peut indiquer divers rapports :

Un rapport de **lieu** :
> Il vit **à** la campagne. Il vient **de** la campagne.

Un rapport de **temps** :
> Il fait beau **en** automne. Je viendrai **à** midi. Il vient **après** la classe.

Un rapport de **manière** ou de **moyen** :
> Je voyage **par** goût. J'y vais **en** auto.

Une préposition formée de plusieurs mots s'appelle une **locution prépositive** *(prepositional phrase)*

Exemple :   *because of ;* à côté de, en dehors de, à cause de

8.   La conjonction

Mot invariable qui **relie** deux mots ou deux parties de phrases.

> *Greg **and** Mary are singing partners **but** are not married to each other.*

Paul **et** Pierre sont riches **mais** ils sont malheureux.

II LA FONCTION DES MOTS

La fonction d'un mot désigne son **rôle** dans la phrase où il est employé. Une phrase se compose habituellement 1) d'un verbe conjugué, 2) de son sujet, 3) de ses compléments ou de ses attributs.

1. Le sujet

Le sujet est l'être qui **accomplit** l'action du verbe ou **réalise** l'état exprimé par le verbe.

> The **baby** laughs. L'**enfant** joue dans la cour. **Je** suis libre.

Pour trouver le sujet, on pose la question « qui est-ce qui ? » ou « qu'est-ce qui ? » <u>avant</u> le verbe :

> **Qui est-ce qui** joue ? L'**enfant** joue.
> **Qu'est-ce qui** fait ce bruit ? **Le ventilateur** fait ce bruit.

À noter :

- Le verbe peut avoir plusieurs sujets :

> L'**alcool** et l'**amour** ne font pas bon ménage.

- Le sujet peut être une phrase :

> **Boire au volant** n'est pas recommandé.

> **Ce qui est permis** n'est pas nécessairement recommandé.

2. Le complément

Le complément désigne la personne ou la chose qui **complète** le sens du verbe ou supporte l'action du verbe.

> *a)*   *The computer processes **data**.*
>   L'ordinateur traite les **données**.

> *b)*   *The teacher talks to the **student**.*
>   Le professeur parle **à l'étudiant**.

- Le complément du verbe peut être direct (sans préposition) comme dans *a)* ; pour trouver le CD, on pose la question « qui » ou « quoi » <u>après</u> le verbe.

> Exemple : L'ordinateur traite **quoi** ?

- Le complément du verbe peut être indirect (avec une préposition comme dans *b)* ; pour trouver le CI, on pose la question « à qui ? », « à quoi ? », « de qui ? », « de quoi ? », etc. <u>après</u> le verbe.

> Exemple : Le professeur parle **à qui** ?

3.   L'attribut du sujet

L'attribut est un mot ou un groupe de mots qui vient compléter le sujet par l'intermédiaire d'un verbe d'état (être, sembler, paraître, devenir, demeurer, avoir l'air, etc.).

*The moon was **bright**.* Le chat était **noir**.

La mère semble **inquiète** du retard de sa fille.

Pour trouver l'attribut, on pose la question « comment ? » <u>après</u> le verbe d'état.

Exemple : La mère semble **comment** ?

III EXERCICES SUR LA NATURE ET LA FONCTION DES MOTS

1. Exercices sur la nature des mots

Exercice 0.1 Nature et fonction d'objets courants

➤ Indiquez la nature et la fonction des objets suivants de la vie de tous les jours.

Modèle

L'être	la nature	la fonction
l'eau	une boisson	enlever la soif

L'être	la nature	la fonction
la laveuse	_____	_____
le baseball	_____	_____
la voiture	_____	_____
l'ordinateur	_____	_____

Exercice 0.2 Identification du nom

➤ Dans les phrases suivantes, soulignez les noms.

The brain emits electrical waves.

1. Le cerveau émet des ondes électriques.

2. J'ai lu une biographie de Mozart.

3. Tout le monde avait quitté la ville.

4. La liberté est une qualité précieuse.

5. Le pompier brésilien a montré un grand courage.

Exercice 0.3 Identification de l'adjectif qualificatif et du déterminant

➤ Dans les phrases suivantes, soulignez les adjectifs qualificatifs et les déterminants. Omettez les définants définis, indéfinis et partitifs.

Her husband adored their children.   adjectif

1. Sa sœur a une petite voix douce.

2. Toutes les familles nombreuses devraient recevoir des allocations gouvernementales.

3. Il a passé quelques heures superbes au musée national.

4. Mettez chaque chose à la bonne place.

5. Nous aimons notre propre pays plus que les pays étrangers.

Exercice 0.4 Identification du genre et du nombre de l'adjectif qualificatif et du déterminant

➤ Dans les phrases suivantes, indiquez le genre et le nombre des adjectifs qualificatifs et des déterminants (sauf les déterminants définis, indéfinis et partitifs) en écrivant au-dessus de chacun le code approprié.

MS = masculin singulier ; **MP** = masculin pluriel ; **FS** = féminin singulier ; **FP** = féminin pluriel.

The big brave men patrolled the dangerous area.

1. Ma mère porte des robes longues.

2. La femme moderne peut entreprendre une carrière professionnelle.

3. Quelles sont vos chanteuses préférées ?

4. La grande porte battait au vent violent.

5. Préférez-vous des amis intelligents et arrogants ou des amis sots et gentils ?

Exercice 0.5 Identification du mot modifié ou déterminé

➤ Dans les phrases de l'exercice 0.4, indiquez par une flèche le mot modifié ou déterminé par l'adjectif ou le déterminant.

Exemple : Ses parents sont bons.

Exercice 0.6 Identification du verbe

➤ Dans les phrases suivantes, soulignez les verbes conjugués et les infinitifs.

It was sad to see the little dog which was struggling to get out of the lake.

1. Jean lit des livres savants qu'il trouve intéressants. Il veut s'instruire.

2. Nous venions de partir quand mon frère est arrivé pour nous prendre.

3. Christine a reçu une bonne éducation.

4. Le professeur a dû corriger 60 compositions pendant la fin de semaine ; il était épuisé mais content.

5. Maurice, si tu passes à la ferme, ferme la porte de la grange.

Exercice 0.7 Identification de l'infinitif et du verbe composé

➤ Dans les phrases de l'exercice 0.6, marquez d'un * les verbes à l'infinitif.

Exercice 0.8　Identification de l'adverbe

➤ **Dans les phrases suivantes, soulignez les adverbes et reliez-les par une flèche au mot qu'ils modifient.**

A. Adverbe modifiant un verbe

Cheetahs run fast.

1. Les guépards courent vite.

2. Il faut vous consacrer entièrement à vos études si vous voulez bien réussir.

3. Serait-elle partie hier ?

4. (Histoire d'Adam et Ève)
   Tout de suite, Adam commence à faire la cour à Ève.

   — Mademoiselle, vous a-t-on déjà dit que vous étiez jolie ?

   — Ah ! les hommes ! réplique aussitôt Ève. Tous les mêmes !

5. Les astronomes avaient vu juste : les trous noirs existent réellement.

B. Adverbe modifiant un autre adverbe

Cheetahs run extremely fast.

1. Les guépards courent extrêmement vite.

2. Il faut partir dès maintenant !

3. Ursule pleure beaucoup trop facilement.

4. Tu arriveras plus tôt !

5. Les astronomes avaient vu très juste.

C. Adverbe modifiant un adjectif

Claudia Schiffer is remarkably beautiful.

1. Claudia Schiffer est remarquablement belle.

2. Les fonctionnaires très influents participent au pouvoir.

3. Il est extrêmement important de comprendre la nature et la fonction des mots pour écrire en français.

4. Les politiciens sont trop attentifs à l'opinion publique.

5. Sommes-nous plus informés que les générations précédentes ?

Exercice 0.9 Identification du pronom

➤ **Dans les phrases suivantes, soulignez les pronoms.**

She told him she wanted to see the show. It is supposed to be great!

1. Hélène pense vite : elle est plus vive que son mari ; lui, il est plutôt lent.

2. Tu vois cette colline là-bas, Robert ?
   — Oui, je la vois, elle est magnifique !

3. Arthur, vous comprenez les pronoms ?
   — Oui, je les comprends très bien.

4. Ces enfants ? Leurs parents les aiment et leur ont donné la meilleure éducation possible.

5. Un pronom est un mot qui remplace un nom ou un autre pronom.

   Il prend le genre et le nombre du mot qu'il remplace.

Exercice 0.10 Identification du référent

➤ **Dans les phrases de l'exercice 0.9, marquez d'un R les référents (les mots remplacés par les pronoms) et reliez-les par une flèche aux pronoms. Si le pronom n'a pas de référent spécifique, marquez-le d'un « ? ».**

Exercice 0.11 Identification de la préposition

➤ **Dans les phrases suivantes, soulignez les prépositions.**

ATTENTION :
Certaines phrases peuvent contenir une préposition cachée (contractée avec le déterminant).

The waiter had come from Paris the year before.

1. Je suis heureux de vous revoir.

2. Le chirurgien hésite à opérer le malade.

3. Il arrivera dans vingt minutes.

4. Chaque matin, beaucoup de gens se rendent au bureau.

5. Sans l'analyse grammaticale, nous sommes condamnés à faire et à refaire toujours les mêmes fautes quand nous écrivons.

Exercice 0.12 Révision et vérification de la nature des mots dans une phrase

➤ **Faites l'exercice Espèces de mots du Menu 1 dans le logiciel *Le réviseur grammatical.***

2.   *Exercices sur la fonction des mots*

Exercice 0.13 Identification du sujet

➤ Dans les phrases suivantes, soulignez chaque verbe conjugué et reliez-le au(x) sujet(s) par une flèche.

The students did not understand what the teacher had explained.

1. Dans les salles de classe, on peut accrocher son manteau.

2. L'écriture des médecins est souvent difficile à lire.

3. Le dangereux prisonnier était surveillé par un garde.

4. Les papilles gustatives *(taste buds)* sur la langue nous permettent de goûter les aliments que nous mangeons.

5. Les lions peuvent manger une grande quantité de viande.

Exercice 0.14 Identification du CD

➤ Dans les phrases suivantes, soulignez les compléments directs (CD) ; ensuite, reliez-les au verbe par une flèche.

The students are preparing their exams.

1. Les professeurs préparent leurs leçons.

2. Les filles gagnent souvent les prix scolaires.

3. La plupart des médecins recommandent ce médicament.

4. Le premier ministre remportera-t-il de nouveau les élections ?

5. Les tableaux qu'il a peints sont merveilleux.

Exercice 0.15 Identification du CI

➤ Dans les phrases suivantes, soulignez et identifiez les compléments indirects (CI) ; ensuite, reliez-les au verbe par une flèche.

The witness told the judge the truth.

1. Le médecin recommande ce médicament à ses patients.

2. Il a parlé au pape hier.

3. On nous a donné deux crayons en or.

4. Socrate aimait parler de philosophie.

5. Clinton lui a demandé son nom.

Exercice 0.16 Identification du CD et du CI

➤ **Dans les phrases suivantes, soulignez et identifiez les compléments directs (CD) et les compléments indirects (CI) ; ensuite, reliez-les au verbe par une flèche.**

Lexique :

l'ordinateur, *computer* ; la panne, *the breakdown* ; disque rigide, *hard disk* ; l'atelier, *shop*.

Pierre, apporte l'ordinateur chez le technicien. Explique-lui tous les problèmes. Il

t'écoutera attentivement. Signale-lui la panne du disque rigide. Demande-lui le coût

estimé des réparations et combien de temps il doit garder l'appareil à l'atelier. Voilà !

Je te remercie, Pierre.

Exercice 0.17 Identification de l'attribut du sujet

➤ **Soulignez les attributs (ATTRI) du sujet ; ensuite, reliez-les au sujet par une flèche.**

The actor seemed good.

1. Pierre paraît heureux.

2. Marie est présidente de son association.

3. Ce livre semble passionnant.

4. Paul et Jeanne ont l'air enthousiastes à la suite de leur changement de carrière.

5. Le jardin devient trop ensoleillé.

IV LES GROUPES CONSTITUANTS D'UNE PHRASE MINIMALE

Le sujet, le verbe, les compléments et l'attribut du sujet sont les constituants (les parties) fondamentaux de la phrase simple minimale. Chaque constituant possède des mots satellites qui forment des **groupes** : le groupe sujet (GS), le groupe verbal (GV), le groupe complément (GC) et le groupe attribut du sujet (GA).

Exemples :

GS	GV	GC	GA
Ce grand comédien	joue	des rôles difficiles.	
Ce grand comédien	est		une vedette.

On peut enrichir la phrase en ajoutant des éléments (mots, locutions, phrases) à chaque groupe.

- Au GS : Ce grand comédien **dont la réputation est internationale**,
- Au GV : joue **souvent**
- Au GC : des rôles difficiles **que peu d'artistes peuvent assumer.**
- Au GA : une vedette **que l'on voit souvent à la télé.**

Exercice 0.18 Identification des groupes constituants de la phrase

➤ **Dans les phrases suivantes, identifiez le GS, le GV, le GC et le GA ; séparez chaque groupe par une oblique (/).**

Mary and Paul love horror movies.

1. Julie et Dominique adorent le cinéma français.

2. Les deux amies cherchent les prix réduits en matinée.

3. Elles se rencontrent au centre-ville.

4. Les Canadiens aiment les grandes vedettes américaines.

5. Dominique est musicienne.

6. Elle écoute la chanson mélodieuse.

7. Elle fera des études collégiales.

8. Julie suit tous ses nombreux déplacements.

9. Elles évaluent la performance des acteurs.

10. Une petite flamme brille dans leurs yeux noirs.

Module 1
Les rêves

Chapitre 1
Lire, écouter, écrire et parler

COMPRÉHENSION DE L'ÉCRIT
Anticipation
Pré-lecture
Lecture principale et activités
A - Compréhension globale
B - Compréhension détaillée
C - Vérification et enrichissement de vocabulaire
D - Repérage des synonymes par balayage
E - Récapitulation de texte
F - Reformulation dirigée
Lecture supplémentaire

COMPRÉHENSION DE L'ORAL
Activités d'écoute au laboratoire
Activités d'écoute en classe

EXPRESSION ÉCRITE
Pleins feux sur le paragraphe
Expression écrite en classe
Expression écrite au laboratoire

EXPRESSION ORALE
Activités d'expression orale au laboratoire
Activités d'expression orale en classe

COMPRÉHENSION DE L'ÉCRIT

Anticipation

Savez-vous qu'en lisant un texte vous effectuez un va et vient continu entre ce que vous savez et ce que vous ne savez pas ? Savez-vous qu'un texte portant sur un sujet pour lequel vous n'avez aucun point de référence vous serait à peu près incompréhensible ? Savez-vous qu'en lisant vous faites inconsciemment des hypothèses sur ce que vous allez rencontrer (mots, idées, structures) dans le texte ?

Les exemples suivants en anglais vous en convaincront.

Exemple 1
After the cease-fire, that ended a brutal war, our troups arrived on the island : there, they discovered...

Qu'est-ce que vous anticipez ? Quelles hypothèses avez-vous émises ?

Exemple 2
The quanta respond to the acceleration of sub atomic particles which...

Pouvez-vous émettre des hypothèses ?

Ces deux exemples illustrent bien l'importance des connaissances préalables (les points de référence) dans la compréhension d'un texte.

Dans tous les modules, la réflexion que nous vous invitons à faire sur le sujet du texte principal, avant la lecture, a pour but justement d'« activer » vos connaissances pour vous faciliter la compréhension du texte.

Pour vous préparer à lire le texte sur les rêves, inspirez-vous des questions suivantes.

- Rêvez-vous ?
- Vous souvenez-vous de vos rêves ?
- Savez-vous pourquoi nous rêvons ?
- Est-ce que les rêves, même les mauvais (les cauchemars), jouent un rôle dans notre équilibre mental ?
- Croyez-vous que les rêves peuvent prédire l'avenir ? Croyez-vous aux rêves prémonitoires ?

➤ **Énumérez rapidement trois choses que vous aimeriez apprendre sur les rêves.**

1. _____

2. _____

3. _____

Pré-lecture

Selon les experts en lecture, lire c'est en partie apprendre à inférer *(guess, infer)* le sens des mots dans un texte. Et comment fait-on cela ? En utilisant le contexte. Le mot « contexte » veut dire la phrase où se trouvent un mot et les autres éléments qui l'entourent. « Contexte » signifie aussi le sujet *(topic)* dont il est question dans le texte.

Exemples

Les mots dans le contexte de la phrase

*This athlete can **run** a mile in four minutes.*

*Jimmy says that he will **run** for President.*

*His nose **runs** all the time.*

*The bad news created a **run** on the bank.*

Est-ce que le mot *run* a le même sens dans les quatre phrases ?

Les mots dans le contexte général

C'était un soir humide et l'air bourdonnait *(was buzzing)* d'insectes. Pierre marchait rapidement et agitait **fébrilement** la main droite pour chasser les **mannes** qui volaient par milliers autour de sa tête.

Que veut dire « fébrilement » ? Est-ce un geste rapide ou lent ? Qu'est-ce qui l'indique ?

Que veut dire « mannes » ? Quel est le mot clé du texte qui vous permet d'en inférer *(guess)* le sens général ? Même si votre inférence n'est pas précise, vous a-t-elle quand même permis de comprendre le sens général du texte ?

Ces exemples montrent bien comment on peut améliorer sa compétence en lecture en utilisant la stratégie d'inférence. Dans ce but, faites maintenant les exercice 1.1 et 1.2. Partagez ensuite vos inférences avec celles de vos camarades de classe. Vous retrouverez les mots en gras dans le texte principal 1 mais dans un autre contexte. Ils vous seront en partie familiers à la lecture du texte principal 1.

Exercice 1.1

➤ **Devinez, d'après le contexte de la phrase, les mots manquants.**

Exemple : *It was _____ at the meeting that a delegation would be elected. A ballot _____ was struck and the elections were held the following week. Mr. Boil and Mrs. Water, both town _____, were elected. They will be leaving for Paris.*

Vous avez – presque inconsciemment – trouvé les mots manquants et vous avez compris le sens général des énoncés, n'est-ce pas ?

➤ **Devinez d'après le contexte de la phrase les mots manquants.**

Tout le monde rêve. Personne n'échappe à ces histoires projetées dans notre tête pendant que nous _____. Même les embryons rêvent dans le ventre de leur _____. Nous _____ tout près de 100 minutes par _____. La plupart du temps, nous ne nous souvenons _____ de nos rêves. Cependant, la plupart _____ gens se rappellent un rêve tous les deux jours. Il est _____ naturel de s'interroger sur les rêves.

Avez-vous compris le sens du paragraphe ? Combien de mots manquants avez-vous devinés ?

Nombre de mots manquants devinés   / 7

Exercice 1.2

➤ **Dans les phrases suivantes, inférez le sens des mots en caractères gras et précisez les éléments contextuels ou les congénères *(cognates)* en anglais qui vous ont aidé.**

1. Un film est **projeté** sur un écran *(screen)* grâce à un appareil d'éclairage appelé projecteur.

   _____

2. Les opposants de l'avortement *(abortion)* considèrent **l'embryon** comme un être vivant ayant les mêmes droits que l'enfant ou l'adulte.

   _____

3. Les meilleurs élèves ont obtenu 90 % au test final, mais la **moyenne** de la classe n'est que de 69 %.

   _____

4. Le sommeil est une période d'activité cérébrale intense, mais, **paradoxalement**, c'est une période de repos. Cela semble contraire au bon sens : il y a là une espèce de contradiction.

   _____

5. Sa jambe, pressée par le poids de la voiture renversée, avait perdu toute sensibilité : elle était tout à fait **engourdie**.

   _____

6. Dans la guerre du Golfe, les Américains **ont déployé** une armée de 500 000 soldats.

   _____ *envoyé* _____

7. On dit que les tyrans sont des êtres insensibles qui ne sont pas **touchés** par la souffrance des autres.

   _____

8. Quel est l'événement de votre enfance qui vous a le plus **marqué** et qui, par conséquent, a façonné *(shaped)* votre personnalité ?

   _____

9. « *Birds of a feather flock together* » est un **dicton** bien connu en anglais. En français, on dit : « Ceux qui se ressemblent s'assemblent ».

   proverbe, une vérité

10. De nombreux adolescents passent des heures devant l'ordinateur sans **bouger**.

    _____

11. La grenouille *(frog)* fait partie de la famille des **batraciens** ; l'homme appartient au groupe des mammifères.

    batra ciens

12. La consommation excessive d'alcool peut **entraîner** la mort.   *provoquer*

allure ! look / appearance   *être la raison*
                                                      cause

chao – chaos

13. Qui fait le **ménage** dans votre chambre pour qu'elle reste propre ? Vous-même ou votre mère ?

_____

14. Savez-vous que le saumon que nous mangeons n'est plus pêché en mer mais **élevé** industriellement ?

_____

15. Le courant électrique se transmet par **ondes** ; on peut voir ces ondes sur un spectrographe.

__Spectrograph_____waves vibration_____

Lecture principale et activités

A. Compréhension globale

Pour bien lire, il faut s'éloigner du décodage mot à mot et saisir (comprendre) des ensembles : ensemble de mots (la phrase), ensemble de phrases (le paragraphe) et ensemble de paragraphes (le sens global du texte).

Avant de lire le texte principal 1 pour une compréhension globale, voici deux exercices dont le but est de développer votre habileté à saisir la cohérence de la phrase et du paragraphe.

Exercice 1.3   Exam sentence association   10M

➤ **Complétez les phrases de la partie B en transcrivant dans les espaces indiqués un énoncé (une partie de phrase) de la partie A.**

Il y a un énoncé distracteur.

PARTIE A

A. « une tempête dans le cerveau ».   D. semblent être universels.
B. que le chat rêve aux souris ?   E. peut fabriquer les rêves.
C. qui nous protègent de la folie.   F. parce qu'ils arrivent souvent.

PARTIE B

1. Quelqu'un a défini le rêve comme _A_____
2. Certains rêves, comme la chute dans l'espace, _D_____
3. On ne sait pas encore comment le cerveau _E_____
4. Peut-on imaginer _____B_____
5. Selon le professeur Jouvet, ce sont les rêves _C_____

Exercice 1.4

➤ **Numérotez les phrases ci-dessous pour qu'elles forment un paragraphe cohérent. Les deux questions suivantes vous aideront à saisir (comprendre) la cohérence de l'ensemble.**

Quelle est la phrase dont l'idée peut englober *(contain)* toutes les autres ?

Y a-t-il des mots qui indiquent l'ordre des phrases dans le paragraphe ?

3 Ils nous aident ensuite à trouver des solutions aux problèmes rencontrés au cours de la journée.

1 Selon Freud, les rêves jouent un rôle important pendant le sommeil.

4 Enfin, les rêves nous protègent de la folie.

2 Les rêves permettent d'abord au cerveau de classer les informations reçues pendant la journée.

Exercice 1.5   Exam SM

En règle générale, que font les gens la nuit (Du moins ceux qui ne travaillent pas) ? **Ils dorment**, c'est-à-dire, qu'ils entrent dans **un sommeil** qui les coupe du monde extérieur. La **durée** du sommeil la nuit varie d'une personne à l'autre, mais tout le monde doit **dormir** pour ne pas mourir. Comme vous le verrez en lisant le texte principal 1, le sommeil est une période très active.

➤ **Après avoir lu le texte principal 1 du Module 1, que vous trouverez dans le *Recueil de textes*, indiquez quelle phrase en résume le mieux le sens général.**

1. L'homme n'est pas le seul animal à rêver.
2. Les rêves jouent un rôle important dans l'équilibre psychique de la plupart des êtres vivants.
3. Nos rêves sont nourris par les événements de la journée.
4. Les rêves sont particulièrement intenses dans la quatrième période du sommeil.

/5

Exercice 1.6

➤ **Indiquez dans quel(s) paragraphe(s) on parle :**

___ de l'activité physiologique pendant les rêves

___ de l'activité cérébrale (du cerveau)

✓ de la fonction des rêves

___ du rêve chez les animaux

___ du contenu des rêves

___ de la fréquence des rêves

/6

B. Compréhension détaillée

Après une première lecture qui vous a permis de comprendre le texte principal 1 dans son ensemble, vous allez maintenant le lire et le relire pour avoir une compréhension beaucoup plus précise.

Exercice 1.7

➤ **En vous référant au texte principal 1, *Les Rêves*, donnez, sous forme télégraphique, des précisions sur :**

Les périodes de rêve pendant le sommeil

* _____
* _____
* _____
* _____

La durée des rêves

* _____
* _____
* _____
* _____

Le souvenir des rêves

* _____
* _____
* _____
* _____

Le temps consacré aux rêves

* chez les bébés : _____
* chez les enfants : _____
* chez les adultes : _____

Les activités pendant les rêves

* les yeux : _____
* le corps : _____
* le cerveau : _____

Le contenu des rêves

* _____
* _____
* _____
* _____

La fonction des rêves

* ils protègent _____
* ils fixent _____
* ils _____ l'apprentissage.

C.   Vérification et enrichissement du vocabulaire

Vous rappelez-vous le sens de tous les mots importants du texte principal 1 ? Pouvez-vous les utiliser dans d'autres contextes ? Pouvez-vous utiliser les mots et les expressions dans une composition ou un exposé oral ? Sinon, les exercices suivants vous aideront à le faire. Ils vous obligeront de nouveau à parcourir rapidement le texte principal 1. Votre compréhension du texte n'en sera que meilleure.

Exercice 1.8   ~~XXX~~ Exam

➤ **Complétez les phrases suivantes en vous référant au texte principal 1 ou selon les directives de votre professeur.**

1.   L'*embryo* _____, encore dans le ventre de sa mère, rêve lui aussi.

2.   Le dicton « _____ » veut dire que le sommeil peut nous aider à trouver des solutions à certains problèmes.

3.   Le *cerveau* _____ continue à s'activer pendant les rêves et émet des ondes partout.

4-5.   Quant au corps, il demeure *engourdie* _____, comme s'il était paralysé. C'est le cerveau qui lui commande de ne pas *bouge* _____.

6.   Selon le docteur Jouvet, les rêves nous protègent de la *folie* _____.

7.   Le sommeil très profond, pendant lequel les rêves ont lieu, s'appelle aussi le sommeil *paradoxal* _____.

8.   Si pendant le jour nous avons une *dispute* _____ avec quelqu'un, le cerveau essaiera de résoudre le conflit pendant la nuit.

9.   On dit que les rêves facilitent l'_____. Est-ce que cela signifie que les grands rêveurs apprennent mieux et plus vite que les autres ?

10.   Ce sont les rêves qui poussent l'*squirrel* _____ élevé en laboratoire à cacher des noix.

/10

D.   Repérage des synonymes par balayage

Balayer un texte veut dire le parcourir *(glance through)* rapidement pour se faire une première idée du contenu ou pour repérer *(find)* une information, etc. *(skimming and scanning)*. C'est une technique de lecture que tout lecteur utilise souvent – parfois inconsciemment – dans sa langue maternelle. Pouvez-vous dire dans quelles situations vous utilisez cette technique de lecture rapide ?

En langue seconde, cette technique est plus difficile et plus lente parce que le lecteur décode moins vite le langage. Voilà pourquoi il faut développer cette habileté à parcourir rapidement un texte pour trouver de l'information. Elle vous sera d'une grande utilité en milieu de travail.

Exercice 1.9

➤ Dans le texte principal 1, repérez les synonymes des mots suivants, dans les paragraphes indiqués.

Paragraphe 1
par conséquent _Cependant / donc_ ✓

Paragraphe 2
les chercheurs _Les savants_ ✓

Paragraphe 3
complexes _Compliqués_ ✓

Paragraphe 4
se déplacent _déploie_ *x bouge*

Paragraphe 5
querelle _dispute_ ✓
Quarrel

Paragraphe 6
proverbe _diction_ ✓

Paragraphe 7
accept but needed verbe
il met de l'ordre _Ménage_
durant _pendant_ ✓

Paragraphe 8
excepté _croit_
dépêché _empressé_ ✓

/10

E. Récapitulation de texte

L'exercice suivant fait appel à *(calls upon)* votre « grammaire intuitive » du français, qui **vous permet de reconnaître la structure d'une phrase et la catégorie de mots pouvant s'insérer dans l'espace.** Cet exercice vous permettra en même temps de vérifier si vous pouvez réutiliser le vocabulaire appris dans un contexte similaire. Bref, votre habileté à reconstruire le petit résumé suivant du texte principal 1 sera un indice de votre compétence en lecture.

Rappel important : Cherchez d'abord à trouver la catégorie de mot pouvant compléter grammaticalement la phrase.

Un exemple en anglais :

The man was happy because he _____ (verbe) *the lotery : a* _____ (adjectif) *jackpot.*

Exercice 1.10

➤ Complétez le texte suivant en utilisant les mots de la liste ci-dessous.

~~dans~~	ondes	est	selon	~~donc~~
~~plus~~	rêver	qui	les batraciens	~~dure~~

Personne n'échappe aux rêves, même l'embryon rêve _dans_ le ventre de sa mère. C'est pendant le sommeil paradoxal que nous rêvons. Celui-ci revient à toutes les 90 minutes : il y a _donc_ de cinq à six périodes de rêve au cours d'une nuit de sommeil. Le premier rêve ne _dure_ que de cinq à huit minutes.

La fréquence des rêves varie selon l'âge : _plus_ on est jeune, plus on rêve.

_____Selon_____ le docteur Jouvet, les rêves fixent les souvenirs dans la mémoire et nous aident à mieux apprendre. Nous pouvons déduire de cette observation que pour bien apprendre il faut bien _____rêve_____.

Il semble que tous les animaux rêvent, sauf les poissons et _____batraciens_____. L'animal _____qui_____ rêve le plus est sans doute le chat. Une chose est sûre : le cerveau continue à émettre des _____ondes_____ pendant que nous dormons. Le sommeil _____est_____ donc une période très active de notre vie.

/10

F.   Reformulation dirigée

Exercice 1.11

➤   À l'aide du texte principal 1, complétez l'entrevue suivante entre un journaliste (J.) et un Freud (F.) imaginaire. Quand la question est posée, donnez la réponse d'après votre texte ; quand la question n'est pas posée, formulez-la d'après la réponse qui suit. Le premier échange question-réponse vous servira de modèle.

J.   Que savons-nous des rêves ?

F.   Nous savons que les rêves ont lieu dans la quatrième phase du sommeil, appelée sommeil paradoxal, qui revient à toutes les 90 minutes. Il y a donc cinq ou six périodes de rêve chaque nuit.

J.   Est-ce que la fréquence des rêves varie selon l'âge ?

F.   Oui, il semble que _____

_____ .

J.   Est-ce que _____

_____ ?

F.   Non, le corps ne fait aucun mouvement : il devient engourdi, comme paralysé, et cesse de bouger.

J.   En est-il de même pour le cerveau ?

F.   Non, le cerveau _____

_____ .

J.   De quoi rêvons-nous pendant le sommeil ?

F.   Nous _____

_____ .

J.   Est-ce que les rêves _____

_____ ?

F.   Oui, les rêves jouent un rôle très important ; ils sont très utiles à l'être vivant.

J.   Pouvez-vous donner quelques exemples ?

F.   Oui, je vous en donnerai trois.
Premièrement, les rêves _____ ;
deuxièmement, ils _____ ;
et troisièmement, ils _____ .

J.   On dit que _____ ; est-ce vrai ?

F.   Oui, en effet, le cerveau fait un grand ménage parmi toutes les informations reçues pendant la journée. Il les classe et en fait la synthèse.

Quatrième partie

Comment se termine l'histoire ? Cela dépend de vous. L'histoire aura une fin si vous l'écrivez dans l'espace ci-dessous. Sinon, la pauvre Élaine restera derrière les buissons, morte de peur. De grâce, ne la laissez pas là, toute seule !

Exercice 1.13

➤ **Écrivez la suite de l'histoire. Faites d'abord un brouillon puis recopiez votre texte dans l'espace ci-dessous. Pour « activer » votre imagination, vous pouvez travailler avec un/une camarade. Pst ! Pst ! N'oubliez pas le rat : c'est un personnage important ! Nous espérons que vous aimez les fins heureuses.**

_____

_____

_____

_____

_____

_____

_____

_____

_____

_____

_____

_____

_____

_____

_____

_____

_____

_____

_____

_____

_____

_____

_____

Exercice 1.14

➤ **Lisez le texte supplémentaire 1 du Module 1 dans le *Recueil de textes* et inscrivez le numéro de la règle qui correspond à chaque énoncé de la colonne de gauche. Puis reformulez la règle en utilisant « il faut + infinitif », selon l'exemple fourni.**

N. B. Les catégories ne suivent pas l'ordre du texte.

Horaire régulier	1	**Il faut se coucher** et **se lever** à des heures régulières pour ne pas perturber son horloge interne.
Usage du lit		
Activité physique		
Conditions idéales pour le sommeil		
Sieste		
Alimentation		
Phobie de mal dormir		
Alcool (les cuites)		
Stimulants		

Bibliographie

GUILBAULT, Monique. « Les rêves lucides pour vaincre les cauchemars », *La Presse*, 20 novembre 1994.

GUILBAULT, Monique. « Invasion dans l'intimité des rêves », *La Presse*, 13 novembre 1994.

COMPRÉHENSION DE L'ORAL

Activités d'écoute au laboratoire

Dans cette partie, vous allez améliorer votre compréhension auditive et développer vos propres stratégies d'écoute. Vous allez en même temps poursuivre votre enquête sur les rêves, car vous allez écouter d'autres textes intéressants sur le sujet.

N'oubliez pas, il y a deux volets dans la compréhension de l'oral: le volet compréhension au niveau linguistique (les sons, le vocabulaire, la syntaxe) et le volet stratégie – des petits trucs pour bien orienter l'écoute afin de bien saisir et de mieux retenir les idées importantes. Les exercices que nous vous proposons vous aideront à développer ces deux habiletés qui vous seront nécessaires pour réussir le test d'évaluation de la compréhension auditive.

La plupart des activités de compréhension auditive peuvent se faire au laboratoire. Toutes les directives pour faire les exercices sont explicitement indiquées dans le *Cahier de laboratoire.*

N.B. : Si vous n'avez pas accès à un laboratoire, vous pouvez vous procurer les cassettes et les écouter avec votre baladeur *(walkman).*

Exercice 1.15

➤ **Dans votre *Cahier de laboratoire,* faites les exercices d'écoute 1.1 à 1.5 de la première partie du module 1 : Compréhension de l'oral.**

Activités d'écoute en classe

Même si la plupart des activités d'écoute se trouvent dans le *Cahier de laboratoire,* nous insérons dans cette partie du manuel quelques exercices de rétroaction *(feedback)* à faire oralement en classe ; cela afin d'intégrer les activités d'écoute à l'expression orale ou écrite ; afin aussi de permettre à votre professeur de s'assurer que vous avez bien compris les textes et de mesurer vos progrès.

Après avoir fait les exercices d'écoute du *Cahier de laboratoire,* faites en classe l'exercice suivant.

Exercice 1.16

Vous avez écouté au laboratoire l'histoire d'Hugo, intitulée *La main.* Les deux fins entendues vous ont-elles plu ? Peut-être allez-vous préférer la fin suivante qui est la « vraie » fin de l'histoire.

➤ **Écoutez le texte (une troisième fin de *La Main*) que votre professeur vous fera entendre en classe puis, dites quelle fin de l'histoire vous avez préférez et pourquoi.**

_____

_____

_____

_____

_____

EXPRESSION ÉCRITE

Pleins feux sur le paragraphe

> Un paragraphe est un groupe de phrases qui **présentent** et **développent** une idée principale.
>
> Un paragraphe contient normalement
>
> 1. une phrase principale :
>   qui est habituellement la première du paragraphe ;
>   qui introduit le sujet du paragraphe ;
>   qui peut introduire aussi les aspects du sujet qui seront traités dans le paragraphe.
>
> 2. des phrases secondaires :
>   qui développent l'idée principale ;
>   qui présentent des faits, des détails, des exemples.
>
> Quand un paragraphe développe une seule idée, on dit qu'il a une **unité**.

Expression écrite en classe

Exercice 1.17 ※ *exam material*

➤ **Parmi les phrases suivantes, choisissez celle qui peut servir de phrase principale. Apposez-lui le chiffre 1. Puis numérotez les phrases secondaires selon un ordre logique.**

3 Chez les enfants, le pourcentage du sommeil consacré aux rêves baisse à 50 %.

4 Chez les adultes, les rêves ne représentent plus que 25 % du sommeil.

2 Les bébés rêvent pendant 75 % de leur sommeil.

1 La fréquence des rêves varie selon l'âge : plus on est jeune, plus on rêve souvent.

Exercice 1.18 ※

➤ **Suivez les mêmes directives que pour l'exercice 1.17.**

3 Ils permettent aussi de classer les idées et les sentiments

2 Les rêves permettent d'abord de libérer les désirs refoulés.

1 Aujourd'hui, l'utilité des rêves est reconnue partout dans le monde.

4 On dit enfin qu'ils favorisent la création artistique.

Exercice 1.19 ※※

➤ **Trouvez, parmi les quatre phrases suivantes, une phrase principale pour que l'ensemble forme un paragraphe. N'oubliez pas : il faut que la phrase principale soit assez générale pour englober les phrases secondaires. Demandez-vous d'abord quel est le sujet commun des phrases secondaires.** *Most global*

____ Il y a d'abord les insomniaques, qui ne ferment pas l'œil de la nuit.

1 Plusieurs personnes ont des problèmes de sommeil.

____ En dernier lieu, il y a les somnambules, qui marchent pendant leur sommeil.

____ Il y a aussi les ronfleurs, qui arrêtent parfois de respirer.

Exercice 1.20

➤ **Suivez les mêmes directives que pour l'exercice 1.19**

_____ Les enfants et les adultes humains rêvent.

_____ Le bébé dans le ventre de sa mère rêve.

__1__ La plupart des êtres vivants rêvent.

_____ Seuls les poissons et les batraciens ne rêvent pas.

_____ Les mammifères rêvent.

Exercice 1.21

➤ **Trouvez trois phrases secondaires pour développer l'idée principale suivante. Inspirez-vous du texte principal 1.**

Pendant que nous rêvons, le cerveau reste très actif.

1. _____

2. _____

3. _____

Exercice 1.22

➤ **Trouvez trois phrases secondaires pour développer l'idée principale suivante. Vous pouvez consulter le texte supplémentaire 2 pour trouver des idées.**

Les compagnies d'assurance s'intéressent aux problèmes du sommeil.

1. _____

2. _____

3. _____

Exercice 1.23

➤ **Écrivez, au présent de l'indicatif, deux paragraphes de quatre phrases sur un rêve dont vous vous souvenez.**

Paragraphe 1 (Où êtes-vous et que voyez-vous ?)

1. Dans le rêve, je suis... _____

2. _____

3. _____

4. _____

Paragraphe 2 (Qu'est-ce qui vous arrive ? Que faites-vous ?)

1. Tout à coup, ... _____

2. _____

3. _____

4. _____

Expression écrite au laboratoire

Exercice 1.24

➤ **Dans votre *Cahier de laboratoire*, faites les exercices 1.14 à 1.16 de la troisième partie : Écoute et expression écrite.**

EXPRESSION ORALE

Vous avez lu et entendu des textes sur les rêves et les problèmes du sommeil ; vous avez même écrit de petits paragraphes sur la question. Vous avez donc à votre disposition un riche vocabulaire, les outils grammaticaux nécessaires et des idées que vous voulez partager avec vos camarades.

Les activités d'expression orale se déroulent au laboratoire ou en classe. À cet égard, suivez les directives de votre professeur ou celles qui sont fournies dans le *Cahier de laboratoire.*

Les exercices de laboratoire vous permettent :
- de lire à haute voix des extraits du texte principal,
- de vous exercer à des combinaisons de sons difficiles *(tongue twisters),*
- de répondre oralement à des questions sur un texte entendu et d'enregistrer vos réflexions sur le thème de ce module.

L'utilisation du laboratoire est donc un moyen efficace d'exercer au maximum votre expression orale.

Activités d'expression orale au laboratoire

Exercice 1.25

➤ **Faites les exercices 1.6 à 1.13 de la deuxième partie de votre *Cahier de laboratoire : Expression orale.***

Activités d'expression orale en classe

Pour les activités d'expression orale en salle de classe, vous pouvez vous inspirer de la liste d'activités suivante. Toutefois, le meilleur sujet est celui dont vous avez envie de parler.

N'oubliez pas les textes supplémentaires et les textes de grammaire reconstitués qui vous fourniront des idées intéressantes sur le sujet.

Exercice 1.26

➤ **Présentez à la classe un court texte d'une dizaine de phrases sur un des sujets suivants. Pour un texte plus long, référez-vous à Pleins feux sur le plan dans le Module 2.**

Activités suggérées

1. Décrivez vos habitudes de sommeil.
2. Qu'est-ce qui dérange votre sommeil ?
3. Faites-vous souvent de beaux rêves ? Quel genre de rêves ?
4. Faites-vous souvent des cauchemars ? Quel genre de cauchemars ?

5. Vous rappelez-vous vos rêves ? Dans quelles conditions ?
6. Avez-vous des rêves typiques ? Expliquez.
7. Avez-vous déjà fait un rêve prémonitoire ? Expliquez.

Exercice 1.27

➤ **Posez cinq questions à un camarade de classe sur le rêve le plus marquant qu'il ait fait. Recueillez les réponses et présentez l'« entrevue » à la classe.**

Lexique personnel

Constituez-vous un lexique personnel sur le thème du présent module. Écrivez vos mots de vocabulaire dans le tableau de la page suivante, dans les colonnes appropriées. Cherchez ensuite le sens des nouveaux mots dans un dictionnaire. Vous aurez ainsi, à votre disposition, un riche vocabulaire personnel pour vos activités de classe.

Lexique personnel

	Mot	Définition/explication
Noms		
Pronoms		
Adjectifs		
Verbes		
Adverbes		
Mots de liaison		

Chapitre 2

La boîte à outils

Révision de la grammaire de base
pour mieux lire, écrire et parler

Dans le présent module, nous allons présenter **la conjugaison**, **le présent de l'indicatif** des verbes réguliers et **la forme pronominale du verbe**. Une petite révision **des déterminants définis, indéfinis et partitifs**, et de quelques homophones complétera la révision grammaticale du module.

Faites d'abord le pré-test pour voir si vous pouvez former et utiliser le présent de l'indicatif des verbes réguliers.

A. Pré-test sur l'indicatif présent des verbes réguliers.

Partie 1

➤ **Mettez le verbe à l'indicatif présent en l'accordant avec le sujet. Faites l'exercice rapidement sans consulter votre conjugueur à la fin du manuel.**

N. B. Les verbes marqués d'un * ont des changements dans le radical. Pour le reste, ils sont comme les verbes réguliers en **-er**.

1. chanter   Nous _____   Tu   _____
2. réussir   Je   _____   Elles _____
3. vendre   Vous _____   Elles _____
4. *appeler   Nous _____   Il   _____
5. *essayer   Vous _____   J'   _____

/10 points

Partie 2

➤ **Conjuguez les verbes au présent de l'indicatif et faites l'accord avec le sujet.**

Travailler   1. Le cerveau _____ sur les événements de la journée.

Rêver   2. Il semble que presque tous les animaux _____.

Commander   3. C'est notre cerveau qui _____ la paralysie du corps.

Bouger   4. Cela explique que nos yeux _____ pendant le sommeil.

*Protéger   5. Les rêves nous _____ de la folie.

/ 10 points

B. La conjugaison et ses éléments

Définition : La conjugaison est l'ensemble des formes que le verbe peut prendre. Les formes que le verbe prend dépendent de la personne utilisée comme sujet. En français comme en anglais, il y a six personnes.

	Personne		Forme du verbe *To sing*	Personne		Forme du verbe chanter au présent de l'indicatif
Singulier	1.	*I*	*sing*	1.	je	chante
	2.	*you*	*sing*	2.	tu	chant**es**
	3.	*he, she, it*	*sing**s***	3.	il, elle, on	chant**e**
Pluriel	4.	*we*	*sing*	4.	nous	chant**ons**
	5.	*you*	*sing*	5.	vous	chant**ez**
	6.	*they*	*sing*	6.	ils, elles	chant**ent**

On constate qu'en anglais le verbe *to sing,* au présent, garde la même forme sauf pour la troisième personne du singulier.

Comparez avec le présent de l'indicatif du verbe chanter en français.

En français, la forme du verbe change constamment. Il est donc nécessaire d'apprendre la forme du verbe utilisée avec chacune des six personnes dans les différents temps (présent, passé, futur, etc.)

Mémoriser toutes les formes des verbes serait impossible. Heureusement, la plupart des verbes en français appartiennent à des groupes selon leur manière d'être conjugués (utilisés avec les six personnes comme sujet). Ces groupes forment les verbes réguliers.

Les groupes de verbes

Les verbes réguliers en français se divisent généralement en trois groupes selon leur **terminaison à l'infinitif**. L'infinitif, c'est la forme du verbe tel qu'on le trouve dans le dictionnaire avant qu'il soit utilisé avec un sujet.

1er groupe – er	2e groupe – ir	3e groupe – re
chant**er**	fin**ir**	vend**re**

Le **radical** ou la racine *(the stem),* c'est la partie du verbe qui ne change pas dans la conjugaison.

Exemple : je **chant**e nous **chant**ons

La **terminaison** *(the ending),* c'est la partie du verbe qui change selon la personne et aussi selon le temps (présent, passé, futur, etc.).

Exemple : je chant**e** nous chant**ons**

La bonne nouvelle dans tout cela ? Quand vous savez à quelle conjugaison un verbe appartient, vous savez automatiquement quelles terminaisons il faut ajouter en le conjuguant. La majorité des verbes en français appartiennent au groupe –er.

Les verbes pronominaux

On reconnaît un verbe pronominal par le pronom **SE** ou **S'** qui précède le verbe à l'infinitif. **Se** laver, **se** lever, **s'**appeler, etc. En anglais, on l'appelle « *reflexive verb* », comme le verbe *to wash* **oneself**.

Le pronom personnel du verbe pronominal (comme en anglais) se conjugue à la même personne que le sujet : *I wash myself, you wash yourself,* etc. Observez la conjugaison de **se laver** aux formes affirmative, négative et interrogative : les verbes pronominaux se conjuguent comme les autres verbes selon le groupe auquel ils appartiennent.

Affirmative	Négative	Interrogative
Je **me** lave	Je **ne** me lave **pas**	*Est-ce que je me lave ?
Tu **te** laves	Tu **ne** te laves **pas**	**Te** laves-**tu** ?
Il **se** lave	Il **ne** se lave **pas**	**Se** lave-**t-il** ?
Nous **nous** lavons	Nous **ne** nous lavons **pas**	**Nous** lavons-**nous** ?
Vous **vous** lavez	Vous **ne** vous lavez **pas**	**Vous** lavez-**vous** ?
Ils **se** lavent	Ils **ne** se lavent **pas**	**Se** lavent-**ils** ?

Attention : Certains verbes pronominaux ont la forme pronominale sans avoir le sens réfléchi (*oneself*) ou réciproque (*each other*). Exemple : s'en aller, s'enfuir.

Exercice 2.1 Identification du verbe et de son groupe

➤ **Dans les paragraphes ci-dessous, soulignez les verbes conjugués et mettez chacun d'eux à l'infinitif dans la colonne appropriée, selon le groupe auquel il appartient.**

Pendant nos rêves, notre cerveau envoie des ondes partout. Il finit pour ainsi dire le travail de la journée. Il établit aussi des priorités, et en même temps, il classe les informations reçues au cours de la journée. Pendant que nous dormons, seuls nos yeux bougent pendant la période de rêve. Le corps reste immobile, paralysé.

Selon le docteur Jouvet, l'absence de rêves nous rend fou. Est-il alors surprenant que les marchands vendent des rêves ? Et qu'on s'interroge encore sur leur signification ?

Verbes du texte	Infinitif 1er gr.	Infinitif 2e gr.	Infinitif 3e gr.	Autres
1. _____	_____	_____	_____	_____
2. _____	_____	_____	_____	_____
3. _____	_____	_____	_____	_____
4. _____	_____	_____	_____	_____
5. _____	_____	_____	_____	_____
6. _____	_____	_____	_____	_____
7. _____	_____	_____	_____	_____
8. _____	_____	_____	_____	_____
9. _____	_____	_____	_____	_____
10 _____	_____	_____	_____	_____

/10 points

Exercice 2.2 Identification du verbe et de son sujet

➤ **Dans les textes suivants, soulignez les verbes conjugués et rattachez chacun à son sujet par une flèche.**

Les savants pensent que nous organisons nos rêves d'après les événements de la journée. Selon eux, le sommeil se divise en quatre parties. Nous ne rêvons que dans la quatrième partie, lors d'un sommeil très profond qu'on appelle sommeil paradoxal.

/5

Exercice 2.3 Identification de la personne du verbe

➤ **Pour chacune des phrases suivantes, reportez le sujet et le verbe dans les colonnes de droite et indiquez-en la personne et le nombre en cochant les cases appropriées.**

Exemple :

	sujet	verbe 1ᵉʳ	2ᵉ	3ᵉ	sing.	plur.
Les chats dorment beaucoup.	chats	dorment		X		X
	sujet	verbe 1ᵉʳ	2ᵉ	3ᵉ	sing.	plur.
1. Le sommeil se divise en 4 parties.						
2. Nous rêvons pendant près de 100 minutes par nuit.						
3. Chez les jeunes, les rêves durent longtemps.						
4. Tu demeures complètement engourdi, comme paralysé.						
5. Vous déployez beaucoup d'activité électrique pendant le sommeil.						

/20

C. Formation du présent de l'indicatif

N.B. : Référez-vous aux valeurs et aux formes de l'indicatif présent (Annexe 7), aux tableaux des conjugaisons (Annexe 16) et à la liste alphabétique des verbes (Annexe 17). **Tous les verbes utilisés dans les exercices se trouvent dans l'index et se rapportent à un tableau de conjugaison.**

Exercice 2.4 Formation du présent de l'indicatif des verbes du premier groupe -er

Aide-mémoire

Avant de faire l'exercice ci-dessous, complétez l'encadré suivant. Référez-vous à l'annexe 6 (Les valeurs et les formes du présent de l'indicatif).

Les verbes contiennent un radical et des terminaisons. Pour le présent de l'indicatif, les terminaisons des verbes réguliers

en –er comme parler sont :   parl   e   es   e   ons   ez   ent

en –ir comme finir sont :   fin   __   __   __   __   __   __

en –re comme vendre sont :   ven   __   __   __   __   __   __

Certains verbes, réguliers par leurs terminaisons, subissent un changement dans le radical devant un « e » muet. Par exemple, on écrit

nous essayons   mais il _____   nous achetons   mais il _____

nous appelons   mais il _____   nous jetons   mais il _____

nous espérons   mais il _____   il commence   mais nous _____

➤ Conjuguez les verbes à la personne indiquée et soulignez les terminaisons. Pour les verbes réguliers en –er, vous n'avez qu'à apprendre la conjugaison d'un seul verbe. Pour cette raison, l'exercice de formation des verbes en –er porte sur certains verbes dont le radical change lorsqu'ils sont conjugués à certaines personnes. Voir l'annexe 6 ou les tableaux des conjugaisons à la fin du manuel.

A.

1. rêver   nous _____   je _____

2. commencer   tu   _____   nous _____

3. bouger   il   _____   nous _____

4. déployer   nous _____   ils _____

5. acheter   vous _____   elle _____

/10

B.

6. appeler   vous _____   il _____

7. jeter   nous _____   je _____

8. espérer   nous _____   ils _____

9. inquiéter   vous _____   tu _____

10. élever   elles _____   je _____

/10

Exercice 2.5 Formation du présent de l'indicatif des verbes du deuxième groupe en -ir

➤ **Conjuguez les verbes à la personne indiquée et soulignez les terminaisons.**

1. grandir tu _____ vous _____

2. obéir j' _____ nous _____

3. punir il _____ ils _____

4. réfléchir on _____ nous _____

5. réussir elle _____ ils _____

/10

Exercice 2.6 Formation du présent de l'indicatif des verbes du troisième groupe en -re

➤ **Conjuguez les verbes à la personne indiquée et soulignez les terminaisons. (Attention aux changements dans le radical du verbe marqué d'un *. Voir l'annexe 7.**

1. vendre tu _____ ils _____

2. perdre elle _____ vous _____

3. répondre il _____ nous _____

4. rendre tu _____ elles _____

5.*prendre nous _____ ils _____

/10

D. Utilisation du présent de l'indicatif

N'oubliez pas qu'en français le présent de l'indicatif correspond à trois formes du présent en anglais *(indicative present, progressive present, emphatic present)*

Je chante *I sing* *I am singing* *I do sing*

Ne dites jamais « je suis parlant » pour *I am speaking.*

Exercice 2.7 Transformation du verbe selon son sujet

➤ **Soulignez les verbes de la phrase originale et modifiez-les pour qu'ils s'intègrent à la phrase incomplète qui suit. Encerclez le sujet ou les sujets de la phrase à compléter.**

1. Tout le monde rêve.

Tous les mammifères _____ .

2.-3. Personne n'échappe à ces histoires projetées dans sa tête pendant qu'on dort.

Nous n'_____ pas à ces histoires projetées dans notre tête pendant que nous dormons.

Pierre et Paul n'_____ pas à ces histoires projetées dans leur tête pendant qu'ils dorment.

4. Les parents protègent le sommeil de leurs enfants.

　　Nous ＿＿＿＿＿＿＿＿＿ notre sommeil.

5.-6. Vous cessez de bouger.

　　Votre corps ＿＿＿＿＿＿＿＿＿ de bouger.

　　Vos jambes ＿＿＿＿＿＿＿＿＿ de bouger.

7.-8. Les chercheurs essaient de comprendre la fonction des rêves.

　　J'＿＿＿＿＿＿＿＿＿ de comprendre la fonction de mes rêves.

　　Vous ＿＿＿＿＿＿＿＿＿ de comprendre la fonction de vos rêves.

9.-10. La plupart du temps, nous ne nous rappelons pas nos rêves.

　　La plupart du temps, Jean et Marie ne ＿＿＿＿＿＿＿＿＿ pas leurs rêves.

　　La plupart du temps, vous ne ＿＿＿＿＿＿＿＿＿ pas vos rêves.

/10

Exercice 2.8　Transformation du verbe selon son sujet

➤ **Conjuguez le verbe selon le sujet de la phrase.**

Lexique : battements du cœur – *heart beat* ; l'ours – *bear* ; poids – *weight*

1. varier	En ce qui concerne les battements du cœur, le nombre ＿＿＿＿＿＿＿＿＿ d'une personne à l'autre.
2.-3. augmenter diminuer	Les battements ＿＿＿＿＿＿＿＿＿ après les repas et ＿＿＿＿＿＿＿＿＿ pendant le sommeil.
4. causer	La mouche tsé-tsé ＿＿＿＿＿＿＿＿＿ la maladie du sommeil.
5.-6. finir demeurer	Le sommeil ＿＿＿＿＿＿＿＿＿ toujours par venir si nous ＿＿＿＿＿＿＿＿＿ calme.
7. réussir	Ceux qui ＿＿＿＿＿＿＿＿＿ à bien dormir ne sont pas généralement des gens nerveux.
8.-9. hiberner tomber	Au cours de l'hiver, plusieurs animaux n'＿＿＿＿＿＿＿ pas complètement, mais ＿＿＿＿＿＿＿＿＿ dans un sommeil léthargique.
10. accumuler	L'ours, par exemple, ＿＿＿＿＿＿＿＿＿ des réserves de graisse pour vivre pendant son sommeil.

/10

Exercice 2.9 Transformation du verbe selon son sujet

➤ Conjuguez les verbes pronominaux dans les phrases suivantes en faisant l'accord avec le sujet.

1. se réveiller   Quand nous _____ la nuit,

2. se rappeler   nous _____ nos rêves.

3. se diviser   Le sommeil _____ en plusieurs périodes.

4. se caractériser   Les périodes _____ par un type d'activité.

5. ne pas s'activer   Si tu _____ avant de te coucher, tu dormiras mieux.

/ 5

E. Déterminants contractés et partitifs

Rappel grammatical

En français, les noms ont un **genre** : ils sont soit **masculins**, soit **féminins**. Qu'est-ce qui indique leur genre ? Ce sont les petits mots qui les accompagnent : les déterminants. Il est donc sage de toujours apprendre le nom avec son déterminant pour se souvenir de son genre.

Exemple : la liberté, le midi, la chanson, etc. (Voir l'annexe 1 pour les explications.)

En consultant une grammaire, vous verrez aussi que certaines catégories de mots appartiennent presque toujours à l'un ou l'autre des genres.

Par exemple, les noms de sciences sont féminins (la biologie, la physique, la mécanique, etc.) ; les noms de langues, masculins (le russe, le polonais, le portugais, etc.).

Exercice 2.10

➤ Mettez les déterminants définis (non contractés ou contractés) pour compléter les phrases suivantes.

1. _____ rêves sont naturels. Mais faut-il croire _____ rêves ?

2. _____ somnambule se lève _____ milieu de la nuit.

3. Pendant _____ période _____ rêve paradoxal, _____ cerveau reste très actif.

4. À huit heures, c'est _____ heure _____ lever.

5. _____ Canada, les troubles _____ sommeil existent.

/10

Exercice 2.11

➤ Mettez les déterminants partitifs (non contractés ou contractés) pour compléter les phrases suivantes, le déterminant défini accompagnant le nom en indique le genre.

1. (la volaille, la viande)   Je mange _____ volaille, mais je ne mange pas _____ viande rouge.

2. (la banane, la pomme)   J'achète _____ bananes, mais je n'achète pas _____ pommes.

3. (la crème, la bière)   Je veux _____ crème, mais je ne veux pas _____ bière.

4. (le vin, le whisky)   Je bois _____ vin blanc, mais je ne bois pas _____ whisky.

5. (le pain, le beurre)   Sur la table il y _____ pain, mais il n'y a pas _____ beurre.

/10

Nom _____

F. Devoirs sur l'indicatif présent

Exercice 2.12 Récapitulation du présent de l'indicatif

 Savez-vous ce qu'est le **somnambulisme** ? et comment il se manifeste ? C'est ce que vous apprendrez en reconstituant le texte suivant.

➤ **Conjuguez le verbe selon le sujet de la phrase.**

Partie A

Lexique : le somnambulisme – *sleepwalking* ; le somnambule – *the sleepwalker* ; l'insomnie – *insomnia*

1. se lever | Les personnes insomniaques qui _____ en pleine nuit pour lire ou écouter de la musique

2. ne pas éprouver | _____ nécessairement des problèmes de somnambulisme.

3. ne pas se promener | Les somnambules _____ dans la maison

4. ne pas trouver | parce qu'ils _____ le sommeil.

5. marcher | Bien au contraire, les somnambules _____

6. dormir | parce qu'ils _____ d'un sommeil très profond.

7. ignorer | On _____ la cause du somnambulisme, mais

8. se rencontrer | on sait qu'il _____ plus fréquemment dans certaines familles.

9. rôder *(roam about)* | On sait aussi que les somnambules _____ le plus souvent dans la première moitié de la nuit.

10. penser | À quoi au juste _____-nous pendant le somnambulisme ? Comment le savoir ?

/ 10

Partie B (suite)

1. accomplir | Qu'est-ce que les somnambules _____ pendant leurs périodes de rêve éveillé ?

La plupart du temps, ils font une petite promenade dans la

2. répondre | maison ; parfois, ils _____ à des questions

3. poser | qu'on leur _____.

4. réagir | Souvent, ils _____ simplement à des situations comme des robots.

5. retourner | Et puis ils _____ se coucher.

6. ne pas fournir

La recherche actuelle _____ de renseignements définitifs sur toutes les activités du somnambule.

7. se retrouver

Est-ce qu'il _____ parfois dans des situations dangereuses ?

8. Apprendre

_____-il des terminaisons verbales et fait-il les accords nécessaires ?

Tout ce que l'on sait, c'est que le somnambule

9. s'activer

_____ beaucoup pendant son sommeil profond.

10. se promener

Et vous, est-ce que vous _____ pendant vos rêves ?

/10

Exercice 2.13

Voici maintenant l'occasion de vous exprimer et de mettre en pratique ce que vous avez appris.

➤ **Décrivez votre réaction à chacune des situations suivantes. Utilisez le présent de l'indicatif dans une phrase complète.**

Exemple : Dans votre rêve, vous voyez un monstre qui vient vers vous.	Je prie Dieu de ne pas aider le monstre ; j'ouvre les yeux pour bien le voir ; je le dirige vers mon professeur ; je dépose un peu de poivre sur sa queue, etc.
1. Vous faites un cauchemar. *(nightmare)*	
2. Vous rencontrez un somnambule qui marche dans la rue.	
3. Un soir, vous n'arrivez pas à vous endormir.	
4. Vous rencontrez Freud dans la rue.	
5. Vous vous endormez en classe.	

Exercice 2.14

➤ **Si vous voulez bien dormir la nuit, dites ce que vous ne faites pas le soir avant de vous coucher. Attention : <u>du</u>, <u>de la</u> et <u>des</u> deviennent <u>de</u> dans une phrase négative. Voir l'annexe 1.**

> Exemple :   Je n'écoute pas **de** musique « *heavy metal* » ;
> je ne mange pas **de** poutine.

1. _____
2. _____
3. _____
4. _____
5. _____

Exercice 2.15

➤ **Imaginez les questions qu'une personne aurait pu *(could have)* vous poser pour obtenir les réponses suivantes de votre part.**

Employez l'inversion sujet–verbe.

Exemple :
À quelle heure vous couchez-vous ?   Je me couche à 11 heures.

1. _____   Je ne mange pas avant de me coucher.

2. _____   Je ne lis pas pour m'endormir.

3. _____   Je ne me rappelle pas mes rêves.

4. _____   Oui, je dors profondément.

5. _____   Je me lève à 7 heures.

/ 10

G. Post-test sur l'indicatif présent des verbes réguliers

Le post-test a pour but de mesurer vos progrès dans la formation et l'utilisation du présent de l'indicatif. Faites-le rapidement sans consulter votre conjugueur à la fin du manuel, puis corrigez-le tout de suite.

Partie 1

➤ **Mettez le verbe à l'indicatif présent en l'accordant avec le sujet.**

N. B. Les verbes marqués d'un * ont des changements dans le radical. Pour le reste, ils se conjuguent comme les verbes réguliers.

1. aider   Nous _aidons_   Tu _aide_
2. finir   Je _finis_   Ils _finis_
3. perdre   Vous _perdez_   Je _pere_
4. * envoyer   Nous _envoyons_   Tu _envoy_
5. * s'appeler Vous _appelez_   Je _appele_

/10 points

Partie 2

➤ **Conjuguez les verbes au présent de l'indicatif et faites l'accord avec le sujet.**

entraîner   1. Les maladies du sommeil _entrain_ des coûts économiques.

agir   2. Les rêves _agie_ comme soupape (*safety valve*) de l'esprit.

se coucher 3. Je ne _me couche_ jamais tard.

* voyager   4. _Voyagons_-nous dans le temps pendant que nous rêvons ?

* régler   5. Elle _regle_ son sommeil d'après la lumière du jour.

/10 points

Total du pré-test   / 20
Total du post-test   / 20
Différence   (+   ) (–   )

H. Pour ne pas oublier

Exercice 2.16

➤ **Dans le texte suivant, donnez la nature des mots soulignés : adjectif qualificatif (adj.), adverbe (adv.), conjonction (conj.), déterminant (déter.), nom (n.), préposition (prép.), pronom (pron.) et verbe (v.).**

Les <u>savants</u> ne savent pas encore comment <u>nous</u> organisons nos rêves. Selon <u>eux</u>, le sommeil se <u>divise</u> en quatre parties. Nous ne rêvons que <u>dans</u> la quatrième partie, lors d'un sommeil <u>très</u> profond, appelé sommeil <u>paradoxal</u>. Celui-ci revient <u>toutes</u> les 90 minutes. Il y a donc cinq ou six <u>temps</u> de rêve <u>chaque</u> nuit. Le <u>premier</u> rêve ne dure que de cinq à huit minutes. <u>Le</u> dernier peut <u>durer</u> près d'une demi-heure.

I. La grammaire à l'œuvre

Avez-vous l'impression que faire de la grammaire, c'est facile dans des exercices ponctuels, mais que c'est compliqué quand il s'agit d'appliquer les règles apprises ? Qu'il n'y a pas de transfert de l'exercice à la réalité de l'écriture ? Eh bien, les exercices suivants débordent l'exercice ponctuel et vous permettent d'appliquer globalement le code grammatical appris lors de vos nombreuses années d'études en français. Le moment est donc venu de mettre en pratique toutes vos connaissances grammaticales pour les transformer en automatismes.

1. Homophones

Exercice 2.17

➤ **Faites l'exercice 1.16 du *Cahier de laboratoire*. L'exercice vous permet de réviser les homophones (1-5) du logiciel Homophones. Voir les explications dans l'annexe 14.**

2. Reconstitution de texte

Exercice 2.18

Savez-vous pourquoi nous rêvons ? En reconstituant le texte suivant, vous découvrirez trois hypothèses intéressantes avancées par les experts.

➤ **Complétez le texte en ajoutant au besoin les terminaisons (accords de verbes, d'adjectifs, etc.) ou les mots manquants.**

Lexique : ressurgir – réapparaître soudainement ; les partisans – *followers*

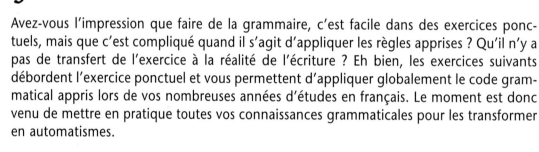

On ne sait <u>pas</u> vraiment ce qui caus<u>e</u> les rêves, et encore moins à quoi <u>ils</u>

servent. Il y a quand même plusieurs hypothèse<u>s</u>. En voici deux.

Selon certain**S** psychologues, nos rêves décriv_____ nos désir**S** refoulés. Ils sont plein**S** de symboles qu'on peut décoder. Mais maintenant qu'on sait que **les** animaux rêvent, certains trouv**ent** que ce**lle** théorie n'a plus beaucoup de sens. Il est difficile d'imaginer que les chats et **les** chiens ont **des** désirs refoulés ou qu'**il** voient des symboles.

D'autres pens**ens** que les rêves sont simplement des résidus de notre pensée : des choses, important**es** ou banales, s'impriment dans notre cerveau pendant la journée. Elles ressurgiss**ent** alors dans notre sommeil. Durant la phase MOR (Mouvements Oculaires Rapides), le cerveau va récupérer toutes sortes de souvenir**s** et les assembler un peu au hasard. Cela expliqu**e** pourquoi les rêve**s** sont si bizarre**S**. D'après **les** partisans de cette théorie, nos rêve**s** n'ont donc pas de signification important**e**. Bref, ils ne serv**ent** pas à grand-chose... « Si les rêves sont si important**s**, pourquoi on ne s'en souvient pas ? »

3   Dictée lacunaire : Récapitulation du présent de l'indicatif

Exercice 2.19

➤   **Écrivez les verbes manquants que vous entendez.**

Lexique : ronfler – *to snore*

Partie A

Les insomniaques ne _____ pas les seuls à avoir des problèmes de

sommeil. Certaines personnes, par exemple, _____ profondément

et _____. Certains même _____ de respirer

pendant quelques secondes. D'autres _____ en chemise de nuit

sur leur balcon pendant qu'il fait moins 20 degrés Celsius. D'autres encore

_____ devant le frigo et _____ là sans avoir

faim. Enfin, d'autres somnambules _____ sur le bord d'un toit,

comme on _____ en avoir vu dans des films. Et vous, vous

_____ de marcher pendant que vous dormez ?

/10

Partie B

Lexique : surgir – apparaître soudainement

Les périodes de rêve _____ toutes les 90 minutes. Elles

_____ durant la quatrième partie du sommeil. Nous

_____ durant ce sommeil très profond. Peu de parties du corps

_____ durant les rêves. Il _____ que seuls les

yeux soient en mouvement. Les rêves nous _____ à trouver des

solutions aux problèmes que nous avons connus la veille et _____

la découverte de solutions à nos conflits. On va jusqu'à dire que l'élève qui dort le

plus _____ le mieux. Cela ne veut pas dire que l'on doit

_____ en classe. Je ne vous _____ pas cette

méthode.

/10

Module 2
La télévision ou la vie

Chapitre 1
Lire, écouter, écrire et parler

COMPRÉHENSION DE L'ÉCRIT
    Anticipation
    Pré-lecture
    Lecture principale et activités
        A - Compréhension globale
        B - Compréhension détaillée
        C - Vérification et enrichissement de vocabulaire
        D - Repérage des synonymes par balayage
        E - Récapitulation de texte
        F - Reformulation dirigée
    Lecture supplémentaire

COMPRÉHENSION DE L'ORAL
    Activités d'écoute au laboratoire
    Activités d'écoute en classe

EXPRESSION ÉCRITE
    Pleins feux sur le paragraphe
    Expression écrite en classe
    Expression écrite au laboratoire

EXPRESSION ORALE
    Activités d'expression orale au laboratoire
    Activités d'expression orale en classe

COMPRÉHENSION DE L'ÉCRIT

Anticipation

Avant de lire le texte principal 1, prenez conscience de vos propres idées sur le sujet suggéré par le titre *Mettez une télé dans vos sentiments.*

Les questions ci-dessous vous serviront de guide. Vos connaissances préalables vous serviront de points de repère et vous faciliteront la compréhension du texte. Prenez aussi conscience des attentes que le titre du texte suscite en vous et des hypothèses que vous avez faites en le lisant.

Après une première lecture rapide du texte, vous pourrez voir si ces hypothèses ont été confirmées ou infirmées. Dans tous les cas, les questions proposées piqueront sûrement votre curiosité sur les controverses entourant la télévision.

Nous vous suggérons de partager vos idées avec vos camarades en classe.

Questions

Pourquoi pensez-vous qu'il y a tant de controverses au sujet de la télévision ?

Quelles critiques négatives fait-on au sujet de la télévision ?

La télé a-t-elle des côtés positifs ? Quels sont-ils ?

Existe-t-il des programmes qu'il faudrait interdire ?

Y a-t-il trop de violence à la télévision ? Faut-il établir une censure ?

Quelle est l'importance de la télévision dans votre vie ? Pouvez-vous imaginer la vie sans télé ?

Que vous suggère le titre du texte principal 1, *Mettez une télé dans vos sentiments ?*

Formulez trois hypothèses sur le sujet qui sera traité dans le texte principal 1.

1. _____

2. _____

3. _____

Pré-lecture

Rappel : Lire, c'est en partie apprendre à inférer (deviner) le sens des mots dans un texte à partir du contexte.

Dans ce but, faites maintenant l'exercice 1.1 et comparez vos inférences à celles de vos camarades en classe. Les mots en gras, dans les phrases ci-dessous, vous les retrouverez dans le texte principal 1, mais dans un autre contexte. Ils vous seront en partie familiers à la lecture du texte principal 1.

Exercice 1.1   Inférence des mots d'après le contexte

➤   **Devinez le sens des mots en gras à l'aide des éléments contextuels de la phrase.**

1. **Il y a** deux semaines, j'ai commencé à faire de l'exercice. Aujourd'hui, je me sens **déjà** mieux.

_____

2. **La pédagogie**, c'est l'art d'enseigner.

_____

3. Au Festival de jazz de Montréal, les rues du centre-ville sont pleines de gens, et on entend de la musique partout. On présente des **spectacles** gratuits. Il y a **un air** de fête dans la ville.

_____

4. **Depuis** combien de temps étudiez-vous le français ? Trois ans ? Huit ans ?

_____

5. Je suis très tolérant, mais je ne **supporte** pas la méchanceté. Et encore moins **la tyrannie** des dictateurs comme Staline, Hitler et Pol Pot.

_____

6. Après chaque cours, les étudiants peuvent **poser** des questions au professeur.

_____

7. L'enfant, en imitant les adultes, apprend **peu à peu** à parler.

_____

8. L'émission des *Academy Awards* est présentée au public **en direct** partout dans le monde.

_____

9. Êtes-vous **attiré** par les gens qui sont très différents de vous ? Ou, au contraire, êtes-vous repoussé par eux ? L'attirance, c'est quelque chose de mystérieux.

_____

10. Madame, je voudrais vous parler d'un problème délicat.
    — De quoi **s'agit-il**, monsieur ?
    — Euh... **il s'agit** de votre fils, madame...
    — Mon fils est parfait, monsieur, il n'y a pas de problème ! Au revoir, monsieur !

_____

11. Finissez-vous toujours ce que vous commencez ? Allez-vous **tout au bout** ou abandonnez-vous un projet quand il devient trop difficile ?

_____

12. Elle est venue **alors qu'**il pleuvait. Pourquoi n'a-t-elle pas attendu ?

_____

/12 points

Exercice 1.2   Les mots apparentés en anglais *(cognates)*

Une autre façon d'inférer le sens d'un nouveau mot dans un texte est d'utiliser les mots apparentés en anglais. Vous savez maintenant que 50 % des mots anglais ont une origine française. Attention cependant aux faux amis, c'est-à-dire des mots qui se ressemblent, mais dont le sens diffère dans les deux langues.

> Exemple : librairie = *bookstore* et *library* = bibliothèque

➤ **Voici des mots tirés du texte principal 1 qui s'apparentent à des mots anglais. Pouvez-vous en deviner le sens en les associant à l'anglais ? Pour vous faciliter la tâche, un mot appartenant à la même famille en français est fourni.**

Mot du texte	Mot de même famille	Mot anglais apparenté
Exemple : études	étudier	*studies*
fête	festivité	*festivities*
dispute	se disputer	*dispute*
tyrannie	tyranniser	*tyranny*
silencieux	le silence	*silence*
raconter	un conte	*to tell*
cachée	cacher	*hide*
banal	une banalité	*common*
coûtent	le coût	*cost*
célèbre	la célébrité	*celebrity*
rejeter	le rejet	*reject*

/10 points

Cette liste n'est pas complète. Pouvez-vous trouver, dans le texte principal 1, d'autres mots apparentés à l'anglais ?

Lecture principale et activités

A.   Compréhension globale

Pour bien lire, il faut s'éloigner du décodage mot à mot et saisir des ensembles : ensemble de mots (la phrase), ensemble de phrases (le paragraphe) et ensemble de paragraphes (le sens global).

Avant de lire le texte principal 1 *(Mettez une télé dans vos sentiments)* pour une compréhension globale, voici deux exercices dont le but est de développer votre habileté à saisir la cohérence d'une phrase et d'un paragraphe.

Exercice 1.3

➤ Trouvez, dans le tableau I, un complément à chacun des énoncés de la colonne II. Transcrivez vos réponses dans la colonne III, à droite.

I

A	respectant la morale publique ?
B	que les *Reality shows* sont très controversés.
C	qui ont cependant des points en commun.
D	les effets de la télévision sur les enfants.
E	il faut faire un effort.

II		III
1.	Des experts ont étudié	D
2.	Des études prouvent	B
3.	Pour changer ses habitudes d'écoute,	E
4.	Comment respecter la liberté de choix tout en	A
5.	Les *Reality shows* regroupent des émissions diverses	C

/15 points

Exercice 1.4

➤ **Numérotez les phrases pour qu'elles forment un paragraphe cohérent. Les deux questions suivantes vous aideront à saisir la cohérence de l'ensemble.**

Quelle est la phrase dont l'idée peut englober toutes les autres ?
Y a-t-il des mots qui indiquent l'ordre des phrases dans le paragraphe ?

3 On avance ensuite l'idée que beaucoup de gens sont voyeurs.
2 On mentionne d'abord le goût du public pour les drames humains réels.
1 Les raisons avancées pour expliquer le succès des *Reality shows* sont nombreuses.
4 On explique enfin que les émissions en direct touchent aux problèmes humains fondamentaux.

/4 points

Exercice 1.5

Dans le premier module, nous avons vu que le fait d'aborder un texte globalement assure une meilleure compréhension et une rétention supérieure. Nous avons mentionné aussi que le titre et les sous-titres indiquent souvent de quoi il sera question dans un texte.

D'ailleurs, dans *Anticipation,* vous avez déjà formulé à partir du titre – et des questions guides – des hypothèses et des attentes qui vous guideront dans votre première lecture du texte principal 1. Vous êtes donc prêt à aborder le texte.

➤ **Lisez donc le texte principal 1 dans le *Recueil de textes*, en classe, sans consulter votre dictionnaire. Faites particulièrement attention aux phrases principales de chaque paragraphe. Dans ce premier contact avec le texte, ne lisez que pour comprendre le sens général. Le présent exercice mesurera ainsi votre capacité à éliminer les idées secondaires au profit du sens général.**

N'oubliez pas qu'il s'agit d'une habileté qui vous sera profitable dans votre langue maternelle.

Indiquez, par un crochet, quelle phrase résume le mieux le sens général du texte principal.

___ 1. L'auteur montre que la télé-vérité a de nombreux avantages.

___ 2. L'auteur alerte l'opinion publique sur les effets négatifs des émissions de télé-vérité.

✓ 3. L'auteur parle des émissions de télé-vérité et de la controverse qu'elles créent.

___ 4. L'auteur explique que l'émission *L'Amour en danger* a permis à Valérie et à Alexandre de se parler.

/5 points

B.   Compréhension détaillée

Après une première lecture, qui vous a permis de comprendre le texte principal dans son ensemble, vous allez maintenant le lire et le relire pour avoir une compréhension beaucoup plus précise et pour répondre à des objectifs spécifiques.

D'abord, un autre petit rappel. Dans le module précédent, nous avons souligné qu'un texte est composé de paragraphes et que c'est la cohésion des paragraphes à l'intérieur du texte qui en assure la lisibilité. Un texte contenant des paragraphes mal construits est souvent inintelligible : on ne comprend pas ce que l'auteur veut dire et, après une première lecture, on ne se souvient plus de rien. Pourquoi ? Parce qu'il n'y a pas de cohésion à l'intérieur des paragraphes et pas de liens entre eux : autrement dit, le texte n'a pas de structure ou de plan, seulement une profusion d'idées disparates sans aucun lien entre elles. Le texte principal 1, que vous allez maintenant lire d'une façon détaillée, a-t-il une structure ? L'exercice 1.6 vous permettra d'en juger.

(Pour plus de détails sur le plan, voir *Pleins feux sur l'écrit dans le présent module*.)

Exercice 1.6

Cet exercice va vous servir de guide pour trouver le sujet des paragraphes : c'est la première étape pour trouver le plan du texte. La seconde étape consiste à regrouper les sujets dans des catégories plus larges. C'est ce que vous ferez dans la partie Expression écrite. Suivez le guide ci-dessous. Soulignez dans le texte les mots clés qui justifient vos choix.

Paragraphe 1 : Introduction – Sur quoi va porter le texte ?

_____

Paragraphe 2 : Qu'est-ce qu'on décrit ?

_____

Paragraphe 3 : De qui parle-t-on ?

_____

Paragraphe 4 : Le sujet a-t-il changé ?

_____

Paragraphe 5 : Quel est le mot clé qui indique un changement de sujet ?

_____

Paragraphe 6 : Qu'est-ce que l'auteur explique ?

_____

_____

Paragraphe 7 : Quel aspect de la télé-vérité l'auteur mentionne-t-il ?

_____

Paragraphe 8 : Qu'est-ce que l'auteur rapporte ici ?

_____

Paragraphe 9 : Quel est le mot clé qui indique le sujet du paragraphe ?

_____

Paragraphe 10 : Conclusion – Quelle est la question posée dans l'introduction ? Quelle réponse la conclusion donne-t-elle à cette question ?

_____

/20 points

Exercice 1.7

➤ **Trouvez dans le texte principal 1 des phrases qui montrent 1) le côté positif des émissions de télé-vérité et 2) le côté négatif. Commencez votre phrase par *les émissions* et, après, par *elles* et un verbe au présent de l'indicatif.**

Les côtés positifs	Les côtés négatifs
1. Les émissions _____ ;	1. Les émissions _____ ;
2. elles _____ ;	2. elles _____ ;
3. elles _____ ;	3. elles _____ ;
4. elles _____ ;	4. elles _____ ;
5. elles _____ .	5. elles _____ .

/10 points

C.   Vérification et enrichissement du vocabulaire

Vous rappelez-vous le sens de tous les mots importants du texte principal ? Pouvez-vous les utiliser dans d'autres contextes ? Pouvez-vous insérer chaque mot dans une famille ? Pouvez-vous utiliser les mots et les expressions dans une composition ou un exposé oral ? C'est ce que les exercices suivants vous aideront à faire. Les exercices de vocabulaire vous obligent en même temps à parcourir rapidement le texte principal 1.

Exercice 1.8

➤ **Complétez les phrases suivantes en vous référant au texte principal 1, ou selon les directives de votre professeur.**

1. Les émissions de télé vérité suscitent une vive _____, car les opposants sont aussi nombreux que les défenseurs.

2. Valérie et Alexandre sont sur le plateau du studio pour _____ de *L'amour en danger,* une émission française à la mode.

3. Les jeunes mariés s'aiment, mais ils ont un problème de relation : c'est qu'ils n'arrêtent pas de _____ à la moindre occasion. Cela rend leur vie misérable.

4. À cause de leur conflit, Valérie et Alexandre sont incapables de _____ leurs études.

5. Le terme télé-vérité, ou télé-réalité, regroupe une très grande diversité
    _____.

6. L'avantage de la télé-vérité, c'est que les émissions _____ moins cher à
    réaliser.

7. Ces émissions attirent des millions de _____.

8. Elles sont pour cette raison _____ en heure de grande écoute.

9. Les critiques de Gérard Miller montrent que ce genre d'émission suscite aussi
    beaucoup de _____, c'est-à-dire un sentiment négatif très violent.

10. Quelle est la _____ magique pour une émission populaire ? Un bon
    mélange de spectacle et d'émotions ?

/10 points

Exercice 1.9

➤ **Trouvez dans le texte principal 1, au paragraphe désigné par le chiffre, un synonyme des mots ci-dessous.**

1. forte   _____
2. placent   _____
3. affection   _____
4. malgré cela   _____
5. insignifiante   _____
6. en direct   _____
7. produire   _____
8. provoque   _____
9. croient   _____
10. la controverse   _____

/10 points

D. Balayage et repérage

Balayer un texte veut dire le parcourir rapidement pour se faire une première idée du contenu ou pour repérer une information, etc. *(skimming and scanning)*. C'est une technique de lecture que tout lecteur utilise souvent – parfois inconsciemment – dans sa langue maternelle. Pouvez-vous dire dans quelles situations vous utilisez cette technique de lecture rapide ?

En langue seconde, cette technique est plus difficile et plus lente parce que le lecteur décode moins vite le langage. Voilà pourquoi il faut développer cette habileté à parcourir rapidement un texte pour trouver de l'information. Elle vous sera d'une grande utilité en milieu de travail.

Dans la partie Lecture supplémentaire, vous aurez des textes à parcourir à cette fin. Pour le moment nous allons nous limiter au texte principal 1.

Exercice 1.10

➤ **Parcourez le texte principal 1, *Mettez une télé dans vos sentiments,* pour trouver les données manquantes dans les phrases ci-dessous. Comparez votre vitesse d'exécution à celle de vos camarades.**

1. L'émission à laquelle Valérie et Alexandre vont passer s'appelle _____.

2. Valérie et Alexandre sont mariés depuis _____.

3. Ils sont de religion _____.

4. La psychanalyste de l'émission s'appelle _____.

5. Les émissions de télé-vérité rapportent _____ fois plus d'audience et

    coûtent _____ fois moins cher à produire.

/6 points

E. Récapitulation de texte

L'exercice suivant fait appel à votre « grammaire intuitive » du français, grâce à laquelle vous reconnaissez la structure d'une phrase et la catégorie de mots pouvant s'insérer dans l'espace. L'exercice vous permettra en même temps de vérifier si vous pouvez réutiliser le vocabulaire appris dans un contexte similaire. Bref, votre habileté à reconstruire le petit résumé suivant du texte principal sera un indice de votre compétence en lecture.

Rappel important : Cherchez d'abord à trouver la catégorie de mot pouvant compléter grammaticalement la phrase.

Dans l'exemple suivant, pouvez-vous trouver les mots manquants ?

Monsieur Lot est content parce qu'il _____ (verbe) à la loterie une somme très _____ (adjectif).

Exercice 1.12

➤ **Complétez le texte suivant en utilisant les mots de la liste ci-dessous.**

> mais   les téléspectateurs   communiquent   la controverse   l'émission   pédagogique   vrais   questions   l'interprétation   l'enregistrement

La télé-vérité est-elle une forme d'exhibitionnisme pervers ou une expérience _____ ? Voilà le genre de débat que les émissions de télé-réalité provoquent.

L'expérience de Valérie et d'Alexandre illustre _____. Ils sont jeunes et ils sont mariés depuis peu, _____ ils n'arrivent pas à s'entendre. Ils se disputent tout le temps pour des raisons banales. Ils ne _____ plus et ils sont très malheureux. Ils parlent de leur conflit à un journaliste de _____ *L'amour en danger.*

Le journaliste de l'émission leur propose de partager leurs problèmes avec _____. Il les invite à se présenter au studio de l'émission. Les jeunes mariés acceptent parce qu'ils sont désespérés.

Des journalistes et une psychanalyste les préparent à _____ de leur discussion devant la caméra. On leur pose des _____ sur leur vie de couple, sur les choses qu'ils se reprochent mutuellement. Puis, madame Mueller, la psychanalyste de l'émission, fait _____ de leurs rêves. Valérie commence alors à révéler des choses cachées dans sa mémoire. Des histoires oubliées qui remontent à son enfance. Alexandre aussi dévoile des secrets dont il n'avait jamais parlé à personne. Et, tout à coup, les _____ problèmes apparaissent...

/10

F.   Reformulation dirigée

Exercice 1.13

➤   **Reconstituez le dialogue suivant entre un journaliste et Valérie et Alexandre. Insipirez-vous du texte principal 1, *Mettez une télé dans vos sentiments*.**

J.   Ce soir, Valérie et Alexandre, vous passez à l'émission *L'amour en danger*. Il ne faut pas vous inquiéter, tout ira bien. C'est vous qui contrôlez tout ce que vous voulez dire ou ne pas dire devant la caméra. Si vous le voulez bien, je vais d'abord vous poser quelques questions d'ordre personnel.

J.   Valérie, quel âge avez-vous ?

V.   _____, et Alexandre a le même âge que moi.

J.   Vous êtes très jeunes. Depuis combien de temps êtes-vous mariés ?

A.   Nous _____.

J.   Alors, c'est encore la lune de miel, non ?

V.   Euh... Enfin, pas tout à fait, monsieur. Nous avons l'air _____.

J.   D'un vieux couple ? Comment cela ? Vous semblez pourtant vous aimer.

A.   Oui, nous avons beaucoup _____ l'un pour l'autre. Mais il n'y a plus de _____.

J.   Oh ! la passion, vous savez, ce n'est pas éternel... Enfin... Alors, qu'est-ce qui ne marche pas ?

V.   Eh bien, nous _____ tout le temps !

J.   Pourquoi vous disputez-vous ?

V.   _____ la tyrannie de mon mari.

J.   Et vous, Alexandre, qu'est-ce que vous reprochez à votre femme ?

A.   Je _____.

J.   L'indolence, ce n'est pas un défaut ! Est-ce que vos disputes ont des effets sur votre travail ?

A.   Oui, nous sommes étudiants, mais nous _____.

J.   Est-ce que votre conflit a des effets sur votre santé ? À vous, Valérie.

V.   Oui, je ne _____ et je n'ose plus _____

      _____.

J.   Ça, c'est grave, car ne pas manger, c'est dangereux pour la santé. Et votre moral, Alexandre ?

A.   _____ de mauvaise humeur et _____

      _____ plus silencieux.

J.   Le silence ne favorise pas la communication... Enfin, nous poursuivrons cela tout à l'heure... Madame Mueller...

Lecture supplémentaire

Le texte principal 2 et les textes supplémentaires dans le *Recueil de textes* vont vous permettre d'approfondir le rôle de la télévision dans votre vie. Vous pourrez les consulter pour rédiger vos travaux écrits ou vos exposés oraux. Un guide pour effectuer diverses tâches de lecture vous est fourni. Vous remarquerez, à l'occasion, qu'on ne vous dit pas dans quel texte vous devez trouver l'information demandée. À vous de balayer les textes, les titres, pour la trouver. Suivez à cet égard les consignes de votre professeur.

Exercice 1.14

La télévision nous donne-t-elle une image fidèle de la réalité ? Quelle image un Martien se ferait-il de notre univers à partir de nos émissions de télévision ? C'est ce que vous apprendrez en lisant le texte principal 2, *Le troisième œil* dans le *Recueil de textes*.

 Lisez *Le troisième œil* dans le *Recueil de textes* puis, pour vérifier votre compréhension du texte, répondez au questionnaire suivant.

1. Combien d'heures, en moyenne, les Canadiens de tous âges passent-ils devant leur téléviseur ?

    _____

2. À quel âge les jeunes enfants commencent-ils à s'intéresser à la télé ?

    _____

3. Quel genre d'émissions intéressent les adolescents ?

    _____

4. Quelle image de notre monde la télévision commerciale présente-t-elle ?

    _____

5. Pourquoi les nouvelles ne donnent-elles pas une image fidèle de la réalité ?

    _____

6. Donnez des exemples de manchettes sensationnelles.

    _____

7. Donnez deux aspects positifs de la télévision.

    _____

8. Donnez deux aspects négatifs de la télévision.

    _____

9. Quelle conclusion peut-on tirer en ce qui concerne l'influence de la télévision ?

    _____

10. Que pensez-vous de la conclusion ?

    _____

/10 points

Exercice 1.15

➤ Votre professeur vous remettra une fiche sur laquelle vous devez inscrire les statistiques demandées. Pour les trouver, vous devez parcourir les textes supplémentaires. Communiquez ensuite l'information à la classe. La compilation des résultats (pourquoi pas sur un formulaire au tableau noir) vous donnera un portrait de nos habitudes télévisuelles.

Exercice 1.16

➤ Le texte supplémentaire 3 vous donne un aperçu des émissions de télé-vérité françaises et allemandes. Ci-dessous, vous trouverez les titres de ces émissions décrites dans le *Recueil de textes*. Pour chacune, trouvez une émission équivalente, québécoise, canadienne ou américaine.

Perdu de vue   _____

La vie continue   _____

L'amour en danger   _____

La nuit des héros   _____

Mea Culpa   _____

C'est mon histoire   _____

Dossier XZ   _____

Exercice 1.17

➤ Parmi les questions suivantes, choisissez-en une qui vous intéresse plus particulièrement ; ensuite, parcourez les textes supplémentaires pour trouver l'information qui vous permet d'y répondre. Écrivez votre réponse en vos propres mots. Cette exploration des textes supplémentaires vous fournira sûrement des idées pour votre production orale et écrite dans les troisième et quatrième parties de ce module.

1. Comment les journalistes de *L'amour en danger* préparent-ils l'émission ?

2. Le tournage *(filming)* d'une émission est un long processus fait en collaboration avec le couple participant. C'est lui qui, en fin de compte, décide des séquences à garder ou à rejeter. Combien d'heures de tournage faut-il, en moyenne, pour produire une heure d'émission ?

3. Les participants sont-ils suivis, après l'émission, ou abandonnés à eux-mêmes ? Expliquez.

4. Montrez à quel point les émissions de télévision ont un contenu violent.

5. Les hommes et les femmes réagissent-ils de la même façon aux émissions à contenu violent ?

COMPRÉHENSION DE L'ORAL

Activités d'écoute au laboratoire

Dans cette partie, vous allez améliorer votre compréhension auditive et développer votre propre stratégie d'écoute. Vous allez en même temps poursuivre votre enquête sur le monde du spectacle, car vous allez écouter d'autres textes intéressants sur le sujet.

N'oubliez pas que, dans la compréhension de l'oral, il y a deux volets : le volet compréhension linguistique (les sons, le vocabulaire, la syntaxe) et le volet stratégie – des petits trucs pour orienter l'écoute afin de bien saisir et de mieux retenir les idées importantes. Les exercices que nous vous proposons vous aideront à développer ces deux habiletés. D'ailleurs, celles-ci vous seront nécessaires pour réussir le test d'évaluation de la compréhension auditive.

La plupart des activités de compréhension auditive peuvent se faire au laboratoire. Toutes les directives pour faire les exercices sont explicitement indiquées dans le *Cahier de laboratoire*.

N.B. Si vous n'avez pas accès à un laboratoire, vous pouvez vous procurer les cassettes et les écouter avec votre baladeur *(walkman)*.

Les textes que vous écouterez vous feront voir d'autres aspects du monde des spectacles.

Exercice 1.18

➤ **Dans votre *Cahier de laboratoire*, faites les exercices 2.1 à 2.3 de la première partie du module 2 : Compréhension de l'oral.**

Activités d'écoute en classe

Même si la plupart des activités d'écoute se trouvent dans le *Cahier de laboratoire*, nous insérons dans la présente partie quelques exercices de rétroaction (*feedback*) à faire oralement en classe ; cela permet d'intégrer les activités d'écoute à l'expression orale ou écrite ; cela permet aussi à votre professeur de s'assurer que vous avez bien compris les textes et de mesurer vos progrès.

Après avoir fait les exercices d'écoute du *Cahier de laboratoire*, faites en classe les deux exercices qui suivent.

Exercice 1.19

➤ **En classe, réécoutez le texte *La mort en direct* (déjà écouté au laboratoire) pour remplir la fiche de renseignements ci-dessous. Vous allez entendre le texte sonore une seule fois.**

Étapes suggérées

- Jetez d'abord un coup d'œil sur la fiche.

- Puis, pendant l'écoute, prenez des notes.

- À vous de développer votre stratégie pour recueillir l'information demandée.

Nom du spectacle : _____   Trois ingrédients qui assurent le
_____   succès du spectacle : _____
_____

_____

_____

_____

Genre de spectacle : _____   Durée du spectacle : _____
_____   _____

_____   _____

Lieux du spectacle : _____   Originalité du spectacle : _____
_____   _____

_____   _____

_____   _____

Exercice 1.20

L'exercice suivant vous permettra de vérifier si vous avez bien compris les textes écoutés au laboratoire de langue.

En classe, répondez oralement aux questions suivantes.

1. Donnez deux images stéréotypées de l'homme et de la femme présentées à la télévision.

2. Qu'est-ce que la puce anti-violence permet de faire ?

EXPRESSION ÉCRITE

Pleins feux sur le plan

Nous avons déjà mentionné qu'un texte bien écrit a une structure, c'est-à-dire que les paragraphes sont organisés selon une hiérarchie – le plan. Nous allons maintenant examiner en quoi consiste un bon plan et apprendre comment en élaborer un.

Le plan

Un texte informatif a pour but d'informer le lecteur, c'est-à-dire de lui communiquer de l'information, par écrit et le plus directement possible. Le déroulement des idées y est habituellement linéaire ; le texte peut comprendre une introduction, un développement plus ou moins étendu et une conclusion. Ces différentes parties d'un texte forment ce qu'on appelle communément le plan. En voici les parties principales.

L'INTRODUCTION : Elle pose et situe le sujet en expliquant ce qu'on propose de faire et ce à quoi doit s'attendre le lecteur. Il est important de faire connaître son plan au lecteur pour l'aider à suivre la progression des idées. L'introduction comprend généralement deux parties :

- le **sujet posé** exprime de quoi il s'agit en termes clairs ;

- le **sujet divisé** énonce les parties importantes du développement et indique la démarche qu'on va suivre.

Dans un texte court, on peut simplement annoncer ce qu'on va faire ou poser une question qui sert à introduire le développement.

LE DÉVELOPPEMENT : Suite de paragraphes qui élaborent le sujet posé dans l'introduction. Un bon paragraphe doit présenter trois aspects :

- Unité : Chaque phrase doit se rapporter à l'idée centrale du paragraphe *(topic sentence)*.

- Cohérence : Les idées doivent être présentées selon un ordre qui en facilite la compréhension. Les phrases doivent être organisées de façon logique et elles doivent s'enchaîner les unes aux autres.

- Relief : Les phrases ne doivent pas être toutes sur le même plan ; il faut éviter la juxtaposition banale et utiliser la subordination pour faire ressortir les idées importantes.

LA CONCLUSION : Elle lie tout ce qui précède et en fait le bilan ; elle récapitule et résume les idées principales et montre qu'on a compris que le sujet s'insérait dans un contexte plus général.

Expression écrite en classe

Exercice 1.21

➤ Comme premier exercice, vous allez « extrapoler » le plan que l'auteur a suivi dans *Mettez une télé dans vos sentiments.* Référez-vous à l'exercice 1.6 où vous avez déjà trouvé le sujet de chaque paragraphe. Regroupez ensemble les paragraphes qui ont le même sujet, puis trouvez pour chaque sujet une catégorie générale. Inscrivez vos catégories dans le plan ci-dessous. Question de réflexion : Est-ce que la présentation de Valérie et d'Alexandre fait partie du plan ?

Introduction (la présentation du sujet)

_____

_____

Développement (l'élaboration du sujet)

A. _____

1. _____

2. _____

B. _____

1. _____

2. _____

C. _____

1. _____

2. _____

D. _____

1. _____

2. _____

E. _____

1. _____

2. _____

F. _____

1. _____

2. _____

Conclusion (la fermeture du sujet)

_____

_____

Exercice 1.22

➤ **Maintenant, vous allez écrire un petit texte de deux paragraphes sur le thème du présent module en suivant le plan modèle ci-dessous. Voici d'abord quelques conseils.**

- Parcourez d'abord les textes supplémentaires pour trouver des idées.
- Notez ensuite vos idées pêle-mêle sur une feuille de papier, sans faire attention à leur hiérarchie ; utilisez à cette fin le vocabulaire thématique appris dans le module.
- Formulez le sujet qui sera présenté dans l'introduction.
- En fonction de votre sujet, sélectionnez, parmi la liste de vos idées, celles que vous voulez garder comme idées principales ; donnez-leur un ordre hiérarchique.
- Regroupez les idées secondaires (des faits, des exemples, des opinions) se rapportant aux idées principales.

N.B. : N'écrivez votre conclusion qu'après avoir écrit le texte.

Le plan schématique suivant vous servira de guide. D'ailleurs, vous pouvez utiliser ce schéma pour vos compositions et vos exposés oraux.

Introduction : Posez votre sujet

_____

Développement : Développez votre sujet

Idée principale 1

_____

- Idée secondaire 1

_____

- Idée secondaire 2

_____

- Idée secondaire 3

_____

Idée principale 2

_____

- Idée secondaire 1

_____

- Idée secondaire 2

_____

- Idée secondaire 3

_____

Conclusion : Fermez votre sujet

_____

Sujets proposés

N.B. : Vous trouverez une foule d'idées sur ces sujets dans les textes supplémentaires et les exercices de grammaire complétés.

1. Décrivez une émission de télé-vérité que vous aimez et dites pourquoi vous l'aimez.

2. Décrivez une émission de télé-vérité que vous détestez et dites pourquoi vous la détestez.

3. Aimez-vous la télé-vérité ou la détestez-vous ? Pourquoi ?
4. En utilisant les données statistiques des textes supplémentaires faites, votre portrait en tant que téléspectateur ou téléspectatrice.
5. À quel âge avez-vous commencé à regarder la télévision ? Est-ce qu'elle a influencé votre vie ?
6. Dites quels types d'émissions vous aimez ou détestez et pourquoi.
7. La télévision est-elle bonne ou mauvaise pour les jeunes enfants ? Expliquez.
8. Y a-t-il trop de violence à la télé et au cinéma ?
9. Aimez-vous les films à contenu violent ? Expliquez.
10. Élaborez un questionnaire pour faire un sondage sur le type d'émissions que les jeunes de votre âge préfèrent.
11. Quels genres d'images stéréotypées des femmes trouve-t-on à la télé ? Et des hommes ?

Expression écrite au laboratoire

Exercice 1.23

➤ **Faites les exercices 2.12 à 2.16 de la troisième partie de votre** *Cahier de laboratoire* **: Expression écrite.**

EXPRESSION ORALE

Vous avez lu et entendu des textes portant sur la télévision et la controverse qu'elle suscite ; vous avez même écrit un petit texte sur la question. Vous avez donc à votre disposition un riche vocabulaire, les outils grammaticaux nécessaires, le schéma d'un plan modèle et un tas d'idées que vous voulez sûrement partager avec vos camarades de classe. Le moment est donc venu de parler. Les activités de parole se déroulent au laboratoire ou en classe. À cet égard, suivez les directives de votre professeur ou celles qui sont fournies dans le *Cahier de laboratoire*.

Les exercices de laboratoire vous permettent :
• de lire à haute voix des extraits du texte principal ;
• de vous exercer à des combinaisons de sons difficiles *(tongue twisters)* ;
• de répondre oralement à des questions sur un texte entendu et d'enregistrer vos réflexions sur le thème du module.

L'utilisation du laboratoire est donc un moyen efficace d'exercer au maximum votre expression orale.

Activités d'expression orale au laboratoire

Exercice 1.24

➤ **Faites les exercices 2.4 à 2.11 de la deuxième partie de votre** *Cahier de laboratoire*, **Expression orale.**

Activités d'expression orale en classe

Pour les activités d'expression orale en classe, vous pouvez vous inspirer de la liste suivante. Toutefois, le meilleur sujet est celui dont vous avez envie de parler.

N'oubliez pas les textes sonores et les textes supplémentaires comme sources d'idées.

En ce qui concerne le plan d'un exposé, référez-vous à la démarche proposée dans la partie Expression écrite du présent module ou suivez les directives de votre professeur.

Exercice 1.25

Les experts émettent beaucoup d'opinions divergentes sur la télé-vérité et sur l'influence de la télévision dans notre vie. Qui faut-il croire ? Pourquoi ne pas faire votre propre enquête sur un des aspects du problème ? Un sondage à partir d'un questionnaire ? Une table ronde où plusieurs élèves jouent les rôles d'experts de toute sorte ? Le questionnaire ci-dessous vous guidera dans l'expression de vos idées sur le sujet.

1. Imaginez que vous êtes un parent : établissez pour votre enfant des règles à suivre en ce qui concerne la télévision. Utilisez l'impératif.

2. Imaginez que vous êtes ministre de l'Éducation : donnez à vos employés des conseils précis pour réglementer les émissions de télévision à contenu violent. Utilisez l'impératif.

3. Imaginez que vous êtes présidente du Conseil du statut de la femme : donnez des conseils à un groupe de femmes pour éliminer les images stéréotypées à la télévision. Utilisez l'impératif.

4. Imaginez que vous êtes responsable de la censure à la télévision : donnez vos directives au comité de la censure pour rendre les émissions de télé-vérité plus acceptables pour tout le monde. Utilisez l'impératif.

5. Décrivez pour la classe une émission de télé-vérité que vous avez vue.

6. À partir d'un questionnaire, faites un sondage sur les habitudes télévisuelles de vos camarades.

7. Faites votre portrait en tant que téléspectateur ou téléspectatrice : choix d'émissions, heures d'écoute, etc.

8. Aimez-vous les émissions à contenu violent ? Expliquez.

9. Quel texte entendu au laboratoire avez-vous préféré et pourquoi ? Faites-en un résumé.

Lexique personnel

	Mot	Définition/explication
Noms		
Pronoms		
Adjectifs		
Verbes		
Adverbes		
Mots de liaison		

Chapitre 2

La boîte à outils

Révision de la grammaire de base
pour mieux lire, écrire et parler

Dans le module 1, vous avez appris à former et à utiliser le présent de l'indicatif des trois groupes ; vous allez maintenant compléter votre révision en vous familiarisant avec le présent de l'indicatif de quelques **verbes irréguliers** très utilisés. Vous allez aussi apprendre à dériver et à utiliser **l'impératif présent**.

Faites d'abord rapidement le pré-test pour vérifier votre « compétence » ou vos lacunes en conjugaison. Vous pourrez voir si vous devez faire ou non les exercices d'utilisation en préparation à votre production écrite. N'oubliez pas que la grammaire est un moyen et non pas une fin ; vous ne pouvez pas parler ni, surtout, écrire correctement sans maîtriser la conjugaison des verbes aux différents temps.

Une petite révision des **déterminants définis** et des **homophones** complétera la révision grammaticale du présent module.

A. Pré-test sur le présent de l'indicatif et de l'impératif

Partie 1

➤ **Mettez le verbe au présent de l'indicatif en l'accordant avec le sujet. Faites l'exercice rapidement, sans consulter votre conjugueur à la fin du manuel.**

1. aller   Nous _____   Tu _____
2. faire   Je _____   Elles _____
3. dire   Vous _____   Ils _____
4. venir   Il _____   Elles _____
5. voir   Tu _____   Vous _____

/10 points

Partie 2

➤ **Mettez le verbe au présent de l'impératif, à l'affirmatif ou au négatif selon le cas, à la personne et au nombre suggérés par le sujet sous-entendu indiqué par un point. Faites l'exercice rapidement, sans consulter votre conjugueur à la fin du manuel.**

	2ᵉ sing.	1ʳᵉ plur.	2ᵉ plur.	AFFIRMATIF	NÉGATIF
1. aider	•				
2. définir		•			
3. vendre			•		
4. venir	•				
5. se pencher			•		

/10 points

Partie 3

➤ **Insérez le verbe à la personne appropriée, au présent de l'indicatif ou de l'impératif, selon le contexte de la phrase.**

1. battre   La télé-vérité _____ tous les records de cote d'écoute.
2. connaître   On _____ bien les raisons de la popularité de ces émissions.
3. vouloir   Ceux qui _____ trouver des explications faciles se trompent.
4. faire   Chers téléspectateurs, _____ attention, trop de télé vous rendra
5. prendre   paresseux. _____ le temps de choisir vos émissions.

/10 points ; Total des points au pré-test :   /30 points

B. Identification du verbe conjugué

Pour bien conjuguer et bien utiliser un verbe, il faut d'abord l'identifier et reconnaître à quelle conjugaison il appartient – pouvoir rattacher un verbe régulier à une conjugaison, c'est savoir le conjuguer.

Exercice 2.1 Identification du verbe

 Dans le texte ci-dessous, soulignez les verbes conjugués (10) et mettez chacun d'eux à l'infinitif dans la colonne appropriée selon le groupe auquel il appartient.

Certains jeunes grandissent dans un milieu où le téléviseur reste allumé durant une bonne partie de la journée. Les modes d'écoute varient d'un individu à l'autre. Zapper est cependant une pratique courante. Il s'agit d'une manière de sélectionner au hasard des émissions sans regarder un guide. Cette façon de choisir rend difficile l'identification de l'émission. Dans ce cas, la télé devient un simple moyen de combler le silence. Elle peut empêcher les membres de la famille de communiquer. Certains spécialistes disent que la télé détruit l'esprit de famille.

	1ᵉʳ groupe -er	2ᵉ groupe -ir (finir)	3ᵉ groupe -re	Autres	Pronominaux
1.					
2.					
3.					
4.					
5.					
6.					
7.					
8.					
9.					
10.					

/10 points

Exercice 2.2 Identification du verbe et de son sujet

 Dans le texte ci-dessous, soulignez les verbes conjugués (5) et encerclez leur sujet.

Pour les jeunes, la télévision demeure le moyen principal pour se tenir au courant de l'actualité. Les journaux restent une source d'information secondaire. Cela s'explique par l'aspect visuel de l'information présentée sur le petit écran. L'image fascine les jeunes, et ils trouvent « plates » les émissions de radio.

/5 points

Exercice 2.3 Identification de la personne du verbe

➤ **Reportez le sujet et le verbe dans la colonne de gauche et indiquez-en la personne en cochant les cases appropriées.**

Exemple : Les téléspectateurs savent très bien...

	1re	2^e	3^e	Singulier	Pluriel
Les téléspectateurs savent				x	x

1. La télévision ne rend pas nécessairement passif.

	1re	2^e	3^e	Singulier	Pluriel

2. Nous pouvons constater la violence dans les médias.

	1re	2^e	3^e	Singulier	Pluriel

3. Les sondages montrent l'intérêt grandissant pour la télévision interactive.

	1re	2^e	3^e	Singulier	Pluriel

4. Vous faites vos devoirs devant la télé ?

	1re	2^e	3^e	Singulier	Pluriel

5. Jacques, tu ne choisis pas bien tes émissions.

	1re	2^e	3^e	Singulier	Pluriel

/5 points

C. Formation du présent de l'indicatif et de l'impératif

Les résultats de votre pré-test indiquent-ils que votre maîtrise des conjugaisons est encore faible ? Si oui, les exercices de formation vous aideront à combler vos lacunes. Faites-les d'abord sans regarder les réponses dans le corrigé, puis corrigez-les tout de suite.

Exercice 2.4 Formation des verbes du troisième groupe, des verbes irréguliers, au présent de l'indicatif (voir l'annexe 7)

➤ **Conjuguez les verbes au présent de l'indicatif à la personne indiquée (0,5 point chacun). Référez-vous aux Tableaux des conjugaisons (annexe 16).**

Partie A

1. battre   Je _____   Il _____

2. prendre   Tu _____   Elles _____

3. écrire   Vous _____   J' _____

4. être   Il _____   Elles _____

5. avoir   Tu _____   Vous _____

/5 points

Partie B

6. venir   Tu _____   Nous _____

7. voir   Je _____   Il _____

8. vouloir   Nous _____   Tu _____

9. ouvrir   Elle _____   Vous _____

10. aller   Tu _____   Je _____

/5 points

Exercice 2.5 Formation des verbes des trois groupes, au présent de l'impératif (voir l'annexe 8)

➤ Conjuguez les verbes au présent de l'impératif à la personne indiquée, à l'affirmatif et au négatif.

	2ᵉ sing.	1ʳᵉ plur.	2ᵉ plur.	AFFIRMATIF	NÉGATIF
1. Publier le livre.			•		
2. Réussir les études.		•			
3. Vendre l'auto.			•		
4. Être gentil.			•		
5. Se dépêcher.		•			

/10 points

D. Utilisation du présent de l'indicatif et de l'impératif

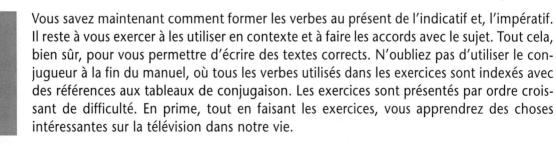

Vous savez maintenant comment former les verbes au présent de l'indicatif et, l'impératif. Il reste à vous exercer à les utiliser en contexte et à faire les accords avec le sujet. Tout cela, bien sûr, pour vous permettre d'écrire des textes corrects. N'oubliez pas d'utiliser le conjugueur à la fin du manuel, où tous les verbes utilisés dans les exercices sont indexés avec des références aux tableaux de conjugaison. Les exercices sont présentés par ordre croissant de difficulté. En prime, tout en faisant les exercices, vous apprendrez des choses intéressantes sur la télévision dans notre vie.

Exercice 2.6 Transformation du verbe selon son sujet

➤ **Soulignez le verbe de la phrase originale et modifiez-le pour qu'il s'intègre aux phrases incomplètes qui suivent. Encerclez le sujet des phrases à compléter.**

1. Des éducateurs croient que la télévision est dangereuse pour les jeunes enfants.

Nous _croiont_ que la télévision est dangereuse pour les jeunes enfants.

Tu _croix_ que la télévision est dangereuse pour les jeunes enfants.

2. D'autres disent que la télévision est une source d'information extraordinaire.

Vous _disent_ que la télévision est une source d'information extraordinaire.

Je _dis_ que la télévision est une source d'information extraordinaire.

3. Les images télévisuelles éblouissent les enfants..

L'image _éblouis_ l'enfant.

Vous _eblouissont_ vos amis.

4. On connaît les effets de la violence à la télé.

Nous _connaisont_ les effets de la violence à la télé.

Berthelot et d'autres experts _connaisse_ les effets de la violence à la télé.

5. Les garçons préfèrent les films d'action.

Il _prêfre_ les films d'actions.

Nous _préféons_ les films d'action.

/10 points

Exercice 2.7   De l'infinitif au présent de l'indicatif

➤ **Conjuguez le verbe selon le sujet de la phrase.**

Partie A

Être   L'enfance _est_ une période d'apprentissage continu.

Apprendre   1. L'enfant _append_ en jouant et en observant le monde autour de lui.

Fournir   2. La télévision lui _fourni_ aussi des idées et de l'information.

Commencer   3. L'enfant _commence_ à regarder la télévision avant même de pouvoir marcher ou parler.

Ne pas vouloir 4. Mais regarder _veux pas_ dire comprendre.

Venir   5. La compréhension _viens_ graduellement.

Grandir   6. Elle se développe au fur et à mesure qu'il _grandi_ .

Être ; avoir 7-8. Dès l'âge de sept ans, les enfants _a_ conscients qu'il y _a_ du « réel » et de l'imaginaire.

Ne pas faire 9. Mais ils _fais pas_ toujours la différence entre les deux.

Ne pas avoir 10. Ils _a pas_ la maturité nécessaire.

Partie B (suite)

Ignorer ; voir   11-12. Les enfants de cet âge _____ par exemple que les « personnes » qu'ils _____ à la télévision sont en fait des personnages joués par des comédiens.

Comprendre   13. Le jeune enfant ne _____ pas toujours ce qu'il regarde sur le petit écran.

Interpréter   14. Ou il _____ mal ce qu'on lui présente.

Ne pas avoir   15. Et cela, tout simplement parce qu'il _____ la culture nécessaire.

Ne pas pouvoir   16. Il _____ mettre les événements dans leur juste contexte.

Dépendre   17. La compréhension de l'enfant _____ aussi de sa connaissance de la langue.

Pouvoir   18. Un jeune enfant de cinq ans_____ comprendre une expression comme « naviguer dans Internet » ?

Savoir   19. Les enfants ne _____ pas que les messages publicitaires sont souvent mensongers.

Finir   20. S'ils passent trop de temps devant le téléviseur, ils _____ par avoir une vue déformée de la réalité.

/20 points

Exercice 2.8 De l'infinitif à l'impératif

Voici ce qu'une fille studieuse conseille à un élève dont les notes ne sont pas bonnes.

➤ **Conjuguez à l'impératif les verbes qui sont à l'infinitif.**

Partie A

N.B. : Utilisez la forme du singulier.

D'abord, en classe, (écouter) _____ attentivement les leçons et (arrêter) _____ de parler avec tes amis pendant que le professeur explique des trucs sur les stratégies de lecture et sur les conjugaisons. Ne (regarder) _____ pas non plus tout le temps par la fenêtre. (Prendre) _____ plutôt des notes dans ton cahier ; ne les (barbouiller) _____ pas *(scribble)* sur des feuilles de papier trop faciles à perdre. Quand le professeur dit « Écrivez ceci », (écrire) _____ lisiblement. Ah oui ! ne (dormir) _____ pas en classe et, surtout, ne (ronfler) _____ pas !

/8 points

Partie B (suite)

N.B. : Dans les deux prochains paragraphes, utilisez le pluriel quand vous devez utiliser la deuxième personne du pluriel (le « vous » de politesse).

Et, pour tous les étudiants qui veulent améliorer leurs notes, la jeune fille studieuse ajoute : ne (passer) _____ pas trop de temps devant votre télé ; (arrêter) _____ aussi de zapper d'un programme de sport à l'autre comme un imbécile. Après le repas, (aller) _____ dans votre chambre, (relire) _____ vos notes, (ouvrir) _____ vos livres et (faire) _____ vos devoirs. Ensuite, (dormir) _____ bien et (faire) _____ de beaux rêves.

Et le samedi soir, à la discothèque, (être) _____ original : (apporter) _____ votre manuel de français et (étudier) _____ pendant que tout le monde fait des contorsions sur la piste de danse. Et si une jeune fille vient vous inviter à danser, (refuser) _____ poliment ; (dire) _____-lui que vous devez apprendre vos conjugaisons parce qu'on ne peut pas parler et écrire correctement sans connaître les conjugaisons. (Ajouter) _____ que vous voulez devenir premier ministre du Canada, ça fera bonne impression. Invitez la jeune fille à s'asseoir près de vous et ensemble, (faire) _____ des conjugaisons et des accords. Elle vous trouvera très original et prometteur, et elle vous dira : « Tu (être) _____ bien mignon : (se dépêcher) _____-nous, (sortir) _____ d'ici pour mieux faire des conjugaisons. »

/18 points

Exercice 2.10 L'impératif avec les pronoms compléments directs et indirects

➤ **En vous référant à l'annexe 2, remplacez les noms en gras par des pronoms.**

   Exemple : Éteignez **la télé** après huit heures. Éteignez-**la** après huit heures.

1. Encouragez **la participation**.

_____

2. Aidez **l'enfant** à comprendre.

_____

3. Faites ressortir **les bons côtés des médias**.

_____

4. Montrez **à l'enfant** la nécessité de choisir.

_____

5. Apprenez **aux enfants** les mots pour parler de la télévision.

_____

E. Devoirs sur l'indicatif présent et sur l'impératif

Exercice 2.11 Récapitulation du présent de l'indicatif

➤ **Conjuguez le verbe entre parenthèses selon le sujet de la phrase.**

1. L'omniprésence de la violence à la télévision la _____ (banaliser) aux yeux des jeunes.

2. Parfois, ceux-ci ne _____ (distinguer) pas la différence entre la fiction et la réalité.

3. Ils _____ (voir) aussi la violence comme un phénomène de société normal.

4. À leurs yeux, il _____ (s'agir) tout simplement d'une façon comme une autre de régler des conflits.

5. La violence dans les médias (être)_____-elle responsable des incidents violents dans les écoles ?

6. Est-elle responsable des conflits qui _____ (se régler) avec des couteaux ?

7. Nous, en tant que parents, nous _____ (croire) que oui.

8. Nous (être) _____ témoins de trop d'exemples pour croire le contraire.

9. Et vous, qu'en (penser) _____-vous ?

10. (Pouvoir) _____-vous affirmer que la télévision n'a aucune influence sur le comportement de l'enfant ?

/10 points

Exercice 2.12   Récapitulation de l'impératif

➤ **Utilisez l'impératif pour donner des conseils à quelqu'un selon le modèle fourni.**

Modèle : Nous devons **condamner** la violence. **Condamnons** la violence.

1. Nous devons **réfléchir** aux causes de la violence dans les écoles.

_____ aux causes de la violence dans les écoles.

2. Tu dois **passer** moins de temps à regarder la télé.

_____ moins de temps à regarder la télé.

3. Vous devez **faire** l'impossible pour bien choisir vos émissions.

_____ l'impossible pour bien choisir vos émissions.

4. Nous devons **bannir** les comportements violents dans les écoles.

_____ les comportements violents dans les écoles.

5. Tu dois **te plaindre** aux autorités si tu es victime de violence.

_____ aux autorités si tu es victime de violence.

6. Nous devons **définir** ce qu'est une bonne émission pour les enfants.

_____ ce qu'est une bonne émission pour les enfants.

7. Tu dois **te coucher** moins tard.

    _____ moins tard.

8. Nous **ne** devons **pas blâmer** la télé pour tout.

    _____ la télé pour tout.

9. Vous devez **comprendre** que la télé ne remplace pas la vie.

    _____ que la télé ne remplace pas la vie.

10. Nous devons **avoir** confiance dans l'avenir.

    _____ confiance dans l'avenir.

/10 points

Exercice 2.13

➤ **En utilisant l'impératif affirmatif ou négatif, énumérez ci-dessous ce que vos parents vous disent a) de faire ou b) de ne pas faire.**

a) Ce qu'ils vous disent de faire   b) Ce qu'ils vous disent de ne pas faire

Exemple :   Étudie fort pour bien réussir.   Ne te lève pas trop tard !

1. _____   1. _____
2. _____   2. _____
3. _____   3. _____
4. _____   4. _____
5. _____   5. _____

Exercice 2.14

➤ **Écrivez cinq phrases dans lesquelles vous expliquez à un Africain francophone vos habitudes télévisuelles : heures d'écoute par semaine, genre d'émissions, émissions préférées, etc. Utilisez le présent de l'indicatif.**

1. _____

_____

2. _____

_____

3. _____

_____

4. _____

_____

5. _____

_____

F. Post-test sur le présent de l'indicatif et de l'impératif

Le temps est venu de mesurer vos progrès. Mais, avant de faire le post-test, pouvez-vous compléter les tableaux suivants pour graver à jamais dans votre mémoire la conjugaison du présent de l'indicatif et la dérivation de l'impératif ?

➤ **En vous référant à l'annexe 7, Les valeurs et les formes du présent de l'indicatif, complétez le tableau suivant.**

Les verbes contiennent un **radical** et des **terminaisons**. Pour le présent de l'indicatif, les terminaisons des verbes réguliers

	je	tu	il	nous	vous	ils
en -er comme parl**er** sont : **parl**	e	es	e	ons	ez	ent
en -ir comme fin**ir** sont : **fin**	____	____	____	____	____	____
en -re comme vend**re** sont : **vend**	____	____	____	____	____	____

Certains verbes, réguliers par leurs terminaisons, subissent un changement dans le radical devant un « e » muet. Par exemple, on écrit

nous essayons mais il _____ nous achetons mais il _____

nous appelons mais il _____ nous jetons mais il _____

nous espérons mais il _____ il commence mais nous _____

➤ **En vous référant à l'annexe 8, Le présent de l'impératif, complétez le tableau suivant.**

Pour former l'impératif présent, on prend la 2ᵉ personne du singulier, la 1ʳᵉ et la 2ᵉ personne du pluriel de _____. Bien sûr, on laisse tomber le _____ sujet (tu, nous, vous). Pour la 2ᵉ personne du singulier des verbes en -er, y compris le verbe _____, ainsi que les verbes en -ir qui se terminent par -es (ouvrir, offrir, etc.), on laisse tomber le _____ de la terminaison, sauf devant les pronoms « y » et « en ». Avoir, être, vouloir et savoir forment l'impératif présent à partir du _____ présent. Les verbes pronominaux gardent un de leurs deux pronoms à l'impératif.

Partie 1

➤ **Mettez le verbe au présent de l'indicatif en l'accordant avec le sujet. Faites l'exercice rapidement, sans consulter votre conjugueur à la fin du manuel.**

1. mettre	Je _____	Elles	_____
2. vendre	Nous _____	Tu	_____
3. écrire	Tu _____	Vous	_____
4. vouloir	Il _____	Elles	_____
5. être	Vous _____	Ils	_____

/10 points

Partie 2

➤ Mettez le verbe au présent de l'impératif, à l'affirmatif ou au négatif selon le cas, à la personne et au nombre suggérés par le sujet sous-entendu indiqué par un point. Faites l'exercice rapidement, sans consulter votre conjugueur à la fin du manuel.

	2e sing.	1re plur.	2e plur.	AFFIRMATIF	NÉGATIF
1. Aider Jean	•				
2. Définir la question			•		
3. Vendre l'œuf		•			
4. Devenir célèbre	•				
5. Se cacher			•		

/10 points

Partie 3

➤ Insérez le verbe à la personne appropriée, au présent de l'indicatif ou à l'impératif, selon le contexte de la phrase.

1. être   Les enfants _____ gagnants si les parents contrôlent le choix

2. devoir   des émissions. Les parents _____ assumer leurs responsabi-

3. savoir   lités. _____ que toutes les émissions ne sont appropriées

4. réussir   pour les enfants ! Plus on étudie, mieux on _____.

5. se coucher _____ de bonne heure si vous voulez vous lever tôt !

/10 points

TOTAL des points au post-test   /30 points

G. Déterminants contractés et partitifs

Exercice 2.15 Déterminants indéfinis et partitifs, remplacés par « de » ou « d' » (voir l'annexe 1)

➤ **Mettez le déterminant indéfini ou partitif qui convient.**

1. Y a-t-il _des_ bibelots sur la table ?

2. Non, il n'y a pas _d'_ bibelots sur la table.

3. Veux-tu _du_ beurre sur ton pain ?

4. Non, je ne veux pas _de_ beurre sur mon pain.

5. Isabelle voulait _de_ argent pour s'acheter une robe.

6. Il y a _des_ fautes dans votre dictée.

7. Il n'y a pas _de_ fautes dans ma dictée.

8. Il y a trop _de_ fautes dans votre dictée.

9. Denise mange _des_ carottes.

10. Elle ne veut pas _de_ pitié.

11. À Whitehorse, on mange peu _de_ crème glacée en hiver.

12. Des milliers _de_ personnes ont péri dans la guerre de Bosnie.

13.-14. Avez-vous _de la_ patience ou n'avez-vous pas _de_ patience ? Il faudrait quand même le savoir !

15. Elle veut une livre _de_ fèves.

/15 points

H. Pour ne pas oublier

Exercice 2.16

➤ **Dans le texte suivant, donnez la nature des mots soulignés : adjectif qualificatif (adj.), adverbe (adv.), conjonction (conj.), déterminant (déter.), nom (n.), préposition (prép.), pronom (pron.) et verbe (v.).**

Un million et demi de personnes ont signé la pétition de Valérie Larivière visant à interdire la violence à la télévision. L'Association nationale des téléspectateurs et téléspectatrices et d'autres groupes de pression sont aussi très critiques face à la violence et ils souhaitent des actions intensives d'éducation et de contrôle.

I. La grammaire à l'œuvre

Le temps est venu de mettre en pratique toutes vos connaissances grammaticales apprises à l'école secondaire et dans le présent module. Les accords, toujours les accords : sujet-verbe, adjectif-nom et référent-pronom.

1. Homophones

Exercice 2.17

➤ Faites l'exercice 2.16 du *Cahier de laboratoire* ou les exercice 6-10 du logiciel Homophones. Voir l'annexe 14.

2. Reconstitution de texte

Une fois le texte reconstitué, vous serez en mesure d'en apprécier le contenu. Nous vous suggérons de le relire à haute voix.

Exercice 2.18

➤ Complétez le texte ci-dessous en ajoutant au besoin les terminaisons (accords de verbes, d'adjectifs, etc.) ou les mots manquants. Un espace n'indique pas nécessairement une terminaison ou un mot manquant.

En règle générale_____, dans les *Reality shows*, l'histoire n'a pas de scénario. Et les personnage_____ ne sont pas les même_____ d'une émission à l'autre. Le spectateur n'a _____ ainsi le temps de les connaître et de s'attach_____ à eux. Les budget_____ de production rest_____ inférieurs à ceux des émission_____ de séries ordinaire_____. Les scènes en direct peuv_____ être intéressant_____ ou ennuyeuses parce que _____ réalité est imprévisible. Les histoires de police en direct entr_____ dans cet_____ catégorie.

Il ne faut pas croire non plus que les émissions de télé-vérité représent_____ fidèlement la vie de tous les jours. Prenons le cas d'un policier typique. Il travaill_____ de 9 heures à 17 heures, et les événements excitant_____, comme ceux qui sont représentés à _____ télévision, il les rencontr_____ rarement. La représentation fidèle _____ travail d'un policier ennuierait profondément les spectateur_____. Ce que ceux-ci cherch_____, ce n'est pas la réalité elle-même, mais une sélection de la réalité. Il_____ veulent l'évasion _____ l'aventure : ils veul_____ sortir de leur routine et voir _____ choses hors de l'ordinaire.

/25 pts

3. Dictée lacunaire : récapitulation des verbes

Cette dictée, qui porte surtout sur les verbes, vous permet de faire le pont entre l'oral et l'écrit. Si vous écrivez « à l'oreille », cet exercice vous donnera l'occasion de corriger cette mauvaise habitude. En français, on ne peut pas écrire sans « penser grammaire ».

Au fait, savez-vous comment les parents peuvent préparer leur enfant à la télévision ? Écoutez plutôt.

Exercice 2.19

➤ **Écrivez les mots manquants que vous allez entendre.**

À l'école, nous _____ que les mots _____ à communiquer clairement. Dans le monde de la publicité, les mots _____ une utilisation bien _____.

La loi _____ les annonceurs à dire la vérité, mais certains messages publicitaires _____ des mots qui ont pour but de tromper le consommateur. Comment les parents _____ aider leurs enfants à se protéger contre la publicité trompeuse ? Comment _____ aux enfants à décoder les messages publicitaires à la télévision ?

À ce sujet, voici les conseils qu'un psychologue _____ aux parents. _____-leur d'abord à reconnaître et à comprendre les mots _____ séduisent.

_____ la télévision avec vos enfants. _____ attentivement les messages publicitaires. _____ vos enfants à identifier des mots qui _____ plus ou autre chose que ce qui est offert en réalité dans la publicité. _____ recenser tous les superlatifs comme « nouveau... fantastique... super... une aubaine incroyable... une occasion unique ».

Il y a des centaines de mots et d'expressions de ce genre. _____ à nos enfants de les recenser, d'identifier les plus répandus et les cas qu'ils _____ comme les plus abusifs. _____ à parler de ce que chaque mot suggère.

/20 points

Module 3
Le monde interlope

Chapitre 1
Lire, écouter, écrire et parler

COMPRÉHENSION DE L'ÉCRIT

Anticipation

Avant de lire le texte principal 1, *Sous les rues de la ville*, prenez conscience de vos propres idées sur le sujet suggéré par le thème du module 3.

Les questions ci-dessous serviront à activer vos hypothèses, qui seront confirmées ou pas après la lecture du texte.

Nous vous suggérons de partager vos idées avec vos camarades en classe.

Questions

Que vous suggère le titre ? Pensez-vous qu'il s'agit (cochez votre réponse) :

☐ d'un fait divers ?

☐ d'un extrait de roman policier ?

☐ d'un reportage sur une histoire d'amour ?

☐ d'un crime ?

☐ d'une étude à caractère sociologique ?

☐ d'une étude historique ?

☐ d'autre chose ?

Pouvez-vous élaborer un scénario pour étoffer votre choix ? Par exemple, si vous croyez qu'il s'agit de l'histoire d'un crime, imaginez les grandes lignes de l'intrigue (*the plot*).

➤ **Écrivez vos trois hypothèses quant au sujet du texte principal.**

1. _____

2. _____

3. _____

Pré-lecture

Le contexte, le contexte, toujours le contexte. Vous savez maintenant que le sens d'un bon nombre de mots inconnus peut être deviné en regardant le contexte de la phrase.

Exercice 1.1 Inférence des mots d'après le contexte

➤ **Devinez le sens des mots en gras à l'aide des éléments contextuels de la phrase.**

1. Si on **perce** un ballon avec une aiguille, il éclate ou se dégonfle.

   _____

2. Quel genre de vie **mènent** les millionnaires ?

   _____

3. Comment avez-vous aimé votre **séjour** en Italie ? Combien de temps y êtes-vous resté ?

   _____

4. Quand un employeur **engage** quelqu'un pour travailler, il doit le payer.

   _____

5. Dans une cabine d'un petit avion, l'espace est tellement **restreint** qu'on ne peut rester debout.

   _____

6. **Au fur et à mesure** que vous avancez sur la route, vous découvrez un paysage extraordinaire.

   _____

7. Les tortues doivent **creuser** un trou dans le sable pour cacher leurs œufs.

   _____

8. Dans les déserts il fait chaud le jour : les animaux attendent **la fraîcheur** de la nuit pour sortir et s'activer.

   _____

9. Pardon, madame, si ça ne vous **dérange** pas, j'aimerais vous poser quelques questions.

   _____

10. Pour vos **bijoux**, est-ce que vous préférez l'or ou le diamant ?

    _____

11. On dit que Bill Gates a amassé une **fortune** évaluée à 95 milliards. Elle continue à augmenter.

    _____

12. Au baseball, un joueur **lance** une balle et un autre la frappe. « Mais pourquoi ? » a demandé le Martien. « Parce que... euh... » a répondu le Terrien.

    _____

13. Pouvez-vous comprendre vos amis dans les discothèques ? Il y a tant de bruit. Est-ce que vous devez **tendre l'oreille** pour comprendre ?

    _____

14. Le **lieu** où les gens s'assemblent pour prier s'appelle une église.

    _____

15. Le juge a conclu que l'accusé était **coupable** et il l'a condamné à dix jours de prison.

    _____

16. Voici une petite **blague** qui vous fera sourire. Un psychiatre demande à son patient : « Depuis quand perdez-vous la mémoire ? » Et le patient répond : « Depuis quand quoi ? »

    _____

Exercice 1.2   **Les mots apparentés en anglais** *(cognates)*

N'oubliez pas qu'une autre façon d'inférer le sens d'un nouveau mot dans un texte est de faire le rapprochement avec les mots apparentés en anglais.

Voici des mots tirés du texte principal 1 qui s'apparentent à des mots anglais. Pouvez-vous en deviner le sens en les associant à l'anglais ? Pour vous faciliter la tâche, un mot appartenant à la même famille en français est fourni.

Mot du texte	Mot de même famille	Mot anglais apparenté
Exemple : enquête	enquêter	*inquest*
paie	paiement	
sécuritaire	sécurité	
épousé	une épouse	
infirmière	infirmerie	
le contenu	contenir	
digne	un dignitaire	
la haine	haineux	
indice	indiquer	
trace	tracer	
vue	voir	

/10 points

Cette liste n'est pas complète. Pouvez-vous trouver, dans le texte principal 1, d'autres mots apparentés à l'anglais ?

Lecture principale et activités

A. Compréhension globale

Pour bien lire, il faut s'éloigner du décodage mot à mot et saisir des ensembles : ensemble de mots (la phrase), ensemble de phrases (le paragraphe) et ensemble de paragraphes (le sens global).

Avant de lire le texte principal 1 pour une compréhension globale, voici deux exercices dont le but est de développer votre habileté à saisir la cohérence de la phrase et du paragraphe.

Exercice 1.3

➤ **Trouvez, dans le tableau I, un complément à chacun des énoncés de la colonne II. Transcrivez vos réponses dans la colonne III, à droite.**

I

A étaient de petits criminels de la région.

B les indices laissés sur les lieux du crime.

C les voleurs ont utilisé des outils.

D que le crime ne paie pas ?

E qui a permis à la bande de réussir son coup.

II	III
1. Des policiers ont étudié	
2. Qui a dit	
3. Pour pénétrer dans la chambre forte,	
4. Les hommes que Spaggiari a engagés	
5. C'est la préparation sérieuse du chef	

/5 points

Exercice 1.4

➤ **Numérotez les phrases pour qu'elles forment un paragraphe cohérent. Les deux questions suivantes vous aideront à saisir la cohérence de l'ensemble.**

Quelle est la phrase dont l'idée peut englober toutes les autres ?

Y a-t-il des mots qui indiquent l'ordre des phrases dans le paragraphe ?

_____ Personne ne le sait exactement.

_____ Mais cela ne veut pas dire qu'un jour ils ne finiront pas leurs jours en prison.

_____ Tout ce que l'on sait, c'est qu'ils sont partis avec beaucoup d'argent.

_____ Qu'est-ce que les cambrioleurs sont devenus ?

_____ Et qu'ils ont ensuite fait la grande vie avec cet argent.

/5 points

Exercice 1.5

L'exercice suivant mesurera votre capacité à éliminer les idées secondaires au profit du sens général. N'oubliez pas qu'il s'agit d'une habileté qui vous sera profitable dans votre langue maternelle.

➤ **Lisez le texte principal 1, *Sous les rues de la ville*, dans *le Recueil de textes*, puis indiquez, par un crochet, quelle phrase résume le mieux le sens général.**

_____ 1. L'histoire montre l'incompétence des directeurs de la banque de Nice.

_____ 2. L'histoire raconte un vol de banque.

_____ 3. L'histoire montre que le crime ne paie pas.

_____ 4. L'histoire montre que Spaggiari était un homme non violent.

Exercice 1.6

 Dans l'espace ci-dessous, écrivez, au passé, la suite de cette histoire vraie, telle que vous l'imaginez.

_____

_____

_____

_____

_____

_____

_____

_____

/5

B. Compréhension détaillée

Après une première lecture, qui vous a permis de comprendre le texte principal 1 dans son ensemble, vous allez maintenant le lire et le relire pour avoir une compréhension beaucoup plus précise et pour répondre à des objectifs de lecture spécifiques.

Exercice 1.7

 Nous vous présentons ci-dessous des titres de paragraphes qui vont vous permettre de reconstituer les épisodes principaux de la narration dans *Sous les rues de la ville*. Parmi la liste fournie, trouvez le titre qui résume le mieux le contenu de chaque paragraphe. Soulignez dans le texte les mots clés qui justifient vos choix..

La prise du butin - La banque - La découverte du crime par les policiers - Spaggiari - La fête - La suite des travaux - Les résultats de l'opération - L'introduction (ou l'entrée) dans la chambre forte - Les premiers travaux

Paragraphe 1 : Introduction _____

Paragraphe 2 : _____

Paragraphe 3 : _____

Paragraphe 4 : _____

Paragraphe 5 : _____

Paragraphe 6 : _____

Paragraphe 7 : _____

Paragraphe 8 : _____

Paragraphe 9 : _____

Paragraphe 10 : _____

/10

Exercice 1.8

➤ **Vérifiez votre compréhension du texte principal 1, *Sous les rues de la ville*, en complétant les énoncés suivants. Au besoin, référez-vous au texte.**

1. Spagiarri était un _____ professionnel hors de l'ordinaire : c'est un « métier » qui lui a rapporté des millions.

2. Le directeur de la Société générale de Nice croyait que sa banque était sécuritaire parce que les murs de la chambre forte était en _____ très épais.

3. Spaggiari était déjà allé en prison pour fabrication de _____.

4. La bande de Spaggiari a pu pénétrer dans la banque en creusant _____ à partir du système d'égouts.

5. Les hommes travaillaient _____ pour ne pas attirer l'attention de la police. Le jour, ils dormaient.

6. Les travaux d'excavation ont duré _____ mois.

7. Pour percer l'épaisse paroi de _____, les voleurs ont utilisé un levier mécanique.

8. Dans la chambre forte, ils ont ouvert les _____, où ils ont trouvé un véritable trésor.

9. Pour célébrer la réussite de l'opération, Spaggiari a offert un bon _____ _____ à ses hommes : fromages, charcuterie, etc. C'était un véritable festin.

10. Comme surprise, ils ont reçu un sac contenant _____. C'était les recettes d'un casino voisin.

11. Le butin emporté par la bande de Spaggiari est évalué entre _____ et _____ millions de dollars.

12. Arrivée sur les lieux du crime, la police n'a trouvé aucun _____ pouvant incriminer les coupables, pas même d'empreintes digitales. Les cambrioleurs n'avaient laissé aucune trace.

/12

C. Vérification et enrichissement du vocabulaire

Vous rappelez-vous le sens de tous les mots importants du texte principal ? Pouvez-vous les utiliser dans d'autres contextes ? Pouvez-vous insérer chaque mot dans une famille ? Pouvez-vous utiliser les mots et les expressions dans une composition ou un exposé oral ? C'est ce que l'exercice suivant vous aidera à faire. Cet exercice vous oblige en même temps à parcourir rapidement le texte principal.

Exercice 1.9

➤ Trouvez, dans le texte principal 1, des mots appartenant à la même famille pour compléter les énoncés ci-dessous.

Exemple : Enquêter, c'est faire (une enquête).

1. Si on cambriole, c'est qu'on est _____.

2. Si un endroit offre une grande sécurité, c'est qu'il est _____.

3. Si on est riche, c'est qu'on a beaucoup de _____.

4. Si on peut donner l'exemple aux autres par sa façon de vivre, c'est qu'on mène une vie _____.

5. Quand on veut percer un objet, on utilise une _____.

6. Si un mur n'est pas assez fort, il faut le _____.

7. Quand on avance avec lenteur et avec régularité, c'est qu'on avance _____ et _____.

8. Si on veut ventiler une pièce, on utilise un _____.

9. Arrêter de travailler, c'est interrompre son _____.

10. Inscrire quelque chose, c'est faire une _____.

/10

D. Balayage et repérage

Balayer un texte veut dire le parcourir rapidement pour se faire une première idée du contenu ou pour repérer une information, etc. *(skimming and scanning)*. C'est une technique de lecture que tout lecteur utilise souvent – parfois inconsciemment – dans sa langue maternelle. Pouvez-vous dire dans quelles situations vous utilisez cette technique de lecture rapide ?

En langue seconde, cette technique est plus difficile et plus lente parce que le lecteur décode moins vite le langage. Voilà pourquoi il faut développer cette habileté à parcourir rapidement un texte pour trouver de l'information. Elle vous sera d'une grande utilité en milieu de travail.

Dans la partie Lecture supplémentaire, vous aurez des textes à parcourir à cette fin. Pour le moment, nous allons nous limiter au texte principal 1.

Exercice 1.10

➤ Parcourez le texte principal 1, *Sous les rues de la ville*, pour trouver les données manquantes dans les phrases ci-dessous. Comparez votre vitesse d'exécution à celle de vos camarades.

1. Les murs de la chambre forte avaient une épaisseur de _____.

2. Spaggiari et ses hommes ont commencé à creuser leur tunnel en _____.

3. Ils ont creusé pendant _____ semaines.

4. Le sac du casino voisin contenait _____.

5 L'inscription sur le mur se lisait ainsi : « _____ _____ »

Exercice 1.11

➤ Pour chaque mot du tableau ci-dessous, trouvez dans le texte principal 1 un synonyme et écrivez-le dans l'espace fourni. Le numéro indique le paragraphe où se trouve le mot à rechercher. Vous pouvez comparer votre vitesse d'exécution à celle de vos camarades en classe.

Paragraphe 1	l'opinion	
Paragraphe 2	étonnante	*suprenante*
Paragraphe 3	s'est marié à	
Paragraphe 4	limité	
Paragraphe 5	enfin	
Paragraphe 6	vider, voler	
Paragraphe 7	pendant qu'	*en allen*
Paragraphe 8	tout à coup	*soudainment*
Paragraphe 9	a finalement	*a fini par*
Paragraphe 10	bien connues	*fameux bien envere*

/10

E. Récapitulation de texte

L'exercice suivant fait appel à votre « grammaire intuitive » du français, grâce à laquelle vous reconnaissez la structure d'une phrase et la catégorie de mots pouvant s'insérer dans l'espace. L'exercice vous permettra en même temps de vérifier si vous pouvez réutiliser le vocabulaire appris dans un contexte similaire. Bref, votre habileté à reconstruire le petit résumé suivant du texte principal sera un indice de votre compétence en lecture.

Rappel important : Cherchez d'abord à trouver la catégorie de mot pouvant compléter grammaticalement la phrase.

Exercice 1.12

➤ Complétez le texte suivant en utilisant les mots de la liste ci-dessous.

intelligent   la nuit   d'argent liquide   pensait   des blagues
creusant   le dépôt   photographe   la chambre forte   voir

Le directeur de la Société générale de Nice _____ bien que sa banque était impénétrable, mais il se trompait. Le mur de béton, d'une épaisseur de 30 cm n'a pas empêché Spaggiari de pénétrer dans *la chambre for*

C'est que Spaggiari était un homme _____, méthodique et patient. Il a planifié son coup pendant de longues années. Son travail de _____ lui laissait tout le temps voulu pour préparer le vol.

Sa stratégie a été de pénétrer dans la banque en _____ un tunnel à partir du système d'égouts. Cela lui a permis de travailler sous terre pendant _____.
De cette façon, personne n'a pu le _____ ou l'entendre pendant qu'il travaillait avec ses hommes.

Spaggiari avait des qualités de chef. Il savait motiver ses hommes : il les encourageait en leur racontant _____ et, dans la chambre forte, il leur a servi un repas digne d'une fête.

Le moment fort de l'opération a été _____ de nuit par un employé d'un casino. Il a jeté dans les bras de Spaggiari un sac rempli _____. C'était comme s'il avait gagné le gros lot *(jackpot)* juste avant de partir.

/10

F. Reformulation dirigée

Exercice 1.13

➤ Supposons que, deux ans après le vol, Spaggiari a été capturé par la police française. Supposons que celle-ci lui a fait passer un interrogatoire. Voici les questions hypothétiques de la police (P). Pour chacune, imaginez la réponse de Spaggiari (S) ou complétez celle qui est fournie.

1. P. Un de vos complices nous a dit que c'est vous qui avez organisé le vol à la Société générale de Nice. Vous auriez avantage à tout avouer. Êtes-vous prêt à collaborer avec nous ?

   S. Oui, monsieur l'agent, si ça peut réduire ma _____.

2. P. Nous parlerons de votre peine une autre fois. Vous aviez déjà un dossier judiciaire, n'est-ce pas ?

   S. Oui, j'ai été accusé _____.

3. P. Qui avez-vous engagé pour vous aider à faire votre « travail » ?
   S. _____.

4. P. Voulez-vous nous donner leur nom ?

   S. Non, monsieur l'agent, _____ un traître !

5. P. Traître, c'est un bien grand mot ! On verra bien ! Mais en quoi a consisté le travail de vos hommes ?

   S. _____ à partir du système d'égouts de la ville jusqu'à la chambre forte.

6. P. Un tunnel, hein ? J'imagine que c'était un travail difficile.

   S. Oui _____. Il fallait travailler dans _____ et

   renforcer _____.

7. P. Est-ce que les hommes se plaignaient ?

   S. Non, pas vraiment, car je les _____ et je leur _____

   des blagues. _____ pour leur apporter un peu de fraîcheur.

8. P. Un ventilateur ? Ça alors ! Pour vous rendre à la chambre forte, vous avez creusé pendant combien de temps ?

   S Nous _____.

9. P. Quel genre d'outils avez-vous utilisés ?

   S. Nous _____ des marteaux, des pioches, des pics et des

   _____.

10. P. Et pour percer la paroi de la chambre forte ?

    S. Nous avons utilisé _____, car la paroi était en

    _____.

11. P. Qu'est-ce qui vous intéressait dans la chambre forte ?

S. Ce qui nous intéressait, _____.

12. P. Et pourquoi ?

S. Parce qu'ils contenaient _____.

13. P. Un trésor ?

S. Oui, _____.

14. P. Qu'est-ce que vous avez fait après avoir ouvert les coffrets de sûreté ?

S. Nous _____. J'ai offert _____.

15. P. C'est toute une célébration ! À combien évaluez-vous votre butin ?

S. Euh... _____. En fait... je... _____.

P. Vous ne le savez pas ? Enfin, nous verrons cela plus tard. Ce sera tout pour aujourd'hui, monsieur Spaggiari !

/30

Lecture supplémentaire

Le texte principal 2 et les textes supplémentaires vont vous permettre de faire d'autres lectures intéressantes sur le monde du crime.

Exercice 1.14

Le texte principal 2 vous entraîne dans le monde moins glorieux des faits divers, que l'on retrouve beaucoup trop souvent dans les journaux.

 Lisez *Un trio d'enfer* dans le *Recueil de textes* et, pour vérifier votre compréhension, répondez au questionnaire suivant.

Questionnaire

1. Pourquoi Arthur rageait-il ?

2. Quel âge avait Arthur ?

3. Qu'est-ce qui a interrompu les réflexions d'Arthur ?

4. Arthur est allé dans la cuisine. Qu'est-ce qu'il a découvert ?

5. Qu'est-ce que l'homme masqué a demandé à Arthur de faire ?

6. Pourquoi le bandit a-t-il poussé Arthur ?

7. Comment Arthur a-t-il réagi ?

8. Qu'est-ce qui est arrivé au revolver ?

9. Quand les deux hommes ont commencé à se battre, qui a d'abord pris le dessus ? Pourquoi ?

10. Quelle a été la stratégie d'Arthur ?

11. Comment Arthur avait-il appris à se battre ?

12. Qui a gagné le combat ?

13. Que faisait Dolorès pendant tout ce temps ?

14. En se relevant du combat, qu'est-ce qu'Arthur a découvert près de lui ?

15. Qu'est-ce que cette découverte lui a appris sur les intentions de sa femme ?

16. Qu'est-ce que Arthur a fait ensuite ?

17. Comment s'est terminée l'histoire ?

Exercice 1.15

➤ Aimeriez-vous connaître la fin de l'aventure de Spaggiari ? Eh bien, vous pouvez la connaître en lisant le texte supplémentaire 1 dans le *Recueil de textes*. Pour vérifier votre compréhension, répondez au questionnaire suivant.

1. Comment les policiers ont-ils pu arrêter Spaggiari ?

   _____

2. Comment les policiers ont-ils amené Spaggiari à coopérer pendant l'interrogatoire ?

   _____

3. Où l'interrogatoire a-t-il eu lieu ?

   _____

4. Comment Spaggiari s'est-il enfui ?

   _____

5. Qu'est-ce qui montre que Spaggiari était un gentleman cambrioleur ?

   _____

6. On avance plusieurs hypothèses sur ce qu'est devenu Spaggiari. Quelle est la vôtre ? Justifiez votre réponse.

   _____

                                                                              /12

Exercice 1.16

➤ Lisez le texte supplémentaire 2, *Attention aux mines*, dans le *Recueil de textes*, puis, pour vérifier votre compréhension, remplissez le tableau suivant.

Narrateur
_____

Lieu de l'histoire
_____

Protagoniste

• son nom _____

• son âge _____

• son occupation _____

_____

Dénouement du drame (À partir des mots clés suivants, reconstituez le drame au passé.)

• le garrot _____

• le dispensaire _____

• l'hôpital _____

- l'amputation _____

- la prothèse _____

- le retour _____

- le nouveau travail _____

_____

Commentaire du narrateur

_____

Exercice 1.17

➤ Lisez le texte supplémentaire 3, *Info-Crime,* dans le *Recueil de textes* puis, pour vérifier votre compréhension, remplissez le tableau suivant.

_____

Lieu du crime

_____

Déroulement du crime

• les exigences du criminel _____

• les réactions des victimes _____

• la fuite du criminel _____

_____

Signalement du criminel

• son âge _____

• sa taille _____

• son poids _____

• sa chevelure _____

• ses lunettes _____

• ses vêtements _____

• la langue qu'il parle _____

_____

Organisme à contacter

_____

Exercice 1.18

➤ Trouvez, parmi les textes supplémentaires 4 à 9 dans le *Recueil de textes*, celui qui correspond à chacun des titres ci-dessous. Mettez le numéro du texte dans la case suivant chaque titre.

1.	Titanic Thompson	
2.	Un maître contrebandier *(smuggler)*	
3.	La bande du Château	
4.	Vol audacieux dans un train	
5.	Le joueur	
6.	À l'assaut d'une banque	

/ 6

COMPRÉHENSION DE L'ORAL

Activités d'écoute au laboratoire

Dans cette partie, vous allez améliorer votre compréhension auditive et développer votre propre stratégie d'écoute. Vous allez en même temps poursuivre votre enquête sur les grands criminels de l'histoire, car vous allez écouter d'autres textes intéressants sur le sujet.

N'oubliez pas que, dans la compréhension de l'oral, il y a deux volets : le volet compréhension linguistique (les sons, le vocabulaire, la syntaxe) et le volet stratégie – des petits trucs pour orienter l'écoute afin de bien saisir et de mieux retenir les idées importantes. Les exercices que nous vous proposons vous aideront à développer ces deux habiletés. D'ailleurs, celles-ci vous seront nécessaires pour réussir le test d'évaluation de la compréhension auditive.

La plupart des activités de compréhension auditive peuvent se faire au laboratoire. Toutes les directives pour faire les exercices sont explicitement indiquées dans le *Cahier de laboratoire.*

N.B. : Si vous n'avez pas accès à un laboratoire, vous pouvez vous procurer les cassettes et les écouter avec votre baladeur *(walkman).*

➤ **Dans votre *Cahier de laboratoire,* faites les exercices 3.1 à 3.3 de la première partie du module 3 : Compréhension de l'oral.**

Activités d'écoute en classe

Même si la plupart des activités d'écoute se trouvent dans le *Cahier de laboratoire,* nous insérons dans la présente partie quelques exercices de rétroaction *(feedback)* à faire oralement en classe ; cela permet d'intégrer les activités d'écoute à l'expression orale ou écrite ; cela permet aussi à votre professeur de s'assurer que vous avez bien compris les textes et de mesurer vos progrès.

Après avoir fait les exercices d'écoute du *Cahier de laboratoire,* faites en classe les deux exercices qui suivent.

Exercice 1.19

➤ **En classe, réécoutez le texte *Internet, chasseur de criminels* (Exercice 3.3) puis, fournissez les renseignements demandés dans le tableau ci-dessous. Vous n'allez entendre le texte sonore qu'une fois.**

Étapes suggérées
- Jetez d'abord un coup d'œil au tableau.
- Puis, pendant l'écoute, prenez des notes.
- À vous de développer votre stratégie pour recueillir l'information demandée.

Internet, chasseur de criminels

Accusations contre Thang Thanh Nguyen :	
Contenu des fiches des criminels sur le Web :	
Récompenses offertes :	
1) pour les grands criminels notoires –	
2) pour les petits criminels –	

Exercice 1.20

➤ **Répondez oralement en classe aux questions suivantes.**

1. Racontez en quelques mots le vol à la bijouterie de M. Létourneau.

2. Qui était Néron ? Quels crimes a-t-il commis ?

EXPRESSION ÉCRITE

Pleins feux sur la phrase

Nous avons déjà mentionné qu'un paragraphe bien écrit a une structure, c'est-à-dire que les phrases sont organisées selon une hiérarchie (idée principale et idées secondaires). Nous allons maintenant examiner les éléments constituants de la phrase. Une bonne connaissance de la structure d'une phrase vous donnera la base nécessaire pour écrire de meilleurs textes.

LA PHRASE

A. Définition

La phrase est un ensemble de mots organisés ayant un sens complet.
Elle peut être composée :

1. d'un seul mot (Regarde !) ;

2. d'un seul verbe conjugué (phrase simple) (Je regarde le chat.) ;

3. de plusieurs phrases, dont l'une exprime l'idée principale et les autres, les faits subordonnés (**Je regarde le chat** / qui joue avec la balle.).

B. La phrase simple avec verbe conjugué

• Les constituants de la phrase simple
Normalement, la phrase simple (déclarative) avec verbe conjugué doit contenir au minimum deux éléments essentiels :

1. l'ensemble du sujet (groupe sujet = GS) ;

2. l'ensemble du verbe (groupe verbe = GV).

Exemple : Le chat / dort.

La phrase simple doit exprimer une idée complète.

• Les structures de la phrase simple avec verbe conjugué
La phrase simple peut adopter les structures suivantes :

L'homme écrit. (GS + GV)

Robert écrit une lettre. (GS + GV + CP)

• Le groupe complément de la phrase (CP)
À chacune de ces structures de la phrase simple, on peut ajouter des groupes nominaux ou des adverbes. On appelle ces groupes des compléments de phrase (CP) parce qu'ils complètent le sens de l'un ou de l'autre des groupes. **Les groupes compléments peuvent s'insérer dans la phrase à des endroits différents**, et c'est là leur caractéristique essentielle.

Tous les matins, on entend le chant des oiseaux.

On entend, tous les matins, le chant des oiseaux.

On entend le chant des oiseaux tous les matins.

C. La phrase complexe

Définition : La phrase complexe est une phrase qui contient plus d'un verbe conjugué.

- Types de phrases complexes

La phrase complexe peut être formée :

1. d'une ou de plusieurs phrases indépendantes ;

   Paul travaille et **il réussit**.

2. d'une phrase principale et d'une ou plusieurs phrases subordonnées.

   Le professeur veut *que les élèves apprennent.*

- Types de phrases dans la phrase complexe

1. La phrase principale : c'est l'ensemble de mots formé d'un groupe sujet (GS) et d'un groupe verbal (GV) qui forme le noyau de la phrase complexe et dont dépend la phrase subordonnée.

   Phrase principale

   Pierre et Marie sont allés à la plage pendant que leur père se reposait.

   Pierre et Marie : GS
   sont allés à la plage : GV

2. La phrase subordonnée : c'est l'ensemble de mots formé d'un groupe sujet (GS) et d'un groupe verbal (GV), relié à la phrase principale par un mot subordonnant.

   Phrase subordonnée

   Pierre et Marie sont allés à la plage **pendant que leur père se reposait.**
   leur père : GS
   se reposait : GV
   pendant que : mot subordonnant

Note : La subordonnée est souvent le CP de la phrase principale.

Expression écrite en classe

Exercice 1.21

➤ **Séparez par un trait oblique (/) les éléments des phrases simples suivantes. Ensuite, identifiez-les selon leur fonction dans la phrase (GS, GV et GC).**

Exemple : Spaggiari (GS)/a cambriolé (GV)/ la banque (GC).

1. *The police interrogated Spaggiari.*

2. Le crime ne paie pas.

3. Le bandit a répondu aux questions.

4. Les hommes travaillaient toutes les nuits.

5. L'employé du casino a déposé l'argent dans la glissière.

Exercice 1.22

➤ **Le complément de phrase (CP) peut s'insérer à plusieurs endroits dans une phrase. Dans chacune des phrases suivantes, déplacez le CP aux endroits possibles pour nuancer votre pensée. Utilisez la virgule au besoin.**

Exemple :
Every night, the men dug relentlessly.
Relentlessly, the men dug every night.
The men, relentlessly, dug every night.

1. Les hommes ont creusé pendant deux longs mois.

_____

2. À l'aide d'un levier mécanique, ils ont enfoncé la paroi.

_____

3. Les hommes ont continué, après le repas, à dévaliser le contenu.

_____

4. Les policiers ont interrogé de petits criminels quelques mois plus tard.

_____

5. Après leur réussite, les hommes ont ouvert une bouteille de champagne.

_____

Exercice 1.23

➤ **Dites si les phrases suivantes sont simples ou complexes.**

1. *Spaggiari was arrested after a member of the gang denounced him.*

2. C'était un employé du casino voisin qui venait déposer les recettes de la nuit.

3. Ils devaient renforcer le tunnel par des poutres de bois.

4. Ce n'est sans doute pas l'avis de Spaggiari, un cambrioleur hors de l'ordinaire.

5. Ils ont réussi parce que Spaggiari avait bien préparé son coup.

Exercice 1.24

➤ **Dans les phrases complexes suivantes, indiquez la phrase principale (PP) et la phrase subordonnée (PS).**

1. *His wife was a nurse who worked in the local hospital.*

2. Quand les policiers sont entrés, ils ont découvert une inscription sur le mur.

3. Les policiers ont cru qu'il voulait se suicider.

4. Pendant qu'il menait une vie exemplaire, il préparait son coup.

5. Il avait installé un ventilateur qui leur apportait de la fraîcheur.

Exercice 1.25

➤ **En vous inspirant du texte principal 1, *Sous les rues de la ville,* écrivez cinq phrases simples.**

1. _____

2. _____

3. _____

4. _____

5. _____

Exercice 1.26

➤ **En vous inspirant du texte principal 2, *Trio d'enfer,* écrivez cinq phrases complexes (PP + PS).**

1. _____

2. _____

3. _____

4. _____

5. _____

Exercice 1.27

➤ **Maintenant, vous allez jouer le rôle de détective et interroger Spaggiari pour voir si les deux petits criminels ont dit la vérité et si Spaggiari est vraiment coupable. Le tableau suivant vous guidera dans votre interrogatoire. Pour formuler vos questions, référez-vous à l'annexe 5.**

N'oubliez pas que vous pouvez poser autant de questions que vous le voulez. Écrivez d'abord vos questions sur une feuille brouillon avant de les inscrire dans le manuel.

Information nécessaire	A. Ce que vous savez	B. Questions à poser pour obtenir l'information ou pour en savoir plus
Exemple : *Nom*	*Albert Spaggiari*	*Comment écrivez-vous votre nom ? Est-ce un nom italien ? Deux g ou deux r ? Je connais un Victor Spaggiari : a-t-il des liens de parenté avec vous ?*
Lieu au moment du crime	*Aucune information*	*Où étiez-vous au moment du crime ? Avez-vous un alibi ? Étiez-vous à la maison ? Est-ce que quelqu'un peut corroborer cela ? Etc.*
1. Antécédents judiciaires		
2. État matrimonial		
3. Occupation?		
4. Qualités personnelles		
5. Liens avec les petits criminels qui l'ont dénoncé		
6. Revenus		
7. Dépenses		
8. Loisirs		
9. Indices laissés sur le lieu de crime		
10. Activités après le crime		

Expression écrite au laboratoire

Exercice 1.28

➤ **Faites les exercices 3.12 à 3.16 de la troisième partie du *Cahier de laboratoire* : Expression écrite. Toutes les directives pour les faire s'y trouvent.**

EXPRESSION ORALE

Les activités de parole se déroulent au laboratoire ou en classe. À cet égard, suivez les directives de votre professeur ou celles qui sont fournies dans le *Cahier de laboratoire.*

Les exercices de laboratoire vous permettent :

- de lire à haute voix des extraits du texte principal ;
- de vous exercer à des combinaisons de sons difficiles (*tongue twisters*) ;
- de répondre oralement à des questions sur un texte entendu et d'enregistrer vos réflexions sur le thème du module.

L'utilisation du laboratoire est donc un moyen efficace d'exercer au maximum votre expression orale.

Activités d'expression orale au laboratoire

➤ **Dans votre *Cahier de laboratoire*, faites les exercices 3.3 à 3.12 de la deuxième partie: Expression orale. Toutes les directives pour les faire s'y trouvent.**

Activités orales en classe

Pour les activités d'expression orale en classe, vous pouvez vous inspirer de la liste ci-dessous. Toutefois, le meilleur sujet est celui dont vous avez envie de parler.

N'oubliez pas les textes sonores et les textes supplémentaires comme sources d'idées.

En ce qui concerne le plan d'un exposé, référez-vous à la démarche proposée dans la partie Expression écrite du module 2 ou suivez les directives de votre professeur.

Activités suggérées

Vous savez que les grands criminels deviennent parfois des personnages légendaires, surtout quand ils sont intelligents, audacieux et non violents. C'est le cas par exemple de Spaggiari, dont les exploits (*feats*) ont fait l'objet de romans et de films. Vos exposés vont vous permettre d'explorer le monde des grands criminels, qui fascine le public.

1. Faites une petite recherche sur le Web pour voir ce qu'on a dit sur Albert Spaggiari. Vous apprendrez peut-être des choses surprenantes. Résumez vos trouvailles et présentez-les à la classe.

1. Imaginez ce que Spaggiari a fait après sa fuite par la fenêtre du deuxième étage. Où est-il allé tout de suite après ? Où avait-il mis l'argent ? Est-il resté en France ? A-t-il commis d'autres vols ? Quel genre de vie a-t-il menée ? Comment passait-il son temps ? Etc.

2. Avec un(e) camarade, jouez l'interrogatoire de Spaggiari par la police. (Voir l'exercice 1.27.)

3. Présentez un autre grand criminel non violent à la classe. Dites ce qu'il a fait et pourquoi il est devenu légendaire. (Vous pouvez vous inspirer des textes supplémentaires.)

4. Spaggiari vous a demandé de participer au vol à la Société générale de Nice. Qu'est-ce que vous lui avez répondu ?

5. Imaginez la conversation entre les voleurs au moment où ils ont pénétré dans la chambre forte et ouvert les coffrets de sûreté.

6. La police a invité le public à laisser des messages dans une boîte vocale pour les aider à capturer Spaggiari et sa bande. Imaginez cinq de ces messages laissés par divers individus.

7. Décrivez l'enquête de la police tout de suite après que le cambriolage de la banque a été découvert. Dites ce que les policiers ont fait, étape par étape. D'abord... ensuite..., etc.

8. Décrivez un crime non violent dont vous avez été témoin ou dont vous avez entendu parler.

9. Choisissez un fait divers dans un journal de langue française et résumez-le pour la classe.

10. Louez une cassette vidéo d'un film policier en français et résumez-le à la classe.

Lexique personnel

	Mot	Définition/explication
Noms		
Pronoms		
Adjectifs		
Verbes		
Adverbes		
Mots de liaison		

Chapitre 2
La boîte à outils
Révision de la grammaire de base
pour mieux lire, écrire et parler

A. Pré-test sur le passé composé

Partie 1

➤ Mettez les verbes au passé composé en les accordant avec leur sujet.

		Affirmatif		Négatif
trouver	J(e)	*j'ai trouvé*	J(e)	*N'ai pas trouvé*
réfléchir	Tu	*'a réfléchi*	Tu	*n'a pas réfléchi*
vendre	Il	*a vendu*	Il	*a pas vendu*
avoir	Nous	*avons*	Nous	*avons pas*
être	Ils	*etaies*	Ils	*N'aitais pas*

/10

Partie 2

➤ Conjuguez les verbes au passé composé.

Faire	Samedi dernier j'*ai fait* beaucoup de choses.
Préparer	J'*ai préparé* le petit-déjeuner pour ma mère.
Laver	J'*ai lavar* la vaisselle.
Finir	Ensuite, j'*ai fini* mes devoirs de maths.
Sortir	Après, je *sest suis sortir* avec des amis.

/5

Total du pré-test /15

B. Les temps du passé

En français comme en anglais, il y a plusieurs temps qui indiquent qu'une action a eu lieu dans le passé.

En anglais

I talked	*Simple past*
I was talking	*Past progressive*
I did talk	*Past emphatic*
I have worked	*Present perfect*
I had worked	*Past perfect*

En français

Il existe également plusieurs temps pour exprimer une action ou une situation au passé mais, dans le présent module, nous allons surtout étudier **le passé composé** et introduire **l'imparfait**. L'imparfait sera approfondi dans le module 4.

Toutefois, il faut bien se rappeler que les deux temps sont étroitement liés dans l'expression du passé et qu'il faut apprendre le sens des deux temps en même temps.

Le passé composé est un **temps composé** (*compound tense*), c'est-à-dire formé de **deux** éléments : un **verbe auxiliaire** et un **participe passé**. (Voir l'annexe 8.)

Sujet	Verbe auxiliaire	Participe passé
Il	**a**	mangé
Il	**est**	parti

L'auxiliaire : c'est la partie du verbe composé qui se conjugue. La plupart des verbes utilisent **avoir** comme auxiliaire ; quelques verbes seulement se conjuguent avec **être**.

Le participe passé : c'est la partie du verbe qui porte le sens et qui ne se conjugue pas. Pour les verbes réguliers, on le dérive à partir de l'infinitif.

Exemple : arrivé ||| |arriver ; fini ||| |finir ; vendu ||| |vendre (voir l'annexe 9)

Pour l'accord du participe passé, voir l'annexe 11.

C. Identification du passé composé

Exercice 2.1

➤ Dans le texte suivant, soulignez les verbes au passé composé puis identifiez les éléments de leur forme composée.

	Auxiliaire	Participe passé	‖‖ ‖Infinitif
Exemple : Un jour Spaggiari <u>a décidé</u> de s'attaquer à la banque de la Société générale.	a	décidé	décider
1. Il a étudié les risques de l'opération.		etudié	etudier
2. Il a appris que personne n'avait encore pénétré dans la chambre forte de la banque.		appris	
3. Il a fini par trouver des hommes fiables pour travailler avec lui.			
4. Une demi-douzaine d'hommes ont répondu à son appel.			
5. Ils se sont rassemblés chez lui.			

/ 15

D. Formation du passé composé

Exercice 2.2

➤ Donnez l'infinitif des verbes écrits ici au présent, puis dérivez le participe passé pour former ensuite le passé composé à la personne indiquée. (Consultez l'annexe 10.)

Verbe au présent	Infinitif ➡	Participe passé	Auxiliaire	Passé composé
Exemple : Nous possédons	posséder	possédé	avons	Nous avons possédé
1. Je rougis				
2. Vous perdez				
3. Elle a				
4. Ils sont				
5. Tu vas				

/ 20

Exercice 2.3

➤ Suivez les mêmes directives que pour l'exercice précédent. Il faut ici donner la forme négative des verbes. Attention : Le <u>ne</u> et le <u>pas</u> de la négation se mettent avant et après le verbe auxiliaire.

Verbe au présent	Infinitif	Participe passé	auxiliaire	Passé composé
Exemple : Il ne décide pas	décider	décidé	a	Il **n'a pas** décidé
1. Nous ne finissons pas	finir	finis		Il n'a pas fini
2. Vous ne vendez pas	Vendre	vendu		Il n'a pas vendu
3. Elle ne sait pas	savoir	su		Elle n'a pas vendu
4. Tu ne peux pas	pouvoir	pouvait		Ils ne pouvait pas
5. Je ne pars pas	partir	partis		Il n'a pas parti

/ 20

Exercice 2.4

➤ Les verbes pronominaux se conjuguent avec être, et le participe passé s'accorde dans certains cas. Dans cet exercice, cependant, il n'y a aucun accord à faire. (Pour les règles de l'accord du participe passé, voir l'annexe 12.)

Donnez le passé composé des verbes suivants à la personne indiquée pour chacun.

Exemple : Je me lave	Je me suis lavé
1. Je m'habille	Je me suis habillé
2. Il s'intéresse	Il s'est interessé
3. Ils se rappellent	Ils se sont rappelés
4. Vous vous introduisez	Vous vous êtes introduit
5. Je ne m'absente pas	Je ne me suis pas absenté

/ 5

E. Le participe passé et son accord

Règle générale : Le participe passé conjugué avec l'auxiliaire **être** s'accorde avec **le sujet** du verbe. (Pour l'accord du participe passé avec les verbes pronominaux, voir l'annexe 12.)

Exemple : Elle est parti**e**

Le participe passé conjugué avec l'auxiliaire **avoir** s'accorde avec le **COD** qui **précède** le verbe. (Voir l'annexe 12 pour plus de détails.)

Exemple : La voiture qu'il a achet**ée**.

Exercice 2.5 Auxiliaire avoir ou être ? (Voir l'annexe 11.)

➤ Complétez le texte suivant avec l'auxiliaire *être* ou *avoir.*

1-2. La semaine dernière, Julien __a__ venu à Montréal. Il __est__ arrivé à Dorval à 16 heures

3-4. et il __est__ allé directement à son hôtel. Il __a__ mangé un sandwich

5-6. dans un café. Après, pour se distraire, il __est__ entré dans une salle de cinéma. Il __a__ vu un

7-8. film de Malle qu'il __a__ aimé. Puis il s'__est__ assis à une terrasse.

9-10. Il __a__ rencontré une amie avec qui il __a__ parlé.

11-12. Il __est__ resté encore une autre journée puis il __est__ rentré à Ottawa.

/ 12

Exercice 2.6 Accorder ou ne pas accorder le participe passé ?

➤ Dans le rectangle correspondant, inscrivez le sujet du verbe, le verbe complet, l'auxiliaire puis le participe passé. Faites une croix sous « accord oui / non » selon qu'il y a ou non accord du participe passé. Revenez à la phrase et faites l'accord du participe passé. Si le participe passé ne s'accorde pas, faites tout simplement une croix dans la colonne « Non ».

Exemple : Elle a <u>fait</u> (x) de la lutte autrefois. (*« Fait » ne s'accorde pas.*)

sujet	verbe	auxiliaire	participe passé	accord oui	non
Elle	a fait	avoir	fait		X

1. Nous avons écouté____ le conférencier.

sujet	verbe	auxiliaire	participe passé	accord oui	non

2. Nous sommes monté____ à l'étage.

sujet	verbe	auxiliaire	participe passé	accord oui	non

3. Ils ont libéré____ le prisonnier.

sujet	verbe	auxiliaire	participe passé	accord oui	non

4. Elle est descendu____ du train avec sa valise.

sujet	verbe	auxiliaire	participe passé	accord oui	non

5. Dolorès a attrapé____ des oiseaux.

sujet	verbe	auxiliaire	participe passé	accord oui	non

6. Nous avons frappé____ le tambour.

sujet	verbe	auxiliaire	participe passé	accord oui	non

7. Elles sont parti____ à 8 heures.

sujet	verbe	auxiliaire	participe passé	accord oui	non

8. Nous avons tourné____ la tête.

sujet	verbe	auxiliaire	participe passé	accord oui	non

9. Les pommes, je les ai mangé____.

sujet	verbe	auxiliaire	participe passé	accord oui	non

10. Ils se sont lavé____.

sujet	verbe	auxiliaire	participe passé	accord oui	non

/20

F. Utilisation du passé composé ou de l'imparfait

Puisque la distinction entre le passé composé et l'imparfait est une question de nuance, subtile dans certains cas, nous allons ici faire exception à notre règle générale, qui est d'expliquer la grammaire en français. (Car il ne faut oublier que lire des explications grammaticales, c'est aussi faire de la lecture.) Nous allons donc ouvrir ici une parenthèse en anglais.

The **passé composé** *is the tense used to relate specific events seen as completed (Action point = AP). The speaker selects it to focus on the fact that the action is completed. Consider the following sequence of events.*

Je suis monté dans ma chambre.	*I went to my room.*
J'ai ouvert la porte.	*I opened the door.*
J'ai composé le numéro de téléphone de ma sœur.	*I dialed my sister's number.*

Elle a décroché le récepteur.	*She answered the phone.*
Nous avons parlé longuement, etc.	*We talked for a long time, etc.*

Each of the above statements can answer the question « What happened ? » and tells of an event that the speaker sees as completed in the past. **Notice also that the events are sequenced in time and that their order is important.**

Now consider the following group of connected sentences.

Il était trois heures du matin	*It was 3 A.M.*
Les rues étaient vides.	*The streets were empty.*
Très peu de voitures roulaient.	*Very few cars were moving.*
Je n'entendais aucun bruit.	*I didn't hear any noise.*
J'étais seul.	*I was alone.*
Je me sentais bien.	*I felt good.*

Now, what happened ? Nothing happened : all the sentences here have served only to paint the background of some action which has not yet been mentioned. Thus in the **imparfait *(imperfect tense)**, *the focus is not on things which happened. Only the background of past actions is drawn, without any reference to their completion in time (beginning or end).* **Notice also that the sequence of events in time is not important since the events form a background.**

We will see, in the next chapter, that the imparfait is also used to describe 1) **habitual action in the past** *and 2)* **things and people in the past** *and 3)* **an action interrupted by another.** *In all cases, the emphasis is on the existence of a situation in past time ; again, the beginning or the end of the situation or state of being is not specified. The code used in this manuel to express the meaning of the* imparfait *is* **É-D** = état-description *and* **AI** = action interrompue.

These brief comments on the respective use of the **passé composé** *and the* **imparfait** *show that both tenses form an intricate pattern of background and events of a narration in the past. Events need a background and a background needs events. Can you imagine writing a long narration in the past without the use of both tenses ? For more details, please refer to « Annexe 13 ».*

Nous allons fermer cette petite parenthèse ouverte en anglais et revenir au français. Récapitulons.

Question 1 : Dans une narration au passé, quel temps fait avancer l'action ?
Réponse 1 : _____

Question 2 : Dans une narration au passé, quel temps décrit le cadre *(background)* de l'action ?
Réponse 2 : _____

Question 3 : Si on vous demande de résumer ce que vous avez fait hier, quel temps allez-vous utiliser ?
Réponse 3 : _____

Question 4 :   Si on vous demande comment vous vous sentiez hier, quel temps allez-vous utiliser ?

Réponse 4 :   _____

Question 5 :   Si on vous demande ce que vous faisiez habituellement le dimanche matin quand vous aviez 15 ans, quel temps allez-vous utiliser ?

Réponse 5 :   _____

Exercice 2.7

➤ **Voici des séquences de phrases en anglais. Soulignez les verbes et dites quel serait le temps l'équivalent de chacun en français : passé composé ou imparfait. Écrivez d'abord les codes (*Action point = AP ; État-description = É-D*) puis vos réponses dans les espaces fournis.**

	Code	Temps du passé
It **was raining**.		
He **took** his umbrella.		
He **locked** the house and **went** out.		
His car, an old Buick, **was** across the street.		
He **tried** to start it but it **was** too wet.		

/ 14

Exercice 2.8

➤ **Dans le texte principal 1, relevez cinq choses (actions) que Spaggiari a faites. Quel temps allez-vous utiliser ?**

1. _____
2. _____
3. _____
4. _____
5. _____

/ 20

Exercice 2.9

➤ **Dans le texte principal 1, relevez cinq situations entourant le vol de banque. Quel temps allez-vous utiliser ?**

1. _____
2. _____
3. _____
4. _____
5. _____

/ 20

Exercice 2.10

➤ **Mettez le texte suivant au passé. La première phrase donne l'arrière-plan** *(the background).*

Monsieur Langlois était un peu ivre *(drunk)* et, un soir...

1. Il prend le volant de sa voiture.

_____

2. Il commence à rouler en ville.

_____

3. Il brûle un feu rouge.

_____

4. Un agent de police l'arrête.

_____

5. Il fait des reproches à M. Langlois.

_____

/ 10

Exercice 2.11

➤ **Récrivez la narration suivante au passé (passé composé et imparfait). Certains verbes se conjuguent avec être et attention alors à l'accord du participe passé. Dans les phrases où le sujet est je, c'est Monique qui parle.**

1. Je veux aller manger au restaurant.

_____

2. Alors, je téléphone à mon amie Odette.

_____

3. Je lui demande de m'accompagner.

_____

4. Nous prenons rendez-vous pour 18 h 30.

_____

5. Je sors de chez moi à 17 heures.

_____

6. Je prends le métro.

_____

7. J'arrive au restaurant à 18 h 15.

_____

8. Je vois Thérèse devant le restaurant.

_____

9. Tout de suite, nous entrons dans le restaurant.

_____

10-11. Le garçon arrive, et nous commandons.

_____

12. Nous mangeons bien.

_____

13. Nous payons l'addition.

_____

14. Le repas est exquis.

_____

15. Nous sommes contentes.

_____

/ 30

Exercice 2.12

Dans les verbes composés, la plupart des adverbes se placent **après** le participe passé.

> Exemple : Nous avons étudié **hier**.

Cependant, certains adverbes de quantité (trop, beaucoup, assez, etc.) et de temps (déjà, toujours, souvent, etc.) ainsi que des adverbes courts (bien, très) **précèdent** le participe passé.

> Exemple : Nous travaillons **fort**. ➡ Nous avons travaillé **fort**. Nous travaillons **déjà**.
> ➡ Nous avons **déjà** travaillé.

➤ **Mettez les phrases suivantes au passé composé. Placez en même temps l'adverbe dans la position appropriée.**

1. On rentre tout de suite.

_____

2. Je mange trop.

_____

3. Nous parlons beaucoup.

_____

4. Ils chantent toujours.

_____

5. Tu pars déjà.

_____

/10

G. Devoirs sur le passé composé

Exercice 2.13

➤ **Voici le récit d'un vol de banque. Pour le reconstituer, mettez les verbes au passé composé ou à l'imparfait selon le sens. Mettez d'abord le code pour indiquer s'il s'agit d'une *action point* (AP) ou d'un *état-description* (É-D).**

Codes	Infinitif	Verbes au passé
____	Être	1. Il ___etait___ *imparfait* 13 heures.
____	Avoir	2. Il y _____ seulement deux clients dans la banque.
____	Entrer	3. Tout à coup, deux hommes armés _____.
____	Porter	4. Ils _____ un masque.
____	Tenir	5. Ils _____ un revolver à la main.
____	Demander	6. Ils _____ de l'argent à la caissière.
____	Obéir	7. Sans hésiter, elle _____.
____	Remettre	8. Elle _____ 400 $ aux voleurs.
____	Dire	9. Les voleurs _____ à tout le monde de ne pas bouger.
____	Sortir	10. Ils _____ en courant.

/ 20

Exercice 2.14

➤ **Dites ce que vous avez fait à un moment précis dans les situations suggérées.**

Exemple :
D'habitude, je ne buvais pas d'alcool mais, ce soir-là (**j'ai bu deux bières**).

1. D'habitude, je me réveillais à 7 heures mais, ce matin-là,

_____

2. Habituellement, je prenais un bain mais, ce jour-là,

_____

3. En général, je prenais un café lentement mais, ce matin particulier,

_____

4. D'habitude j'embrassais ma mère mais, ce matin-là,

_____

5. Ordinairement, je marchais jusqu'à l'autobus mais, ce matin-là,

_____

/20

Exercice 2.15

➤ **Donnez une explication ou la conséquence pour chaque situation donnée.**

Exemple : Il faisait chaud, alors (je suis allé(e) à la piscine).

1. Mes parents étaient sortis, alors...

_____

2. J'avais faim, alors...

_____

3. Mon frère était malade, alors...

_____

4. Mon père dormait, alors ma mère...

_____

5. Le bandit paraissait méchant, alors...

_____

/10

Exercice 2.16

➤ **Écrivez cinq phrases résumant votre « biographie ». Indiquez votre année et votre lieu de naissance, l'école secondaire que vous avez fréquentée et quelques faits marquants de votre vie.**

1. _____

_____

2. _____

_____

3. _____

_____

4. _____

_____

5. _____

_____

/ 20

Exercice 2.17

➤ **Trouvez, dans un journal de langue française, un fait divers qui vous intéresse. Résumez-le en précisant les circonstances et les faits importants de l'événement.**

Les questions suivantes peuvent vous servir de guides.

1. De quoi s'agit-il ? (vol, accident ?)
2. Où et quand l'événement s'est-il produit ?
3. Qu'est-ce qui s'est passé ?
4. Quelles étaient les personnes impliquées ?
5. Comment s'est terminé l'événement ?

1. _____

_____

2. _____

_____

3. _____

_____

4. _____

_____

5. _____

_____

H. Post-test sur le passé composé

Le temps est venu de mesurer vos progrès dans la formation et l'utilisation des temps du passé. Mais, avant de faire le post-test, rafraîchissez vos connaissances en complétant le tableau suivant.

Pour former le passé composé, on conjugue le verbe _____ au présent de l'indicatif et on ajoute le participe _____ du verbe à conjuguer. Les deux verbes auxiliaires sont _____ et_____.

  Exemple : j'ai parlé ; je suis allé

Le passé composé exprime une action _____

Partie 1

➤ **Mettez les verbes au passé composé en les accordant avec leur sujet.**

		Affirmatif		Négatif
Être	J(e)	_____	J(e)	_____
Marcher	Tu	_____	Tu	_____
Avoir	Il	_____	Il	_____
Finir	Nous	_____	Nous	_____
Prendre	Ils	_____	Ils	_____

/10

Partie 2

➤ **Conjuguez les verbes au passé composé.**

Accomplir	La fin de semaine dernière, nous _____ plusieurs tâches.
Faire	Nous _____ la lessive.
Nettoyer	Nous _____ notre chambre.
Aller	Ensuite, nous _____ au cinéma.
Rentrer	Après, nous _____ à la maison.

/5 points

Total du post-test   /15 points

I. Adjectifs qualificatifs

Ah ! les adjectifs, ces mots qui nous permettent de qualifier les idées froides et sans couleur. Essayez de parler de votre bien-aimé sans adjectifs, ou encore de l'été...

Le soleil **chaud** de mars annonce le retour des **beaux** jours **merveilleux** de l'été.

1. Identification des adjectifs qualificatifs

Exercice 2.18 Identification du genre et du nombre des adjectifs qualificatifs

➤ **Dans le contexte suivant, soulignez les adjectifs qualificatifs et indiquez leur genre et leur nombre en écrivant au-dessus de chacun le code approprié. N'oubliez pas que vous pouvez identifier la nature d'un mot même si vous n'en connaissez pas le sens.**

Code : **MS** = masculin singulier ;   **MP**= masculin pluriel ;
FS= féminin singulier ;   **FP** = féminin pluriel.

Tout à coup, dans le calme de l'immense maison, Arthur a entendu un cri inquiétant.
C'était la voix aiguë de sa femme, Dolorès. Sa première réaction a été de ne rien faire.
Mais le cri fort était trop alarmant pour ne pas réagir. Arthur est donc sorti de sa
chambre douillette, où il se réfugiait de plus en plus pour ne pas subir les reproches
incessants de sa femme. Elle était devenue amère et impossible avec l'âge. Puis Arthur
s'est dirigé vers la grande cuisine. Par la porte entrouverte, il a aperçu un homme
masqué qui lui paraissait gigantesque. L'inconnu avait les yeux vifs et paraissait impitoyable et menaçant.

/15 points

2. Formation de l'adjectif qualificatif

Exercice 2.19 Formation du féminin de l'adjectif qualificatif (voir l'annexe 3)

➤ **Donnez le féminin singulier des adjectifs suivants, regroupés ici par catégories. À partir des exemples de chaque catégorie, pouvez-vous déduire la règle de formation du féminin à partir du masculin ?**

1. différent	lourd	court	fermé	important
_____	_____	_____	_____	_____
allemand	dur	content	national	
_____	_____	_____	_____	
2. cher	entier	premier	altier	étranger
_____	_____	_____	_____	_____
dernier				
_____				

3.	neuf	actif	attentif	compétitif	primitif
	_____				

4.	éternel	sot	formel	ancien	gros
	_____				
	muet	pareil	cruel	bon	
	_____				

5.	trompeur	peureux	menteur	heureux	rêveur
	_____				

attention à -teur, -trice :   créateur   conservateur

_____   _____

6.	blanc	sec	franc
	_____		

7.	complet	secret	discret	inquiet
	_____			

8.	vieux	frais	long	public	bref
	_____				
	gentil	favori			
	_____				

/50 points

3. Utilisation de l'adjectif qualificatif

Exercice 2.20 Accord de l'adjectif qualificatif

➤ **Insérez l'adjectif dans la phrase et faites les accords nécessaires.**

1.   rond   Arthur avait la tête _____.
2.   blanc   Les chaises de la cuisine sont _____.
3.   vif   Le bandit avait une allure _____.
4.   furieux   La remarque d'Arthur a rendu Dolorès _____.
5.   épuisé   Arthur et le bandit étaient _____ après le combat.
6.   dangereux   L'intrus avait une arme _____ à la main.
7.   national   Arthur avait déjà fait de la lutte dans des compétitions _____.
8-9. énervé, sec _____, Dolorès avait la bouche _____.
10. égal   Les combattants étaient de force_____.

/10

Exercice 2.21 Du masculin au féminin

➤ Remplacez le mot en gras par le mot suggéré dans chaque phrase puis faites tous les changements grammaticaux nécessaires.

Exemple : **Arthur** est fort.
(Elle) Elle est forte

1. Il est attentif.

Elle _____.

2. Nous avons visité les principaux musées.

villes _____.

3. Ce pantalon est neuf.

chemise _____.

4. Votre manteau est-il léger ?

bière _____?

5. Il partira le mois prochain.

semaine _____.

6. Il conduit une voiture brésilienne.

camion_____.

7. Les garçons sont-ils plus paresseux ?

filles _____?

8. Vendez-vous du poisson frais ?

viande _____?

9. Ce sont des hommes discrets qui ne font pas de bruit.

personnes _____.

10. Son attitude était celle d'une personne franche.

interlocuteur _____.

/ 17 points

Exercice 2.22 Du singulier au pluriel

➤ **Mettez les phrases suivantes au pluriel et faites les changements grammaticaux nécessaires.**

Exemple :   Le mouchoir est bleu.
Les mouchoirs sont bleus.

1. Pourquoi est-elle si sérieuse ?

_____ ?

2. Cette voiture semble luxueuse.

_____ .

3. La professeure est fière de sa classe.

_____ .

4. Elle paraît fatiguée et triste.

_____ .

5. Ce n'est pas un monument national.

_____ .

/20 points

Nom : _____

4. Devoirs sur les adjectifs qualificatifs

Exercice 2.23 Identification et accord du nom et de l'adjectif

➤ **Trouvez les noms accompagnés d'un adjectif qualificatif ; reportez-les dans la colonne des noms ; déterminez-en le genre et le nombre, en faisant un X dans les colonnes appropriées ; trouvez l'adjectif qui complète le nom, et reportez-le dans la colonne appropriée. Dans le paragraphe suivant, les adjectifs qualificatifs ne sont pas accordés. Faites l'accord.**

Gare aux chiens

Les petit et les grand chiens multicolore qui se promènent sans identification précis, dans les banlieues ordinaire et dans les villes périphérique de Montréal, s'exposent à être ramassés par des associations sérieux de propriétaires énervé. Ceux-ci ne veulent plus que ces multiple animaux puissent circuler dans leurs cours bien entretenu et sur leurs parterres vert en laissant derrière eux des souvenirs plein d'odeurs désagréable. Ces animaux de race canine et de tailles variées n'ont qu'à bien se tenir. Nous voulons des animaux gentil.

Nom	M	F	S	P	Adjectif qualificatif accordé
1.					
2.					
3.					
4.					
5.					
6.					
7.					
8.					
9.					
10.					
11.					
12.					
13.					
14.					
15.					

/ 15

Exercice 2.24 Récapitulation des adjectifs

➤ **Adaptez les phrases suivantes en tenant compte du mot de remplacement suggéré. Faites tous les changements grammaticaux nécessaires.**

Exemple :   Le **pain** est frais.
(pommes) Les pommes sont fraîches.

1. Son père était bon, généreux, serviable et toujours de bonne humeur. Il se disait heureux, content de son sort, sûr de lui et confiant quant à l'avenir.

(mère) _____

_____

_____

2. Vous trouverez ce jus frais, désaltérant et légèrement sucré. Il est à 100 % naturel et très bon pour la santé.

(boisson) _____

_____

_____

3. Sa maison est grande, bien éclairée, vieille mais rénovée, facile à chauffer et luxueuse : bref, elle est sensationnelle.

(chalet) _____

_____

_____

4. Ce film est absolument captivant ; il est drôle sans être vulgaire ; il est bien monté et bien écrit ; il regorge de personnages vrais ; en somme, il est intelligent et délicieux.

(pièce) _____

_____

_____

5. C'est une bière blonde, douce, légère et bien brassée. Elle est vieillie à point et elle reste pétillante et savoureuse jusqu'à la dernière goutte.

(bières) _____

_____

_____

/ 40

J. Pour ne pas oublier...

Exercice 2.25

➤ **Dans le texte suivant, donnez la nature des mots soulignés : adjectif qualificatif (adj.), adverbe (adv.), déterminant (dét.), conjonction (conj.), nom (n.), préposition (prép.), pronom (pron.), verbe (v.) et participe passé (p.p.).**

Il a ramassé <u>le</u> revolver, a visé sa femme, qui <u>le</u> regardait <u>sans</u> bouger, et a tiré deux fois. Les deux <u>fois</u>, le coup n'est pas <u>parti</u>. Le revolver n'était pas chargé. Le bandit <u>était</u> le <u>seul</u> à n'avoir aucune intention <u>de</u> tuer. <u>Soudain</u> délivrée, Dolorès <u>s</u>'est enfuie par la porte de la cuisine.

/ 10

Exercice 2.26

➤ **Insérez le verbe à la personne appropriée, au présent de l'indicatif ou de l'impératif, selon le contexte de la phrase.**

1-3.	avoir peur	Parce que nous _____ de nous faire découvrir, nous ne
	bouger	_____ pas d'un poil ; nous
	rester	_____ tranquilles, bien calmes.
4.	être (tu)	Ne _____ pas triste, le printemps reviendra l'an prochain.
5.		Avec l'arrivée de l'automne, certains érables
	devenir	_____ rouges.
6-8.	faire (vous)	_____ toutes les expériences que vous
	vouloir	_____ , mais
	avoir	_____ la gentillesse de nettoyer le laboratoire avant de partir.
9-10.	s'en foutre	Marie _____ complètement. Cela la
	laisser	_____ absolument indifférente.
11-12.	savoir	Ils ne _____ pas encore quand le bébé naîtra. Les futurs
	avoir	parents _____ bien hâte de voir leur nouvel enfant.
13-14.	tenir	Paul ne _____ pas à aller en vacances avec ses parents.
	préférer	Il _____ partir à la mer avec ses amis.

/ 14

K. La grammaire à l'œuvre

Voici enfin le moment de vérité, où vous mettez en pratique toutes vos connaissances grammaticales, qui sont devenues, nous l'espérons, des « réflexes linguistiques ». Voyons voir !

1. Homophones

Exercice 2.27

➤ Faites l'exercice 3.16 du *Cahier de laboratoire.* (Voir l'annexe 14.)

2. Reconstitution de texte

Voici un extrait d'un récit d'un vol à main armée au passé. Vous entendrez la suite dans la dictée lacunaire.

Exercice 2.28

➤ Complétez le texte en ajoutant au besoin les terminaisons (accord de verbes, d'adjectifs, etc.) ou les mots manquants. Un espace n'indique pas nécessairement une terminaison ou un mot manquant.

Un vol à main armée

Il étai____ dix-sept heures. M. Pinson, en soupirant, a demand____ à Marie de commencer à mettre les bijoux les plus précieu____ dans le coffre-fort. « Enfin ! », a soupir____ à son tour la vendeu____, une femme entre deux âge____. « Quel____ journée désastreu____ ! Les client____ se font de plus en plus rare____. » « Oui, en effet, a répond____ le patron, les temps sont dur____, et les amoureux y pens____ à deux fois avant d'offrir une bague à diamants à leur____ fiancée. Et puis, tu sai____, aujourd'hui les mariages ____ sont plus tellement à la mode. Je croi____ qu'il est inutile de rest____ ouvert jusqu'à six heure____. » Marie a fait signe que oui et a rappel____ à son patron de ne pas oublier d'armer le système d'alarme. « Des bandits ____ dévalisé plusieurs bijouterie____ du quartier. Quelle peste, ces cambrioleur____ ! » Au même instant, la porte s'est ouverte brusque____ pour laisser passer le dernier client de l'après-midi.

À première vue, le bijoutier et ____ employée n'ont rien remarqu____ de particulier chez ce client de la derni____ heure. C'étai____ un homme de taille moyen____, bien rasé ____ soigneusement coiffé ; il port____ un complet gris assorti d'une chemise noir____ et d'une cravate jaune. Ses souliers minutieuse____ polis brill____ comme des miroir____. Il y avai____ cependant quelque chose de trop soigné dans ____ tenue et aussi d'un peu faux. M. Pinson allait s'occuper de lui, lorsqu'il a remarqu____ le revolver qu'il tenai____ à la main.

/20

3. Dictée lacunaire

La dictée lacunaire suivante vous permettra de faire le pont entre l'oral et l'écrit. Si vous écrivez à l'oreille, cet exercice vous permettra de corriger cette mauvaise habitude. En français, il est impossible d'écrire correctement sans « penser grammaire ».

Pouvez-vous deviner comment se termine l'histoire de M. Pinson (voir l'exercice 2.28) ? C'est ce que vous apprendrez en faisant la dictée lacunaire. (Le texte de la dictée est la suite du récit de l'exercice précédent.)

Exercice 2.29

➤ **Écrivez les mots manquants que vous allez entendre.**

« Haut les mains ! _____ l'inconnu. Mettez-vous face au mur et _____ ! Nous ne vous ferons pas de mal si _____ ; nous voulons les diamants que _____ dans le coffre. Ouvrez-moi le coffre, et vite. » Et, s'adressant au petit homme trapu qui l'_____, il a dit : « Surveille bien la rue ! » Puis, d'un ton qui _____ de réplique, il _____ à M. Pinson de se dépêcher. Celui-ci _____ quelques secondes puis _____ nerveusement vers le coffre, _____ fébrilement le code et _____ près de Marie, qui était d'une pâleur _____. L'inconnu _____ les bijoux, les a mis dans un sac de cuir et _____ vers la caisse pour voir ce qu'elle _____.

Marie tremblait de tous _____ membres et elle semblait _____ à s'évanouir. M. Pinson s'est approché d'elle pour la rassurer. « J'ai dit de ne pas bouger, a crié le bandit. Je suppose que vous n'êtes pas _____ de mourir. » Il a ensuite saisi les quelques billets de 20 $ qu'il restait dans le tiroir-caisse et s'est dirigé précipitamment vers la porte, où _____ son complice. Avant de s'enfuir, il a lancé un dernier avertissement : « Pas de bêtises, hein ? Je ne voudrais pas être obligé de vous expédier dans l'autre monde. » Puis, les deux cambrioleurs _____ en courant. La porte s'est refermée bruyamment sur eux. Toute l'opération avait duré à peine cinq minutes.

/20

Module 4

Des gens hors de l'ordinaire

Chapitre 1

Lire, écouter, écrire et parler

COMPRÉHENSION DE L'ÉCRIT
Anticipation
Pré-lecture
Lecture principale et activités
    A - Compréhension globale
    B - Compréhension détaillée
    C - Vérification et enrichissement de vocabulaire
    D - Repérage et balayage
    E - Récapitulation de texte
    F - Reformulation dirigée
Lecture supplémentaire

COMPRÉHENSION DE L'ORAL
Activités d'écoute au laboratoire
Activités d'écoute en classe

EXPRESSION ÉCRITE
Pleins feux sur le phrase
Expression écrite en classe
Expression écrite au laboratoire

EXPRESSION ORALE
Activités d'expression orale au laboratoire
Activités d'expression orale en classe

COMPRÉHENSION DE L'ÉCRIT

Anticipation

Rappel : Avant de lire le texte principal 1, faites d'abord une petite réflexion sur vos propres idées quant au thème du module : elle vous aidera à mieux comprendre le texte. Vous pouvez partager vos idées avec vos camarades en classe.

Les questions suivantes vous guideront dans votre réflexion.

Questions

Qu'est-ce qui fait que des personnes réussissent mieux que d'autres à marquer leur époque ? Est-ce une question de chance, de talent ou de détermination ? Ou les trois à la fois ?

Pouvez-vous penser à trois personnalités qui ont eu une grande influence au cours du dernier siècle ?

Quel est votre choix pour la personnalité la plus marquante du XXe siècle ?

Pouvez-vous penser à des groupes de musiciens pop qui ont particulièrement marqué leur époque ? Qui ont changé la façon de faire de la musique ?

Pensez-vous que les groupes de musique qui sont en vogue aujourd'hui seront encore connus dans 20 ou 30 ans ? Donnez quelques exemples.

➤ **Nommez trois personnalités importantes que vous aimeriez connaître davantage.**

1. _____

2. _____

3. _____

Pré-lecture

Dans le texte principal 1, nous allons parler d'un groupe de musique qui figure parmi les plus importants du XXe siècle : les Beatles.

Exercice 1.1

➤ Avant de lire un court texte biographique sur les Beatles, faites le point de vos connaissances sur leur carrière en remplissant le tableau suivant.

origine du groupe

lieu	année
_____	_____

membres

nom	rôle	traits de caractère
_____	_____	_____
_____	_____	_____
_____	_____	_____
_____	_____	_____

imprésario

nom	rôle	traits de caractère
_____	_____	_____

dissociation

année	raisons	résultats
_____	_____	_____

influence

_____

Exercice 1.2

➤ Devinez le sens des mots en gras à l'aide des éléments contextuels de la phrase.

1. **L'impertinence** des Beatles vient de leur anticonformisme et de leur désir de rompre *(break away)* avec la tradition. Ils aimaient choquer et provoquer. Dans un sens, leur musique, à l'époque, était une forme de provocation.

   _____

2. Tout à coup, un homme armé a fait **irruption** dans la banque. Personne ne s'y attendait.

   _____

3. — Pardon, monsieur, où allez-vous ?
   — **Nulle part**, madame !
   — Si vous n'allez **nulle part**, pourquoi êtes-vous si pressé ?
   — Mêlez-vous de vos affaires ! Est-ce que je vous demande où vous allez, moi ?

   _____

4. Avez-vous pensé à **renouveler** votre permis de conduire ? Il devient périmé *(expired)* le jour de votre anniversaire, et vous risquez de payer une amende si vous conduisez votre belle Porsche sans permis.

___

5. Le moins que l'on puisse dire est que Madonna a une **allure** très décontractée. Que pensez-vous de sa façon de se comporter ?

___

6. Céline Dion **s'est** déjà **produite** plusieurs fois au Forum ; ses spectacles ont remporté un grand succès.

___

7. **En reconnaissance** des services rendus à la nation, les Beatles ont été reçus par la reine Élisabeth II.

___

8. Une fois sur le marché du travail, les élèves francophones et anglophones **prennent conscience** de la même réalité : pour se trouver un bon emploi, il faut être bilingue.

___

9. **Faute d'**argent, les gouvernements doivent couper certains services jugés essentiels par la population.

___

10. Le violon est un instrument **à cordes**, et la trompette est un instrument à vent.

___

/10 points

Exercice 1.3   Les mots apparentés en anglais *(cognates)*

Vous remarquerez que le texte principal 1, *Les Beatles,* contient beaucoup de mots qui sont apparentés à l'anglais *(cognates).* Votre connaissance de l'anglais peut donc, encore une fois, être mise à profit pour mieux comprendre le texte.

Dans le texte principal 1 *Les Beatles*, trouvez 10 mots qui ont une forme similaire en anglais. Choisissez un mot par paragraphe. Dans la colonne du milieu, trouvez un mot français qui appartient à la même famille. Vous pouvez faire part de vos trouvailles à la classe.

N.B. : Attention aux faux amis : Exemple, un journal = *a diary* ≠ *a journal*

Mot du texte	Mot de même famille	Mot anglais apparenté
Exemple : quête	quêter	*quest*
1.		
2.		
3.		
4.		
5.		
6.		
7.		
8.		
9.		
10.		

/10 points

Lecture principale et activités

A. Compréhension globale

Pour bien lire, il faut s'éloigner du décodage mot à mot et saisir des ensembles : ensemble de mots (la phrase), ensemble de phrases (le paragraphe) et ensemble de paragraphes (le sens global du texte).

Avant de lire le texte principal 1, *Les Beatles,* pour une compréhension globale, voici deux exercices dont le but est de développer votre habileté à saisir la cohérence au niveau de la phrase et du paragraphe.

Exercice 1.4

 Complétez chacun des énoncés de la page suivante en y transcrivant l'énoncé ci-dessous qui lui convient le mieux.

A. qui est encore imité aujourd'hui.

B. qu'ils ont accomplie.

C. la chanson populaire.

D. comment ils ont pu ainsi révolutionner le monde musical.

E. donnant des concerts dans des hangars de Liverpool.

1. Les Beatles ont marqué _____

_____

2. Ils ont commencé leur carrière en _____

_____

3. Ils ont créé un style personnel sur scène _____

_____

4. C'est une véritable révolution _____

_____

5. Aujourd'hui, il est très difficile d'imaginer _____

_____

/ 5 points

Exercice 1.5

➤ **Numérotez les phrases pour qu'elles forment un paragraphe cohérent. Les questions suivantes vous aideront à saisir la cohérence de l'ensemble.**

Qu'est-ce qui indique l'ordre des phrases ? Des marqueurs de relation ou la chronologie dans la narration ?

_____ Un jour, un des marchands qui vendaient leurs disques a voulu les rencontrer.

_____ Il était une fois quatre jeunes musiciens qui aimaient la musique.

_____ Après la rencontre, il est devenu leur imprésario.

_____ Puis ils ont fait des disques qu'ils vendaient à leurs fans de la région.

_____ Ils ont d'abord commencé à donner des concerts dans des caves de Liverpool.

/5 points

Exercice 1.6

N'oubliez pas que le fait de lire d'abord un texte pour une compréhension globale permet au lecteur de mieux comprendre et de mieux retenir les détails importants.

Lisez donc le texte principal 1, *Les Beatles,* en classe, sans consulter votre dictionnaire : ne lisez que pour comprendre le sens général. Le texte se trouve dans le *Recueil de textes.*

➤ **Indiquez, par un crochet, quelle phrase résume le mieux l'intention de l'auteur dans le texte principal 1, *Les Beatles.***

1. L'auteur rapporte des faits biographiques sans exprimer d'opinion.
2. L'auteur rapporte des faits biographiques et porte un jugement sur les Beatles.
3. L'auteur fait l'histoire générale de la musique pop.
4. L'auteur minimise la contribution des Beatles à la musique pop.

B. Compréhension détaillée

 Après une première lecture, qui vous a permis de comprendre le texte principal 1 dans son ensemble, vous allez maintenant le lire et le relire pour bien en saisir et en retenir les détails.

Exercice 1.7

➤ À l'aide du texte principal 1, remplissez la fiche biographique des Beatles commencée dans la *pré-lecture*. Comparez les deux versions. Vos connaissances ont-elles augmenté ?

origine du groupe
    lieu   année

_____   _____

membres
    nom   rôle   traits de caractère

_____   _____   _____

_____   _____   _____

_____   _____   _____

_____   _____   _____

imprésario
    nom   rôle   traits de caractère

_____   _____   _____

dissociation
    année   raisons   résultats

_____   _____   _____

influence

_____

Exercice 1.8

➤ Complétez les phrases suivantes en vous référant au texte principal 1 ou selon les directives de votre professeur.

1. La musique des Beatles marque _____ avec la musique populaire de l'époque.

2. Parce que les Beatles étaient inconnus, on disait à l'époque qu'ils venaient de _____.

3. En 1964, l'Angleterre leur a accordé _____ en les présentant à la reine Élisabeth II.

4. Le premier à reconnaître le talent des jeunes musiciens était _____ de disques.

5. Brian Epstein est devenu leur _____.

6. John Lennon a eu _____ difficile et rebelle faute d'autorité paternelle.

7. Paul McCartney est l'inventeur de la fameuse _____ à la Beatle.

8. George Harrison était _____ de Liverpool.

9. Ringo portait de nombreuses _____ aux doigts.

10. C'est en 1970 que la _____ du groupe a eu lieu.

/10 points

C. Vérification et enrichissement du vocabulaire

Vous rappelez-vous le sens de tous les mots importants du texte principal 1 ? Pouvez-vous les utiliser dans d'autres contextes ? Pouvez-vous insérer chaque mot dans une famille ? Pouvez-vous utiliser les mots et les expressions dans une composition ou un exposé oral ? Si ce n'est pas le cas, faites vite les exercices suivants : ils vous aideront à développer un vocabulaire actif plus riche.

Exercice 1.9

➤ **Transcrivez la définition appropriée à côté de chaque mot.**

Mots

1. impertinence   _____
2. chevelu   _____
3. cave   _____
4. souverain   _____
5. bague   _____
6. scène   _____
7. minutie   _____
8. coiffure   _____
9. rupture   _____
10. allure   _____

Définitions

a. Anneau qui se porte au doigt.
b. Qui a de longs cheveux touffus.
c. Façon de se comporter, de paraître.
d. Caractère de ce qui est déplacé, contraire à la convention.
e. Lieu de spectacle.
f. Qui est au-dessus des autres dans son genre ; attribut accordé surtout au roi.
g. Division ou séparation brusque.
h. Façon d'arranger les cheveux.
i. Application attentive aux menus détails.
j. Étage en bas du rez-de-chaussée.

/10 points

Exercice 1.10

➤ **Trouvez, dans le texte principal 1, le substantif (le nom) qui fait l'action de chaque verbe.**

Écrivez le nom avec le déterminant.
Exemple : celui qui découvre : le découvreur

1. celui qui chante : _____

2. celui qui initie : _____

3. celui qui vend : _____

4. celui qui écrit : _____

5. celui qui est responsable d'une ambassade : _____

6. celui qui compose : _____

7. celui qui joue de la guitare : _____

8. celui qui joue du piano :_____

9. celui qui joue de la trompette : _____

10. celui qui fait de la musique : _____

/10

Exercice 1.11

➤ Pour chaque mot du tableau suivant, trouvez dans le texte principal 1 un mot appartenant à la même famille et écrivez-le dans la case appropriée selon sa nature grammaticale. Écrivez le nom avec son déterminant.

Exemple : **chanter** : vous trouverez dans le texte **la chanson** ; vous l'écrivez dans la colonne des noms.

para.	verbe (infinitif)	nom	adjectif	adverbe
1			impertinent	
2		la conformité		
	exiger			
	initier			
	exprimer			
4	marchander			
			souverain	
5			régulier	
			complet	
6	former			
7	ouvrir			
	collaborer			
	composer			
	inventer			
8			égal	
9	battre			
		l'éclairage		
10	séparer	la mentalité		
11		la connaissance		
			explosif	
			génial	
			populaire	
			certain	
			principal	
12	dissocier			
			uni	

/20 points

D. Balayage et repérage

En langue seconde, la technique de balayage et repérage est plus difficile et plus lente parce que le lecteur décode moins vite le langage. Voilà pourquoi il faut développer cette habileté à parcourir rapidement un texte pour trouver de l'information. Elle vous sera d'une grande utilité en milieu de travail.

Dans la partie Lecture supplémentaire, vous aurez des textes à parcourir à cette fin. Pour le moment, nous allons nous limiter au texte principal 1.

Exercice 1.12

 Pour chaque groupe de mots du tableau ci-dessous, trouvez, dans les paragraphes indiqués du texte principal 1 *(Les Beatles)*, un synonyme et écrivez-le dans l'espace fourni. Vous pouvez comparer votre vitesse d'exécution à celle de vos camarades en classe.

Paragraphe 1
important _____

Paragraphe 2
changé _____

Paragraphe 3
donnait des représentations _____

Paragraphe 4
la reine _____

Paragraphe 5
a parlé à _____

Paragraphe 6
plus remarqué _____

Paragraphe 7
probablement _____

Paragraphe 8
amateur passionné _____

Paragraphe 9
joueur de batterie _____

Paragraphe 10
pendant qu'il _____

/10 points

E. Récapitulation de texte

L'exercice suivant fait appel à votre « grammaire intuitive » du français, grâce à laquelle vous reconnaissez la structure d'une phrase et la catégorie de mots pouvant s'insérer dans l'espace. L'exercice vous permettra en même temps de vérifier si vous pouvez réutiliser le vocabulaire appris dans un contexte similaire. Bref, votre habileté à reconstruire le petit résumé suivant du texte principal 1 sera un indice de votre compétence en lecture.

Rappel important : Cherchez d'abord à trouver la catégorie de mots pouvant compléter grammaticalement la phrase.

Exercice 1.13

➤ **Complétez le texte suivant en utilisant les mots de la liste ci-dessous.**

allure   formation   rapidement   se produisant   aussi
le rôle   renouvelé   fondateur   musicale   scène

Les Beatles, connus pour leur impertinence et leur volonté de rompre avec la tradition _____, ont laissé leur marque dans le monde de la chanson populaire. Ils ont _____ les thèmes et les formes de la chanson ; ils ont créé un style de comportement sur _____ qui est encore imité aujourd'hui par la plupart des chanteurs rock.

Ils ont commencé leur carrière bien modestement en _____ d'abord dans des hangars et des caves de Liverpool, une grande ville industrielle de Grande-Bretagne. C'est grâce à un marchand de disques, qui a reconnu leur talent extraordinaire, qu'ils sont devenus _____ célèbres.

Chaque chanteur avait des traits de caractère bien particuliers et des fonctions spécifiques dans le groupe.

John Lennon, assassiné à New York par un détraqué mental, était le _____ du groupe et le principal compositeur des textes. C'était l'écrivain du groupe et aussi le mystique.

Paul McCartney, le plus musicien des quatre, s'occupait aussi des relations publiques : c'était l'ambassadeur de la _____.

George Harrison, connu pour son habileté technique, était responsable de la reproduction sonore. Il jouait aussi _____ d'avocat dans le groupe.

Richard Starkey, alias Ringo Starr, faisait figure d'extravagant : son _____ à la fois triste et excentrique le rendait très populaire.

La magie des Beatles s'explique par l'heureux mélange des talents divers et complémentaires des membres, mais _____ par l'excellent sens des affaires de leur imprésario.

/10

F. Reformulation

Exercice 1.14

➤ **Sur une feuille à part, répondez aux questions suivantes par des phrases complètes, en vous référant au texte principal 1. Vos réponses constitueront une reformulation du texte sous forme de résumé.**

1. Quel est le fait le plus significatif dans la carrière des Beatles ?

2. Dans quel sens est-ce que les Beatles ont été des initiateurs ?

3. Comment a débuté la carrière des Beatles ?

4. Comment Brian Epstein a-t-il découvert les Beatles ?

5. Quel rôle John Lennon jouait-il dans le groupe ?

6. Quelle a été la contribution de George Harrison au groupe ?

7. Dites quelles étaient les qualités principales de Paul McCartney.

8. Comment explique-t-on la grande popularité de Ringo Starr ?

9. Expliquez la dissociation du groupe.

10. Comment est mort John Lennon ?

/ 20

Lecture supplémentaire

Le texte principal 2 et les textes supplémentaires vont vous permettre de découvrir d'autres personnes remarquables. Vous pourrez d'ailleurs consulter ces textes pour rédiger vos travaux écrits ou vos exposés oraux.

Exercice 1.15

C'est en lisant un article du *Reader's Digest* que le journaliste Michel Arsenault a entendu parler pour la première fois d'une femme extraordinaire qui a pratiqué la médecine en Ouganda. Elle s'appelait Lucille Teasdale. La première intention du journaliste était d'écrire un roman basé sur sa vie. Mais, après des recherches, il a décidé d'écrire une biographie plutôt qu'un roman parce que la réalité dépassait la fiction. Son livre biographique, *Un rêve pour la vie,* raconte la vie étonnante de Lucille Teasdale et de son mari, Piero Corti.

➤ **Lisez donc l'histoire émouvante de Lucille Teasdale (texte principal 2 dans le *Recueil de textes*) puis, pour vérifier votre compréhension, répondez au questionnaire suivant.**

1. Qu'est-ce qui indique qu'en 1950 la médecine était encore une profession d'hommes ?

   _____

2. Qu'est-ce qui indique que Lucille Teasdale travaillait trop fort ?

   _____

3. Pourquoi les hôpitaux américains ont-ils refusé ses demandes de stage ?

   _____

4. Où est-elle allée pour faire son stage ? _____

5. Qui est Piero Corti ? _____

6. Qu'est-ce qu'il a demandé à Lucille ? _____

_____

7. Donnez trois conditions qui ont rendu la pratique de la médecine difficile en Ouganda. _____

8. Donnez trois genres de malades que Lucille Teasdale et Piero Corti soignaient dans leur clinique. _____

9. De quoi Lucille Teasdale est-elle morte ? _____

Exercice 1.16

Quel est, selon vous, l'exploit *(feat)* le plus difficile : traverser, en mode autonome, le désert du Sahara, l'Arctique ou l'Antarctique ? Escalader l'Everest ou traverser l'Atlantique en solo ?

Bernard Voyer est allé au pôle Nord, il a escaladé l'Everest et traversé l'Antarctique en skis. Pour lui, l'expédition la plus difficile a été celle de l'Antarctique. Pourquoi ? C'est ce que vous apprendrez en lisant les textes supplémentaires 1 et 2.

Lisez le texte supplémentaire 1, *L'Antarctique,* et fournissez les données demandées dans le tableau suivant.

L'Antarctique est un continent de _____.

L'épaisseur de la glace peut atteindre _____.

Il est difficile de se déplacer en Antarctique à cause de trois facteurs climatiques :

_____ ; _____ ;

_____.

Le mot russe qui veut dire « *snow dunes* » est _____.

Le contraire de « *blackout* » est _____.

Quand la peau est exposée aux vents catabatiques, elle _____.

Maintenant vous savez pourquoi l'Antarctique est l'endroit de plus inhospitalier de la terre.

Exercice 1.17

C'est ce continent de glace que deux aventuriers québécois ont entrepris de traverser en skis. Ils n'avaient ni chiens ni motoneige pour transporter leur équipement et leur nourriture. C'est une expédition qui a duré 65 jours. Le but fixé par les deux hommes était de se rendre au pôle Sud par leurs propres moyens. Les deux aventuriers s'appelaient Bernard Voyer et Thierry Pétry. Le texte supplémentaire 2, *Journal d'une expédition,* vous présente quelques journées de leur aventure en Antarctique, telles qu'elles ont été rapportées par les médias.

➤ **Lisez le texte supplémentaire 2 dans le *Recueil de textes* et relevez les renseignements demandés dans le tableau suivant.**

Départ et préparation

Années de préparation :	Distance à parcourir :
Date de départ :	Moyen de locomotion :
Point de départ :	Charge tirée :

Exercice 1.18

➤ **L'Antarctique n'est pas un pique-nique, comme vous le constaterez en lisant le compte rendu de quelques journées de l'expédition. Continuez donc la lecture du texte et donnez les renseignements demandés dans le tableau suivant.**

En route

Jour 5	**Jour 6**
Température :	Météo :
Terrain :	Distance parcourue :
Distance parcourue :	

Jour 20

Météo :

Jour 31	**Jour 65**
Météo :	Au pôle Sud :
Stratégie utilisée pour, vaincre l'obstacle des vents :	Signification historique de l'exploit :
Incident survenu :	État physique et moral des deux hommes :

/ 20

Réflexion : Que pensez-vous de l'idée de mettre sa propre vie en danger pour battre un record ou accomplir un exploit ? Les risques pris par Bernard et Thierry valaient-ils la peine *(were they worth it)* ?

À leur place, qu'est-ce que vous auriez trouvé le plus difficile pendant l'expédition ?

Discutez-en avec vos camarades de classe.

Exercice 1.19

Au passage à l'an 2000, les journaux et les magazines ont choisi les personnalités les plus marquantes du XXe siècle et du millénaire. Êtes-vous d'accord avec les différents choix présentés dans les médias ? Quelles personnalités auriez-vous choisies ?

➤ **Dans le tableau suivant, présentez vos choix à vous.**

A. Les cinq personnalités les plus marquantes du XXe siècle :

1. _____
2. _____
3. _____
4. _____
5. _____

B. Les cinq personnalités les plus marquantes du millénaire :

1. _____
2. _____
3. _____
4. _____
5. _____

Exercice 1.20

➤ Voici une liste de personnes célèbres qui ont marqué l'histoire de l'humanité. Trouvez dans le *Recueil de textes* – texte supplémentaire 7, *Des personnalités marquantes*, la biographie qui correspond à chaque nom. En d'autres mots, appariez (*match*) le nom à la biographie en inscrivant le numéro de la biographie à la suite du nom de la personne.

Biographies de femmes et d'hommes célèbres

1. Albert Einstein (1879-1955) _____   11. Sigmund Freud (1856-1939) _____
2. Louis Pasteur (1822-1895) _____   12. Martin Luther (1483-1546) _____
3. Léonard de Vinci (1452-1519) _____   13. Lénine (1870-1924) _____
4. Gutenberg (1400-1468) _____   14. Jacques Cartier (1491-1557) _____
5. Isaac Newton (1642-1727) _____   15. Jeanne d'Arc (1412-1431) _____
6. Gandhi (1869-1948) _____   16. Élisabeth Ire (1533-1603) _____
7. Marie Curie (1867-1934) _____   17. Les Beatles (1962-1970) _____
8. Karl Marx (1818-1883) _____   18. Gengis Khan (1167-1227) _____
9. Nicolas Copernic (1473-1543) _____   19. Molière (1622-1673) _____
10. Charles Darwin (1809-1882) _____   20. Wilfrid Laurier (1841-1919) _____

COMPRÉHENSION DE L'ORAL

Activités d'écoute au laboratoire

Dans la première partie du *Cahier du laboratoire*, vous allez améliorer votre compréhension auditive et développer votre propre stratégie d'écoute. Vous allez en même temps poursuivre votre enquête sur la musique populaire, car vous allez écouter d'autres textes intéressants sur le sujet.

N'oubliez pas que dans la compréhension de l'oral, il y a deux volets : le volet compréhension linguistique (les sons, le vocabulaire, la syntaxe) et le volet stratégie – des petits trucs pour orienter l'écoute afin de bien saisir et de mieux retenir les idées importantes. Les exercices que nous vous proposons vous aideront à développer ces deux habiletés. D'ailleurs, celles-ci vous seront nécessaires pour réussir le test d'évaluation de la compréhension auditive.

La plupart des activités de compréhension auditive peuvent se faire au laboratoire. Toutes les directives pour faire les exercices sont explicitement indiquées dans le *Cahier de laboratoire*.

N.B. : Si vous n'avez pas accès à un laboratoire, vous pouvez vous procurer les cassettes et les écouter avec votre baladeur *(walkman)*.

Exercice 1.21

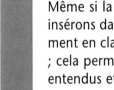 **Dans votre *Cahier de laboratoire* du Module 4, faites les exercices 4.1 à 4.3 de la première partie : Compréhension de l'orale.**

Activités d'écoute en classe

Même si la plupart des activités d'écoute se trouvent dans le *Cahier de laboratoire*, nous insérons dans la présente partie quelques exercices de rétroaction *(feedback)* à faire oralement en classe ; cela permet d'intégrer les activités d'écoute à l'expression orale ou écrite ; cela permet aussi à votre professeur de s'assurer que vous avez bien compris les textes entendus et de mesurer ainsi vos progrès.

Après avoir fait les exercices d'écoute du *Cahier de laboratoire*, faites en classe les deux exercices ci-dessous. Suivez les directives de votre professeur.

Exercice 1.22

Au laboratoire, vous avez entendu un compte rendu d'un grand festival de rock.

Voici quelques questions pour vous aider à vous rappeler les grands moments de ce festival légendaire.

 Répondez oralement en classe aux questions suivantes.

Comment s'appelait ce festival ?

En quelle année a-t-il eu lieu ?

Qu'est-ce qui a perturbé le déroulement du spectacle ?

Comment s'est terminé le concert ?

EXPRESSION ÉCRITE

Pleins feux sur les articulateurs

Nous avons vu qu'un paragraphe est une unité cohérente dans laquelle chaque phrase se rapporte à l'idée centrale. Les idées à l'intérieur du paragraphe doivent donc être présentées selon un ordre qui en facilite la compréhension. C'est-à-dire, que les phrases doivent être organisées de façon logique afin de s'enchaîner les unes aux autres. Pour faire cet enchaînement *(linking),* on utilise des mots de liaison appelés *organisateurs du texte.* Ces organisateurs servent aussi à montrer comment les paragraphes se suivent les uns les autres.

Voici quelques articulateurs :

qui présentent un ordre dans le temps :
d'abord, premièrement, deuxièmement, présentement, maintenant, ensuite, puis, enfin, etc.

qui présentent un exemple :
par exemple, ainsi, etc.

qui permettent d'ajouter une idée :
de plus, aussi, également, de même, parallèlement, etc.

qui servent à introduire une reformulation :
en d'autres termes, en d'autres mots, c'est-à-dire, autrement dit, etc.

qui servent à marquer l'identité ou l'équivalence :
ce qui revient à dire, de la même façon, comme, ainsi, etc.

qui marquent un contraste :
mais, quoique, en dépit de, malgré, néanmoins, en revanche, toutefois, cependant, d'autre part, d'un autre côté, au contraire, même si, etc.

qui marquent une conclusion ou une conséquence :
par conséquent, en conséquence, donc, d'où, c'est ainsi que, en somme, etc.

N'oubliez pas que les mots à référent (adjectifs et pronoms démonstratifs) servent aussi à lier les phrases entre elles (exemple : **Cela** étant dit... **Cette** constatation s'impose...).

N.B. : Toutes les habiletés que vous allez acquérir en faisant les exercices suivants sont utiles dans n'importe quelle langue, car elles touchent à la structure de la pensée.

Expression écrite en classe

Exercice 1.23

➤ **Dans le paragraphe suivant, observez les articulateurs (les mots soulignés) qui assurent les liens entre les idées et entre les phrases et qui donnent une cohérence à l'unité. Ces articulateurs peuvent être des conjonctions, des adverbes, des adjectifs ou des pronoms démonstratifs.**

Un certain après-midi d'automne, je me souviens que je n'avais pas envie de rire. C'est que ma coiffeuse, profitant d'un moment de faiblesse de ma part, m'a coupé les cheveux. Très courts. En quittant le salon, je me suis tout de suite sentie étrangère à moi-même. Je me suis alors enfermée dans ma voiture et j'ai pleuré. Oui, j'ai pleuré à chaudes larmes comme une enfant. Le soir, j'ai même refusé d'aller à un dîner prévu depuis longtemps. Pourtant, mes amies me rassuraient en disant : « Mais c'est beau ! Ça te va bien. » Malgré ces compliments rassurants, j'ai quand même mis des mois à m'en remettre. Encore aujourd'hui, je garde de cette mésaventure un très mauvais souvenir. Tout cela montre bien à quel point l'image de soi est importante. Une mauvaise coiffure, et j'étais un monstre.

Exercice 1.24

➤ **Maintenant, voici le même paragraphe sans ses articulateurs et aussi sans certains adverbes de temps. Remarquez à quel point la lecture en est difficile. Lisez tout un livre écrit de cette façon, et nous vous garantissons la folie *(madness)*.**

Un certain après-midi d'automne, je me souviens que je n'avais pas envie de rire. Profitant d'un moment de faiblesse de ma part, ma coiffeuse m'a coupé les cheveux. Très courts. Je me suis sentie étrangère à moi-même. Je me suis enfermée dans ma voiture. J'ai pleuré. J'ai pleuré à chaudes larmes comme une enfant. J'ai refusé d'aller à un dîner prévu depuis longtemps. Mes amies me rassuraient en disant : « C'est beau ! Ça te va bien. » J'ai mis des mois à m'en remettre. Je garde de la mésaventure un très mauvais souvenir. L'image de soi est importante. Une mauvaise coiffure, et j'étais un monstre.

Exercice 1.25

➤ **Dans le paragraphe suivant, ajoutez des articulateurs pour lier les idées et les phrases à l'aide des mots suggérés. N'utilisez chaque mot qu'une seule fois.**

c'est que   certaines   d'ailleurs   mais   au contraire

Ces dernières années, quelques vedettes du spectacle ont pris beaucoup de place dans les médias. _____ ont fait la première page des journaux. _____ on ne parlait pas uniquement d'elles à cause d'un spectacle ou d'un nouveau disque. _____, on parlait plutôt de leur vie privée. Et pourquoi cela ? _____ le public est très intéressé à tout savoir sur ses artistes préférés. _____, les magazines qui se spécialisent dans les potins *(gossip)* au sujet des stars font une fortune.

/5 points

Exercice 1.26

➤ **Vous allez maintenant écrire deux paragraphes en vous référant au guide suivant.**

Trouvez d'abord un sujet (voir plus loin les sujets proposés).

Délimitez deux aspects du sujet que vous voulez traiter : écrivez ces sujets dans les espaces « idée principale ».

Pour chaque idée principale, trouvez trois idées secondaires (des faits, des explications, des exemples, etc.) qui la développent.

Liez vos idées secondaires.

Liez enfin les deux paragraphes.

Si vous voulez écrire un texte complet, il ne vous restera qu'à introduire votre sujet et à le fermer.

N.B. : Faites votre narration au passé.

Idée principale 1

_____

• Idée secondaire 1

_____

• Idée secondaire 2

_____

• Idée secondaire 3

_____

Idée principale 2

_____

• Idée secondaire 1

_____

• Idée secondaire 2

_____

• Idée secondaire 3

_____

Sujets proposés (utilisez, autant que possible, les temps du passé de l'indicatif)

1. Faites le portrait d'une personne ou d'une personnalité (du passé) que vous admirez. Dites comment elle était et ce qu'elle a réalisé.

2. « La personne la plus intéressante que j'aie rencontrée. »

3. Dites en quoi Lucille Teasdale était une personne remarquable.

4. Vous êtes en l'an 2050. Expliquez à votre petit-fils qui était Wayne Gretzky et ce qu'il a fait pour devenir célèbre.

Expression écrite au laboratoire

Exercice 1.27

➤ **Faites les exercices 4.12 à 4.14 dans la troisième partie du** *Cahier de laboratoire* **: Expression écrite.**

EXPRESSION ORALE

Vous avez lu et entendu des textes sur les grands de ce monde ; vous avez même écrit un petit texte sur le sujet. Vous avez donc à votre disposition un riche vocabulaire, les outils grammaticaux nécessaires, le schéma d'un plan modèle et un tas d'idées que vous voulez sûrement partager avec vos camarades de classe. Le moment est donc venu de parler.

Les activités de parole se déroulent au laboratoire ou en classe. À cet égard, suivez les directives de votre professeur ou celles qui sont fournies dans le *Cahier de laboratoire.*

Rappel : Les exercices de laboratoire vous permettent :

- de lire à haute voix des extraits du texte principal ;
- de vous exercer à des combinaisons de sons difficiles (tongue twisters) ;
- de répondre oralement à des questions sur un texte entendu et d'enregistrer vos réflexions sur le thème du module.

L'utilisation du laboratoire est donc un moyen efficace d'exercer au maximum votre expression orale.

Activités d'expression orale au laboratoire

Exercice 1.28

➤ **Faites les exercices 4.4 à 4.10 de la deuxième partie de votre** *Cahier de laboratoire* **: Expression orale.**

Activités d'expression orale en classe

Pour les activités d'expression orale en classe, vous pouvez vous inspirer de la liste suivante. Toutefois, le meilleur sujet est celui dont vous avez envie de parler.

N'oubliez pas les textes supplémentaires et les textes de grammaire reconstitués, qui vous fourniront plein d'idées intéressantes sur le sujet.

En ce qui concerne le plan d'un exposé, référez-vous à la démarche proposée dans la partie Expression écrite du module 2, ou suivez les directives de votre professeur.

Exercice 1.29

➤   **Pour votre exposé oral, vous pouvez vous inspirer des sujets suivants :**

1. Jeu du personnage mystère : Présentez à la classe un personnage célèbre sans dévoiler son nom. La classe essaie de l'identifier en posant un maximum de 20 questions, auxquelles vous répondez par Oui ou Non.

2. Choisissez une des personnes dans la liste des vingt personnalités du millénaire et présentez-la à la classe.

3. Présentez à la classe un groupe de musiciens et dites pourquoi vous l'aimez.

4. Faites une liste des chanteurs contemporains qui, selon vous, passeront à l'histoire. Dites quelques mots sur chacun.

5. À partir d'un questionnaire, faites un sondage sur les goûts musicaux de vos camarades.

6. Présentez un artiste francophone que vous aimez.

7. Choisissez le membre des Beatles que vous préférez et décrivez sa carrière après la rupture du groupe. Inspirez-vous des textes supplémentaires 3 à 6 dans le Recueil de textes.

Lexique personnel

	Mot	Définition/explication
Noms		
Pronoms		
Adjectifs		
Verbes		
Adverbes		
Mots de liaison		

Chapitre 2
La boîte à outils
Révision de la grammaire de base
pour mieux lire, écrire et parler

Dans le présent module, nous allons présenter l'imparfait de l'indicatif et approfondir comment il complète le passé composé dans l'expression du passé. Nous verrons comment chaque temps apporte une nuance subtile dans l'expression de la pensée.

Si vous voulez tester la nuance entre les deux temps du passé, dites à une star célèbre : « Madame, vous avez été belle. » Gifle *(slap)* garantie !

A.   *Pré-test sur les temps du passé*

Partie 1

➤ **Mettez le verbe à l'imparfait de l'indicatif en l'accordant avec le sujet. Faites l'exercice rapidement, sans consulter votre conjugueur à la fin du manuel.**

1.	chanter	Nous _____		Tu	_____
2.	réussir	Je _____		Elles	_____
3.	comprendre	Vous _____		Elles	_____
4.	avoir	Il _____		Je	_____
5.	être	Tu _____		Nous	_____

/10 points

Partie 2

➤ **Conjuguez les verbes aux temps du passé (passé composé et imparfait) et faites l'accord avec le sujet. Faites l'exercice rapidement, sans consulter votre conjugueur à la fin du manuel.**

1. être   Dans les années 50, c'_____ surtout le rock' n' roll

2. avoir   qui _____ la faveur des jeunes.

3. électriser Elvis Presley _____ les foules lors de ses spectacles.

4. connaître   Tous les jeunes Nord-Américains de l'époque _____ ses chansons comme *Blue Suede Shoes* et *Love Me Tender*.

5. créer   Elvis, comme les Beatles dans les années 60, _____ un style nouveau de musique populaire.

/5 points

TOTAL des points au pré-test   /15 points

B.   *Identification des temps du passé*

Exercice 2.1 Identification du verbe

➤   **Dans le paragraphe ci-dessous, soulignez les cinq verbes conjugués et mettez-les dans la colonne appropriée selon leur temps. Écrivez la forme infinitive du verbe dans la colonne de droite.**

Inconnus, venant de « nulle part », les Beatles ont renouvelé les thèmes et les formes de la chanson populaire. En 1962, seuls quelques jeunes gens de la région de Liverpool connaissaient John Lennon, Paul McCartney, George Harrison et Ringo Starr. Ils faisaient partie d'un groupe de jeunes musiciens qui se produisaient dans les caves des environs. Tout de suite, Brian Epstein a reconnu le talent des jeunes musiciens.

	Passé composé	Imparfait	Infinitif
1.	_____	_____	_____
2.	_____	_____	_____
3.	_____	_____	_____
4.	_____	_____	_____
5.	_____	_____	_____

/15 points

C.   *Formation de l'imparfait de l'indicatif*

Les résultats de votre pré-test indiquent-ils que votre maîtrise des conjugaisons est encore faible ? Si oui, les exercices de formation des temps vous aideront à combler vos lacunes. Faites-les d'abord sans regarder les réponses dans le corrigé, puis corrigez-les tout de suite.

Savez-vous que si vous connaissez le présent de l'indicatif d'un verbe vous pouvez, à une exception près, dériver sa forme à l'imparfait de l'indicatif ?

Exemple : présent – nous **finiss**ons ; imparfait – je **finiss**ais.

Comment appelle-t-on la partie du verbe qui ne change pas dans la conjugaison d'un verbe ? Le radical ? La terminaison ?

Apprendre à séparer les deux vous permet de conjuguer automatiquement des milliers de verbes : vous n'avez que la règle de dérivation à retenir.

Exercice 2.2

➤ **Conjuguez d'abord chaque verbe à la première personne du pluriel de l'indicatif, puis dérivez l'imparfait de l'indicatif à la personne indiquée. Soulignez le radical** *(the stem)*.

Exemple :

Prendre	Nous <u>pren</u>ons	Je <u>pren</u>ais
	1re personne du pluriel du présent de l'indicatif	Imparfait de l'indicatif

1. analyser   Nous _____   Elles _____
2. réunir   Nous _____   Je _____
3. vendre   Nous _____   Il _____
4. faire   Nous _____   Vous _____
5. avoir   Nous _____   Ils _____
6. aller   Nous _____   On _____
7. venir   Nous _____   Tu _____
8. connaître   Nous _____   Yvonne _____
9. se laver   Nous _____   Je _____
10. être   Nous _____   Nous _____

Quel verbe ne suit pas la règle générale de dérivation ? _____

/10 points

D. Utilisation de l'imparfait de l'indicatif

Rappel : Si on vous demande de décrire une personne que vous avez vue hier, quel temps allez-vous utiliser ? L'imparfait (qui indique un état) ou le passé composé (qui indique une action précise dans le passé) ? Décrire Claudia Schiffer au passé composé ? Essayez juste pour voir.

« Elle **a été** grande et elle **a eu** le nez retroussé. Elle **a eu** les yeux bleus. »

Donc, elle n'est plus grande, son nez a été refait et ses yeux ont changé de couleur. C'est toute une chirurgie esthétique !

Comparez avec l'imparfait.

« Elle **était** grande et elle **avait** le nez retroussé. Elle **avait** les yeux bleus. »

Ici, on décrit Claudia au moment où elle été vue, sans préciser si elle a changé depuis. Puisque l'imparfait est utilisé pour **décrire un état ou une situation dans le passé**, il s'emploie souvent avec **des articulateurs de temps (des adverbes)** comme autrefois, habituellement, à l'époque, jamais, toujours, de temps en temps, etc.

Voyez l'annexe 13 pour les explications complètes sur les valeurs de l'imparfait.

Exercice 2.3

➤ Trouvez dans le texte principal 1, *Les Beatles,* cinq phrases à l'imparfait exprimant la situation entourant la formation des Beatles.

1. _____

2. _____

3. _____

4. _____

5. _____

Exercice 2.4

➤ Conjuguez les verbes à l'imparfait de l'indicatif en faisant l'accord avec le sujet. Observez en même temps les valeurs de l'imparfait dans le texte.

être   Avant 1962, Pete Best _____ musicien dans un groupe encore mal connu : les Beatles.

travailler   Il _____ comme batteur.

juger   Malheureusement pour lui, les autres membres du groupe ne

_____ pas son talent suffisant.

reprocher   On lui _____ une certaine timidité ;

dire   on _____ qu'il passait mal sur scène.

Exercice 2.5

➤ En 1965, un journaliste compare le chemin parcouru par les Beatles. Écrivez, dans la colonne de gauche, la situation des jeunes Beatles avant 1962 par rapport à celle d'aujourd'hui (1965). Inspirez-vous du texte pour donner des réponses vraies. Quel temps allez-vous utiliser pour cette description au passé ?

Avant 1962	Aujourd'hui (nous sommes en 1965)
Exemple : (Pete Best était batteur dans le groupe).	Pete Best ne fait plus partie du groupe.
_____	Ils ont Brian Epstien comme imprésario.
_____	Les jeunes du monde entier connaissent les Beatles.
_____	Ils chantent sur la scène internationale.
_____	Ils vendent des millions de disques partout dans le monde.
_____	Ils se produisent dans les grandes villes pour des milliers de dollars par concert.

Exercice 2.6

L'imparfait s'utilise aussi pour exprimer une action habituelle dans le passé. Dans ce cas, l'imparfait a le sens de « *used to* » ou « *would* + verbe ».

Conjuguez les verbes en faisant l'accord avec le sujet.

1. passer — Quand j'étais enfant, je _____ mes vacances à la campagne.

2. avoir — Ma famille _____ un chalet au lac Écho.

3. nager — Je _____ pendant des heures dans l'eau chaude du lac.

4. dire — Mon père me _____ toujours

5. ressembler — que je _____ à un poisson.

Exercice 2.7

L'imparfait s'emploie aussi avec le passé composé pour marquer une action interrompue (**AI**) par une autre action. Dans ce cas, l'imparfait peut se traduire par *was* + verbe +*ing*.

Exemple :
*I **was eating** when my friend arrived.* Je **mangeais** quand mon ami est arrivé.

Imaginez ce que faisaient cinq élèves dans la classe quand le professeur est entré en retard de quinze minutes. Dans votre réponse, utilisez des phrases complètes.

Exemple :
Quand le professeur est entré, **je dormais profondément sur mon pupitre.**

Quand le professeur est entré...

1. Robert _____

2. Lucille _____

3. Jacques et Marcel _____

4. Un groupe de filles _____

5. Je _____

E.   *Utilisation de l'imparfait et du passé composé*

Exercice 2.8

➤ **Conjuguez les verbes à l'imparfait de l'indicatif ou au passé composé selon les codes prescrits dans la marge. Faites l'accord nécessaire avec le sujet. Observez en même temps les valeurs des deux temps dans le texte.**

N'oubliez pas de consultez l'annexe 13 pour le sens des codes.

É-D	1.	transcender	La musique des Beatles a duré parce qu'elle _____ toutes les catégories de nationalité, de race, de classe et de génération.
É-D	2.	aller	Elle _____ au cœur même de l'expérience humaine.
AP	3.	qualifier	Des chefs d'orchestre réputés _____ même leur musique de grand art populaire.
É-D	4.	être	Les Beatles _____ des analphabètes musicaux, mais cela ne
AP	5.	ne pas empêcher	les _____ d'innover dans la créa-
É-D	6.	avoir	tion musicale. Ils _____ une habileté toute particulière à éviter la formule qui finit inévitablement par lasser le public.
AP	7.	ne jamais écrire	Ils _____ la même chanson cinq fois parce qu'elle avait remporté un grand succès auparavant, comme le font encore aujourd'hui bon nombre d'artistes. Bien au contraire, chaque chanson
É-D	8.	être	_____ une création originale,
É-D	9.	émouvoir	qui _____ le public par la fraîcheur de son inspiration. La musique pop de la période pré-
É-D	10.	reposer	Beatles _____ presque totalement sur le
É-D	11.	se distinguer	rythme. Celle des Beatles _____ par une plus grande complexité dans les harmonies.
É-D	12.	exprimer	Elle _____ aussi un message romantique :
É-D	13.	chanter	elle _____ l'amour, la paix et la solidarité
AP	14.	toucher	humaine. Bref, elle _____ la corde sensible de toute une génération idéaliste
É-D	15.	rêver	qui _____ d'un monde meilleur.

/15 points

Exercice 2.9

➤ Mettez les verbes à l'imparfait ou au passé composé pour créer une narration cohérente. Mettez le code approprié dans la colonne centrale. Faites l'accord des verbes avec leur sujet.

Verbe	Code		
être	_____	1.	Il _____ dix heures.
faire	_____	2.	Il _____ beau.
s'installer	_____	3.	Denise _____ à une terrasse devant une scène vide où un groupe de jazz devait se produire.
commander	_____	4.	Elle _____ une bière.
voir, traverser	_____	5.	Tout à coup, elle _____ son ami Azif qui
traversait	_____	6.	_____ la rue.
appeler	_____	7.	Elle l'_____.
venir	_____	8.	Il_____ la rejoindre.
monter	_____	9.	Peu de temps après, les musiciens _____ sur la scène.
être	_____	10.	Le groupe _____ formé de cinq artistes.
être	_____	11.	Ils _____ plutôt jeunes.
porter	_____	12.	Ils _____ des chemises rouges.
avoir	_____	13.	Ils _____ les cheveux longs.
cacher	_____	14.	Des verres fumés _____ leur regard.
regarder	_____	15.	Avant de commencer à jouer, ils _____ le public pendant un certain temps.
prendre	_____	16.	Puis chaque musicien _____ son instrument.
s'approcher	_____	17.	Le chef du groupe _____ du micro.
commencer	_____	18.	À ce moment-là, le public _____ à applaudir et à crier.
paraître	_____	19.	Les musiciens _____ très émus.
crier	_____	20.	Pendant que la foule _____, les musiciens ont commencé à jouer.

/20 points

F. Devoirs sur les temps du passé

Exercice 2.10

➤ **Décrivez la condition (ou l'état) qui a justifié les actions suggérées.**

Exemple : (La porte était ouverte), alors je suis entré.

1. _____, alors je me suis reposé.

2. _____, alors j'ai mangé un sandwich.

3. _____, alors j'ai étudié toute la nuit.

4. _____, alors j'ai monté le chauffage.

5. _____, alors ils ont applaudi très fort.

/10 points

Exercice 2.11

➤ **Décrivez la situation qui a justifié le geste posé.**

Exemple : J'ai pris mon parapluie parce qu'(il pleuvait).

1. Elles ont acheté un disque des Beatles parce qu'_____.

2. Nous avons mangé à toute vitesse parce que _____.

3. J'ai posé une question à mon professeur parce que _____.

4. Bernard Voyer a escaladé le mont Everest parce qu'_____.

5. Vous êtes allés à la discothèque parce que _____.

Exercice 2.12

➤ **Écrivez une courte biographie d'une personne que vous admirez. A. Faites d'abord son portrait physique et moral. B. Dites ensuite ce que cette personne a accompli.**

A. Le portrait moral et physique (5 phrases)

1. _____

2. _____

3. _____

4. _____

5. _____

B. Les réalisations

1. _____

2. _____

3. _____

4. _____

5. _____

Exercice 2.13   Récapitulation des temps du passé

➤   Conjuguez les verbes à l'imparfait de l'indicatif ou au passé composé. Mettez d'abord le code approprié dans la colonne centrale. Faites l'accord nécessaire avec le sujet. Au besoin, consultez l'annexe 12.

Verbe	Code	
écrire	____	1. Le journaliste Michel Arsenault *a écrit* la biographie de Lucille Teasdale.
naître	____	2. Lucille Teasdale *est née* à Québec.
manifester	____	3. Quand elle était jeune, Lucille *manifestait* déjà une grande indépendance d'esprit.
vouloir	____	4. Elle *voulait* consacrer sa vie à soigner les malades : c'était cela, son rêve.
s'inscrire	____	5. En 1950, elle *s'est inscrite* à la faculté de médecine de l'Université de Montréal.
avoir	____	6. À l'époque, il y *avait* encore très peu de femmes en médecine.
dire	____	7. On *disait* que la médecine était un métier d'hommes.
exister	____	8. Il *existait* donc beaucoup de préjugés contre les femmes.
pouvoir	____	9. Seules les femmes exceptionnelles *pouvaient* réussir dans ce monde d'hommes. Quelle situation injuste !
travailler	____	10. Donc, pour réussir, Lucille *travaillait* très fort.
obtenir	____	11. Elle *a obtenu* son diplôme en chirurgie.
aller	____	12. Ensuite, elle *est allée* en France pour faire son stage comme interne.
retrouver	____	13. C'est là qu'elle *a retrouvé* Piero Corti.
commencer	____	14. C'est là aussi qu'une belle histoire d'amour *a commencé*
décider	____	15. Ensemble, ils *ont décidé* d'aller travailler en Afrique.

/15 points

G. Post-test sur les temps du passé

Le temps est venu de mesurer vos progrès dans la formation et l'utilisation des temps du passé. Mais, avant de faire le post-test, rafraîchissez vos connaissances en complétant le tableau suivant.

Pour l'imparfait : On prend le radical de la 1re personne du _____ de l'indicatif _____ et on ajoute les terminaisons -ais, -ais, -ait, -ions, -iez, -aient.

      Exemple : nous parlons – je parlais

Pour le passé composé : On conjugue le verbe _____ au présent de l'indicatif et on ajoute le participe _____ du verbe à conjuguer. Les deux verbes auxiliaires sont _____ et _____.

      Exemple : j'ai parlé ; je suis allé

Partie 1

➤ Donnez l'imparfait, l'infinitif, le participe passé et le passé composé des verbes suivants. Remarquez bien l'ordre dans les dérivations.

Prés. de l'indicatif	Imparfait	Infinitif	Participe passé	Passé composé
Nous améliorons				
Nous finissons				
Nous attendons				
Nous allons				
Nous faisons				

/20 points

Partie 2

➤ Conjuguez les verbes aux temps du passé (passé composé et imparfait) et faites l'accord avec le sujet. Faites l'exercice rapidement, sans consulter votre conjugueur à la fin du manuel.

1. être   Quelle _____ la situation des vedettes pendant la dernière décennie du XXe siècle ?

2. créer   Les communications de masse _____ un *star system* presque universel.

3. connaître   Les gens de tous les pays _____ les vedettes.

4. examiner   Les journaux _____ leur vie privée.

5. avoir   Chaque star _____ des paparazzis qui lui couraient après.

/5 points

TOTAL des points au post-test   /25 points

H. Pour ne pas oublier...

Exercice 2.14

➤ Dans le texte suivant, donnez la nature des mots soulignés : adjectif qualificatif (adj.), adverbe (adv.), conjonction (conj.), nom (n.), déterminant (dét.), préposition (prép.), pronom (pron.), verbe (v.) et participe passé (p.p.).

James Paul McCartney, le <u>second</u> Beatle, <u>était</u> un peu « l'ambassadeur » du <u>groupe</u>, dont il tait l'élément le plus <u>sociable</u> et le plus ouvert. <u>De</u> sa collaboration avec Lennon sont <u>nées</u> toutes <u>les</u> chansons. Compositeur, guitariste, pianiste <u>et</u> même trompettiste, Paul était <u>sans</u> doute le meilleur musicien <u>des</u> quatre. Il était <u>en outre</u> l'inventeur de la fameuse coiffure « <u>à</u> la Beatle ».

I. La grammaire à l'œuvre

➤ Voici enfin le moment de vérité, où vous mettez en pratique toutes vos connaissances grammaticales, qui sont devenues, nous l'espérons, des « réflexes linguistiques ». Voyons voir !

1. Les homophones

Exercice 2.15

➤ Faites l'exercice 4.14 du *Cahier de laboratoire.* (Voir l'annexe 14.)

2. Reconstitution de texte

Comment Céline Dion est-elle devenue une grande star ? C'est ce que vous apprendrez en reconstituant le texte suivant. Une fois reconstitué, le texte deviendra une autre source d'information pour approfondir le monde des grands. C'est comme si vous receviez des bonbons tout en faisant des accords grammaticaux.

N.B. : Une fois le texte reconstitué, nous vous suggérons de le lire à haute voix pour bien en apprécier le contenu.

Exercice 2.16

➤ Complétez le texte en ajoutant au besoin les terminaisons (accords de verbes, d'adjectifs, etc.) ou les mots manquants. Un espace n'indique pas nécessairement une terminaison ou un mot manquant.

Céline Dion, une des plus grande____ chanteuses du monde a commencé____ à chanter____ à cinq ans. Selon sa mère, même très jeune, rien d'autre n'intéress____ Céline. Elle n'aim____ pas l'école et ____ ne parlait que de chanter. Elle profitai____ de tout____ les occasions pour se produire en public. Déjà, elle rêvait ____ devenir une grand____ star de la chanson.

Les parents de Céline ont toujours cru au talent de leur fille. D'ailleurs, dans la famille Dion, on aimait beaucoup le chant et la musique. Madame Dion a écrit les paroles de quelques chansons de Céline ; son frère y a ajouté la musique.

Un jour, monsieur et madame Dion ont présenté Céline à un imprésario qui s'appelait René Angelil. Celui-ci a cru au talent de Céline et a décidé de s'occuper de sa carrière. Comme Brian Epstein l'avait fait pour les Beatles.

On dit que Céline, avec Barbra Streisand, possède une des plus belles voix du monde. Aujourd'hui, elle se produit sur la scène internationale et vend des millions de disques. Pas mal pour une petite fille de Charlemagne, P.Q. !

3. Dictée lacunaire – récapitulation des temps du passé

La dictée lacunaire suivante vous permettra de faire le pont entre l'oral et l'écrit. Si vous écrivez à l'oreille, cet exercice vous permettra de corriger cette mauvaise habitude. En français, il est impossible d'écrire correctement sans « penser grammaire ».

Par ailleurs, tout en mettant à l'œuvre toutes les règles de grammaire que vous avez apprises, vous apprendrez encore d'autres choses surprenantes sur la vie mouvementée des Beatles

Exercice 2.17

➤   **Écrivez les mots manquants que vous allez entendre.**

Peu d'événements télévisuels _____ autant d'impact que la première apparition des Beatles au *Ed Sullivan Show*, le 7 février 1964. On _____ les images de ce spectacle, mais combien d'entre nous _____ devant notre téléviseur ce soir-là ?

Tout de suite après le début de l'émission, Sullivan _____ une hystérie parmi les jeunes spectatrices qui _____ envahi la salle en annonçant : « *Ladies and gentlemen, The Beatles.* » Le groupe de Liverpool _____, *All My Loving, Till There Was You* et *She Loves You.*

Le public _____ son calme pendant la présentation des autres artistes de l'émission. La tension _____ lorsque Sullivan _____ le retour des Beatles. Cette fois, le groupe _____ *I Saw Her Standing There et I Want to Hold Your Hand.*

Sullivan _____ John, Paul, George et Ringo pour leur serrer la main. Ensuite, il les _____ à saluer le public. Les fans _____ à crier et à applaudir.

Le dernier numéro, un groupe d'acrobates suédois extraordinaire, _____ aucun enthousiasme. Pour le public, _____ comme un *anti-climax.*

/30 pts

Les Annexes

ANNEXE 1 : LES DÉTERMINANTS

A. Aperçu général des déterminants

1. La nature du déterminant

Le déterminant est un mot (ou un groupe de mots) qui fournit des indications (non qualitatives) sur un nom.

> **Exemple : le** chien ; **un** chien ; **son** chien ; **quelques** chiens

2. La position du déterminant

En général, le déterminant est placé devant le nom et il est habituellement du même genre et du même nombre que ce nom.

> **Exemple :** un chat ; des chattes

3. Les sortes de déterminants

Les articles :
> définis – **le** crayon
> indéfinis – **un** crayon
> partitifs – **du** beurre *(some butter)*

Les adjectifs non qualitatifs :
> les déterminants possessifs – **ma** famille, **ton** stylo
> les déterminants démonstratifs – **cette** maison, **ces** hommes
> les déterminants indéfinis – **quelques** dollars
> les déterminants numéraux – **deux** enfants

4. L'accord du déterminant

Le déterminant doit s'accorder avec le nom qu'il accompagne ; pour cela, il faut d'abord apprendre **le genre des noms.** C'est donc une bonne stratégie de toujours apprendre le nom avec son déterminant. Par ailleurs, en consultant une grammaire, vous apprendrez que certaines catégories de noms ont un genre bien défini. **Exemple :** les noms des sciences sont féminins ; les noms des arbres, masculins.

B. Aperçu détaillé des déterminants

1. Les déterminants définis, indéfinis et partitifs

a. Tableau récapitulatif

Déterminants définis		
Singulier		Pluriel
Masculin	Féminin	Masculin et féminin
le, l'	la	les

Déterminants définis contractés		
Singulier		Pluriel
Masculin	Féminin	Masculin et féminin
de le ➡ **du** l'amour **du** père	de la l'amour de la mère	de les ➡ **des** l'amour **des** parents
à le ➡ **au** Il va **au** cinéma.	à la Il va à la messe.	à les ➡ **aux** Il va **aux** États-Unis.

Déterminants indéfinis		
Singulier		Pluriel
Masculin	Féminin	Masculin et féminin
un (de + un ➡ **d'un**) Il lit **un** livre. Il a besoin **d'un** livre.	une (de + une ➡ **d'une**) Il conduit **une** auto. Il a besoin **d'une** auto.	des Il conduit **des** autos.

Déterminants partitifs		
Singulier		Pluriel
Masculin	Féminin	Masculin et féminin
de l', du Je bois **du** jus.	**de la** Je bois **de la** bière.	**des** Je bois **des** boissons.

b. Examen détaillé

La nature du déterminant

Le déterminant est un mot placé devant le nom qui est pris dans un sens complètement ou incomplètement déterminé. Il sert aussi à indiquer le genre et le nombre du nom. Le déterminant peut être, entre autres, **défini**, **indéfini** et **partitif**. (Voir le tableau récapitulatif ci-dessus.)

Le déterminant défini désigne d'une façon précise le nom qu'il détermine (il correspond à *the* en anglais). **Exemple :** Le beurre est sur la table.

Il peut aussi désigner le nom d'une façon générale. **Exemple :** Le beurre peut être nocif pour la santé. Les fruits contiennent des vitamines.

La forme simple du déterminant défini

m.s.	m.p.	f.s.	f.p.	élidé
le	les	la	les	l'

Exemple : **La** famille entière a pris place dans l'auto : **le** père, **la** mère et **les** enfants. « **L'** » remplace **le** et **la** devant un mot commençant par les voyelles **a**, **e**, **i**, **o** et **u**.

Le déterminant contracté est souvent précédé de la préposition « de » ou « à ». Les déterminants définis sont dits « contractés » lorsqu'ils ont la forme suivante : « du », « des », « au » et « aux ».

	m.s.	m.p.	f.s.	f.p.	élidé
défini	le	les	la	les	l'
contracté avec **de**	du	des	de la	des	de l'
contracté avec **à**	au	aux	à la	aux	à l'

Exemple : Nous allons tous **au** cinéma ce soir. Nous allons parler **du** film en sortant. Il arrive **des** Antilles. Tu fais de la confiture **aux** pommes.

Le déterminant indéfini

Il désigne d'une façon **imprécise** le nom qu'il détermine. Il n'a qu'une forme simple.

m.s.	m.p.	f.s.	f.p.
un	des	une	des

Exemple : **Une** laitue, **un** concombre, **une** tomate et **des** échalotes, c'est tout ce qu'il vous faut pour faire **une** salade bien fraîche.

Le déterminant partitif

Il précède le nom qui représente des choses qui **ne se comptent pas** ou **indiquent une quantité indéterminée** (*some or any*).

Exemples :   Je bois **du** vin.
            Achetez-moi **des** pêches.

Le déterminant partitif a **la même forme** que le déterminant défini contracté avec « de » : « du », « des », « de la » et « de l' ».

Le nom qui suit un déterminant partitif répond **toujours** à la question : « Quoi ? » posée après le verbe.

Exemple : Pour être en santé, il faut manger **du** riz (une certaine quantité de riz).
Il est bien agréable de prendre **du** vin en mangeant.
Pour faire **du** pain, il faut **de la** farine.

Les déterminants partitifs « du », « de la », « de l' », « des » et les déterminants indéfinis « un », « une » et « des » deviennent « **de** » ou « **d'** » quand ils font partie :

a) d'une forme négative

Exemple : Il boit du café ; il ne boit pas **de** thé. Pierrette prépare **de la** tisane avant d'aller dormir ; elle ne prend jamais **d'**alcool tard le soir.

b) ou d'un adverbe de quantité (comme assez, trop et beaucoup, etc.)

Exemple : Il boit du café, il boit **beaucoup de** café. Avez-vous **assez de** café pour demain matin ?

2. Les autres déterminants

a. Les déterminants démonstratifs

Singulier		Pluriel
Masculin	Féminin	Masculin et féminin
ce, cet*	cette	ces

* À utiliser devant un mot masculin commençant par une voyelle ou un h muet.

Exemple : Cet **arbre**, cet **habit**

b. Les déterminants possessifs

Personne	Avec un nom singulier Masculin	Féminin	Avec un nom pluriel Masculin et féminin
1re pers. sing.	mon	ma (mon*)	mes
2e pers. sing.	ton	ta (ton*)	tes
3e pers. sing.	son	sa (son*)	ses
1re pers. plur.	notre	nos	
2e pers. plur.	votre	vos	
3e pers. plur.	leur	leurs	

* À utiliser avec un nom féminin commençant par une voyelle ou un « h » muet.

Exemple : Ma grande échelle – **mon** échelle ; sa gracieuse harmonie – **son** harmonie

c. Les déterminants interrogatifs et exclamatifs

	Singulier	*Pluriel*
Masculin	quel	quels
Féminin	quelle	quelles

Exemple : Quelle heure est-il ? **Quelle** belle journée !

d. Les déterminants numéraux

	Singulier	*Pluriel*
Masculin	un	deux, trois, quatre, cinq (...) soixante et
Féminin	une	onze (...) quatre-vingts (...) cent (...) mille, etc.

Exemple : Dans la pièce, il y avait **deux** hommes, **trois** femmes et **un** enfant.

e. Les déterminants indéfinis

	Singulier	*Pluriel*
Masculin	aucun, certain, chaque, quelque, nul, tel, tout le, etc.	beaucoup de, certains, plusieurs, quelques, tels, tous les, etc.
Féminin	aucune, certaine, chaque, quelque, nulle, telle, toute la, etc.	beaucoup de, certaines, plusieurs, quelques, telles, toutes les, etc.

Exemple : Aucune solution n'a été trouvée.
Les **mêmes** problèmes existent toujours. **Certains** députés aiment les problèmes.

ANNEXE 2 : LES PRONOMS

A. La nature du pronom

Le pronom est un mot qui représente (remplace) généralement un nom ou une phrase.

B. Les sortes de pronoms

Pronom personnel   – Il parle. Jean **me** donne des conseils.
Pronom possessif   – Comment est ton chien ? **Le mien** est obéissant.
Pronom démonstratif   – **Celui-ci** est merveilleux.
Pronom interrogatif   – **Que** voulez-vous ?
Pronom indéfini   – Des tableaux ? Oui, j'en ai **quelques-uns**.
Pronom relatif   – Le film **qui** est à l'affiche est excellent.

C. Tableau récapitulatif des pronoms

1. Les pronoms personnels

Le choix du pronom personnel est déterminé par le verbe et son régime. Dans le tableau ci-dessous, observez bien la personne du verbe et la fonction du pronom.

> Exemple : Je le (CD) mange. Je lui (CI) parle

Pronoms compléments					
Personnes	*Pronoms sujets*	*Direct (CD)*	*Indirect (CI)*	*Pronoms réfléchis*	*Pronoms disjoints*
1re pers. sing.	je	me (m')	me (m')	me (m')	moi
2e pers. sing.	tu	te (t')	te (t')	te (t')	toi
3e pers. sing.	il / elle/ on	le la (l')	lui	se (s')	lui / elle/ soi
1re pers. plur.	nous	nous	nous	nous	nous
2e pers. plur.	vous	vous	vous	vous	vous
3e pers. plur.	ils / elles	les	leur	se (s')	eux / elles

a. Des cas particuliers : *en* et *y*

En = de, d', du, de la, des + nom de chose ou de lieu – As-tu besoin **de** ce livre ? Oui, j'**en** ai besoin.
     de + phrase – Êtes-vous satisfait **de** ce qu'il a fait ? Oui, j'**en** suis satisfait.

Y = à + nom de chose – Avez-vous pensé **à** mes conseils ? Oui, j'**y** ai pensé.
     à + phrase – As-tu pensé **à** ce qu'il a dit ? Oui, **j'**y ai pensé.

     Attention : moi + en = m'en   toi + en = t'en

b. L'ordre des pronoms compléments dans une phrase

Ordre des pronoms compléments <u>avant</u> le verbe				
CD ou CI (personnes)	CD (personnes) (choses)	CI (personnes)	Y (choses)	EN (choses) (personnes)
me (m') te (t') se (s') nous vous	la (l') le (l') les	lui leur	y	en

Exemple : Il **me le** donne. Il **la lui** donne. Il **leur en** donne. Elle **les y** avait laissés.

Ordre des pronoms compléments <u>après</u> le verbe à l'impératif				
Direct		Indirect		
verbe	-le -la -les	-moi -toi -lui -nous -vous -leur	-y	-en

Exemple : Rendez-**les-moi**. Dites-**le-leur**. Portez-**les-y**. Donnez-**lui-en**.

2. Les pronoms démonstratifs
Le pronom démonstratif remplace **un nom précédé d'un déterminant démonstratif.**

Les pronoms démonstratifs				
Singulier			*Pluriel*	
Masculin	*Féminin*	*Neutre*	*Masculin*	*Féminin*
celui celui-ci celui-là	celle celle-ci celle-là	ce, ça ceci cela	ceux ceux-ci ceux-là	celles celles-ci celles-là

Exemple. Ce livre m'appartient. C'est **celui** que ma mère m'a donné. **Celui-là** t'appartient.

3. Les pronoms possessifs
Le pronom possessif remplace un nom précédé d'un déterminant possessif.

Les pronoms possessifs

Personne	*Remplace un nom singulier*		*Remplace un nom pluriel*	
	masculin	*féminin*	*masculin*	*féminin*
1re pers. sing.	le mien	la mienne	les miens	les miennes
2e pers. sing.	le tien	la tienne	les tiens	les tiennes
3e pers. sing.	le sien	la sienne	les siens	les siennes
1re pers. plur.	le nôtre	la nôtre	les nôtres	
2e pers. plur.	le vôtre	la vôtre	les vôtres	
3e pers. plur.	le leur	la leur	les leurs	

Exemple : C'est <u>mon livre</u>. C'est **le mien**.

4. Les pronoms relatifs

Le pronom relatif, comme son nom l'indique, est un pronom qui **relie** plusieurs phrases ; il nous évite de répéter un nom déjà mentionné.

Exemple : Nous voyons un homme **qui** marche dans la rue.

Dans l'exemple ci-dessus, « qui » est le pronom relatif et homme est **l'antécédent**, c'est-à-dire le nom que le pronom **remplace** dans la phrase subordonnée (marche dans la rue.)

La forme du pronom relatif utilisé dépend
- du type d'antécédent,
- de la fonction du pronom dans la phrase et
- de la préposition avec laquelle le pronom est employé.

Tableau récapitulatif des pronoms relatifs

Antécédent	Fonction sujet	Fonction CD	Préposition de	Autres prépositions
personne	qui	que, qu'	dont (de qui, duquel, de laquelle desquels, desquels)	préposition + qui, lequel etc. pour qui, pour lequel, contre qui, contre lequel, etc., à qui, contraction avec **à** (auquel, auxquels, auxquelles)
chose	qui	que, qu'	dont (de qui, duquel, de laquelle desquels, desquelles)	
phrase ou absence d'antécédent	ce qui	ce que	ce dont	ce + préposition + quoi

N.B. : On peut remplacer un pronom relatif complexe (avec préposition) indiquant le **lieu** et le **temps** par « où ».

Exemple : Voilà la maison dans laquelle je vis. / Voilà la maison où j'habite.

ANNEXE 3 : L'ADJECTIF QUALIFICATIF

La nature de l'adjectif

L'adjectif qualificatif est un mot variable en nombre et en genre qui modifie le nom.

J'ai acheté des chemises **noires** (féminin pluriel).
J'ai acheté des pantalons **noirs** (masculin pluriel).

Le féminin de l'adjectif

Règles générales

- Les adjectifs qui se terminent par un « e » sont **invariables** au féminin.

masculin		**féminin**
aimable	→	aimable
rouge	→	rouge

sauf :

maître	→	maîtresse
traître	→	traîtresse

- Les adjectifs qui se terminent par une **consonne** ou une **voyelle** prennent un « e » au féminin.

	masculin		**féminin**
	petit	→	petite
	grand	→	grande
	gris	→	grise
	partisan	→	partisane
sauf	paysan	→	paysanne
	mineur	→	mineure [1]
	vrai	→	vraie

Tableau sommatif des particularités

	ajout du -e final	double consonne finale				syllabe changée avant le -e final						
Masculin ↓ **Féminin**	consonne ↓ consonne + e	-l ↓ -lle	-t ↓ -tte	-n ↓ -nne	-s ↓ -sse	-c ↓ -che	-eau ↓ -lle	-er ↓ -ère	-eur ↓ -euse	-eur ↓ -eresse	eux ↓ -euse	-f ↓ -ve
À noter			↓ **sauf** complet – complète, etc. idiot – idiote, etc.	↓ **parmi les adjectifs en -an, un seul cas particulier** paysan – paysanne								

Singulier ↓ **Pluriel**	-e ↓ -es	-s, -x ↓ invariable	-eau ↓ -eaux	-al ↓ -aux	-al ↓ -als

1. Certains adjectifs qui indiquent le degré ou la position et qui se terminent par **-eur** suivent la règle générale et font **-eure** au féminin.

antérieur	→	antérieure	inférieur	→	inférieure
postérieur	→	postérieure	supérieur	→	supérieure
ultérieur	→	ultérieure	majeur	→	majeure
extérieur	→	extérieure	mineur	→	mineure
intérieur	→	intérieure	meilleur	→	meilleure

Règles particulières

Double consonne finale

Les adjectifs qui se terminent par -el, -eil, -il, -ul, -et, -ot, -on, - ien, -s **doublent** leur consonne finale avant de prendre un « e » au féminin.

-l	➡	-lle
cruel	➡	cruelle
pareil	➡	pareille
gentil	➡	gentille
nul	➡	nulle

-et	➡	-ette
coquet	➡	coquette

sauf :

complet	➡	complète
discret	➡	discrète
inquiet	➡	inquiète, etc.

-ot	➡	-otte
sot	➡	sotte
pâlot	➡	pâlotte

sauf :

-ot	➡	-ote
idiot	➡	idiote
bigot	➡	bigote
dévot	➡	dévote

-n	➡	-nne
bon	➡	bonne
ancien	➡	ancienne
paysan	➡	paysanne

(seul adjectif en -an *qui double le* -n*)*

-s	➡	-sse
bas	➡	basse
épais	➡	épaisse

Syllabe changée avant le -e final

-c	➡	-che
blanc	➡	blanche
franc	➡	franche
sec	➡	sèche *(attention à l'accent)*

-eau	➡	-elle
beau	➡	belle
nouveau	➡	nouvelle

-er	➡	-ère
léger	➡	légère *(attention à l'accent)*

-eur	➡	-euse
trompeur	➡	trompeuse

-eur	➡	-esse
pécheur	➡	pécheresse
vengeur	➡	vengeresse

-eux	➡	-euse
minutieux	➡	minutieuse
fameux	➡	fameuse
heureux	➡	heureuse
nerveux	➡	nerveuse

-f	➡	-ve
neuf	➡	neuve
bref	➡	brève *(attention à l'accent)*
vif	➡	vive

Cas particuliers de syllabe changée avant le -e final

-ais	➡	-che
frais	➡	fraîche

-aux	➡	-ausse
faux	➡	fausse

-ec	➡	-ecque
grec	➡	grecque

-i	➡	-ite
favori	➡	favorite

-ieux	➡	-ieille
vieux	➡	vieille

-in	➡	-igne
malin	➡	maligne
bénin	➡	bénigne

-ong	➡	-ongue
long	➡	longue

-ou	➡	-olle
fou	➡	folle
mou	➡	molle

-oux	➡	-ouce
doux	➡	douce

-oux	➡	-ouse
jaloux	➡	jalouse

-oux	➡	-ousse
roux	➡	rousse

-urc	➡	-urque
turc	➡	turque

Le double masculin de certains adjectifs qualificatifs

Certains adjectifs qualificatifs, qui ont une forme exceptionnelle au féminin, ont un double masculin. Devant un nom qui commence par une voyelle, ces adjectifs perdent le « le » final du féminin.

Féminin	Masculin devant une consonne	Masculin devant une voyelle	Exemples
belle	beau	bel	un beau costume, un bel engin
nouvelle	nouveau	nouvel	un nouveau jour, un nouvel âge
folle	fou	fol	l'amour fou, le fol amour
molle	mou	mol	du beurre mou, un mol édredon
vieille	vieux	vieil	un vieux chêne, un vieil arbre

Le pluriel de l'adjectif qualificatif

Tableau sommatif

Singulier ↓ Pluriel	-e ↓ -es	-s, -x ↓ invariable	-eau ↓ -eaux	-al ↓ -aux	-al ↓ -als

Règles générales

Tous les adjectifs qualificatifs au féminin singulier qui se terminent par un « e » prennent un « s » **au pluriel**.

La seule **exception** est l'adjectif « grand » dans des noms composés :

grand-mère	(grands-mères ou grand-mères)
grand-messe	(grands-messes ou grand-messes)
grand-tante	(grands-tantes ou grand-tantes)
grand-route	(grands-routes ou grand-routes)
grand-rue	(grands-rues ou grand-rues)

Le plus souvent, les adjectifs qualificatifs **masculins** prennent un « s » au pluriel :

singulier		pluriel
aimable	➡	aimables
petit	➡	petits
grand	➡	grands
pareil	➡	pareils
neuf	➡	neufs
blanc	➡	blancs

Règles particulières

Les adjectifs qualificatifs qui se terminent par **-s** ou **-x** ne changent pas au pluriel.

bas	➡	bas
heureux	➡	heureux

Les adjectifs qualificatifs qui se terminent par **-eau** prennent un **-x** au pluriel.

-eau	➡	**eaux**
beau	➡	beaux

Les adjectifs qualificatifs qui se terminent par **-al** font **-aux** au pluriel.

-al	➡	**-aux**
loyal	➡	loyaux
estival	➡	estivaux
royal	➡	royaux
légal	➡	légaux

Certains adjectifs qualificatifs qui se terminent par **-al** au singulier font **-als** au pluriel.

-al	➡	**-als**
banal	➡	banals
bancal	➡	bancals
fatal	➡	fatals
final	➡	finals
glacial	➡	glacials
naval	➡	navals

ANNEXE 4 : LA FORMATION DES ADVERBES

La nature de l'adverbe

Les adverbes sont des mots que l'on ajoute pour préciser le sens des verbes, des adjectifs qualificatifs et d'autres adverbes.

Ils expriment la manière dont se déroule l'action.

> Il conduit **rapidement**.

- La manière peut elle-même être « qualifiée » par un autre adverbe qui, lui, exprime souvent le degré, la quantité.

> Il conduit **tellement** rapidement qu'il risque d'avoir un accident.

- L'adverbe exprime aussi la manière dont une qualité ou un sentiment se manifeste.

> Jacques est **follement** amoureux de Marie.

La formation de l'adverbe

Règle générale

On ajoute le suffixe **-ment** à l'adjectif **féminin**.

Adjectif masculin	Adjectif féminin		Adverbe
grand	grande	➡	grand**ement**
coquet	coquette	➡	coquet**tement**
discret	discrète	➡	discrè**tement**
cruel	cruelle	➡	cruel**lement**
nul	nulle	➡	nul**lement**
ancien	ancienne	➡	ancie**nnement**
bas	basse	➡	bas**sement**
franc	franche	➡	franch**ement**
léger	légère	➡	légè**rement**
beau	belle	➡	bel**lement**
heureux	heureuse	➡	heureu**sement**
extérieur	extérieure	➡	extérieu**rement**
frais	fraîche	➡	fraîch**ement**
faux	fausse	➡	faus**sement**
long	longue	➡	longu**ement**
mou	molle	➡	mol**lement**
doux	douce	➡	douc**ement**
jaloux	jalouse	➡	jalou**sement**

Règles particulières

- Les adverbes dérivés des adjectifs se terminant par les voyelles **-é**, **-i et -u** sont formés à partir de l'adjectif **masculin**.

Adjectif masculin	*Adjectif féminin*		*Adverbe sans e*
aisé	~~aisée~~	➡	aisé**ment**
poli	~~polie~~	➡	poli**ment**
vrai	~~vraie~~	➡	vrai**ment**
résolu	~~résolue~~	➡	résolu**ment**

Attention à l'accent circonflexe des deux adverbes suivants :

goulu	~~goulue~~	➡	goul**û**ment
assidu	~~assidue~~	➡	assid**û**ment

- Les adverbes dérivés de certains adjectifs se terminant par **-e** suivant une ou plusieurs consonnes voient le **-e** se transformer en **-é** avant le **-ment**.

Adjectif masculin	*Adjectif féminin*		*Adverbe en -ément*
aveugle	aveugle	➡	aveugl**é**ment
commode	commode	➡	commod**é**ment
énorme	énorme	➡	énorm**é**ment
expresse	expresse	➡	express**é**ment
intense	intense	➡	intens**é**ment
précis	précise	➡	précis**é**ment
profond	profonde	➡	profond**é**ment

- La plupart des adverbes dérivés des adjectifs de plus d'une syllabe se terminant **par -ent** ou **-ant** font **-emment** et **-amment**.

Adjectif masculin		*Adverbe en -mment*

Les adjectifs en -ent

apparent	➡	appar**emment**
évident	➡	évid**emment**
prudent	➡	prud**emment**
violent	➡	viol**emment**

Attention à l'exception :
lent (une syllabe)	➡	lent**ement**

Les adjectifs en -ant

brillant	➡	brill**amment**
bruyant	➡	bruy**amment**
méchant	➡	méch**amment**
puissant	➡	puiss**amment**
vaillant	➡	vaill**amment**, etc.

Attention : La terminaison de tous ces adverbes se prononcent de manière identique (« aman »).

- Certains adverbes ont un radical différent de celui du féminin de l'adjectif.

Adjectif masculin	*Adjectif féminin*		*Adverbe*
bref	brève	➡	briève**ment**
gentil	gentille	➡	genti**ment**

ANNEXE 5 : LES MOTS INTERROGATIFS

Il existe plusieurs façons de poser une question en français. Selon les situations, on peut employer des pronoms, des adjectifs, des adverbes ou simplement l'inversion du pronom sujet et du verbe.

Exemple : **Quel** est votre nom ? **Est-ce que** vous avez mangé ? **Avez-vous** mangé ?

Le tableau récapitulatif suivant vous montrera comment poser des questions en utilisant diverses catégories de mots.

Tableau récapitulatif des mots interrogatifs : Comment poser des questions

Les pronoms interrogatifs invariables

Sujet (personne) : Qui ? Qui est-ce qui ?	**Qui** a parlé ? **Qui est-ce qui** a parlé ?
Sujet (chose) : Qu'est-ce qui ?	**Qu'est-ce qui** vous dérange ?
CD (personne) : Qui ? Qui est-ce que ?	**Qui** avez-vous rencontré ?
	Qui est-ce que vous soupçonnez ?
CD (chose) : Que ? Qu'est-ce que ?	**Que** désirez-vous ? **Qu'est-ce que** vous désirez ?
Après une <u>préposition</u> (personne)	<u>De</u> **qui** est-il question ? <u>À</u> **qui** a-t-il parlé ?
Prép. + qui ou qui est-ce que	
Après une <u>préposition</u> (chose)	<u>Avec</u> **quoi** mangez-vous ?
Prép. + quoi	<u>De</u> **quoi** avez-vous peur ?

Les pronoms interrogatifs variables

Masculin : lequel (sing.), lesquels (plur.)	**Lequel** préférez-vous ? **Lesquels** préférez-vous ?
Féminin : laquelle (sing.), lesquelles (plur.)	**Laquelle** aimez-vous ? **Lesquelles** aimez-vous ?
Formes contractées : auquel, auxquels ;	**Auquel** faites-vous allusion ?
Duquel, desquels, etc	**Duquel** a-t-il été question ?

Les adverbes interrogatifs

Avec sujet pronom : inversion simple	**Comment** trouvez-vous ce miel ?
Avec sujet nom : inversion complexe	**Quand** votre frère est-il rentré ?
<u>Est-ce que</u> (possible dans tous les cas)	**Comment** <u>est-ce que</u> vous trouvez ce miel ?
	Quand <u>est-ce que</u> vous êtes rentré ?

Les adjectifs interrogatifs

Masculin : quel (sing.), quels (plur.)	**Quel** livre préférez-vous ? **Quels** livres...
Féminin : quelle (sing.), quelles (plur.)	**Quelle** table préférez-vous ? **Quelles** tables...

ANNEXE : 6 LES MOTS NÉGATIFS

Tableau des mots négatifs les plus communs utilisés avec les verbes

Ne... pas	Ne ... personne
Ne... pas du tout	Ne...ni...ni
Ne... jamais	Ne... que
Ne... plus	Ne... aucun (aucune)
Ne... rien	Ne... pas encore

L'utilisation de la négation

1. La négation la plus fréquente est l'adverbe négatif **ne...pas** avec le verbe.

    Exemple : Vous **ne** courez **pas**. Vous **n'**êtes **pas** parti.

2. Certaines négations s'emploient en réponse à certaines formes affirmatives ou interrogatives :

    Exemple :
    As-tu **déjà** mangé ? Non, je n'ai pas **encore** mangé.
    Allez-vous **parfois** au musée ? Non, je ne vais **jamais** au musée.
    Avez-vous **encore** faim ? Non, je n'ai **plus** faim.
    Irez-vous **quelque part** cet été ? Non, je n'irai **nulle part**.
    Connaissez-vous **quelqu'un** là-bas ? Non, je ne connais **personne**.
    Prendras-tu **quelque chose** ? Non, je ne prendrai **rien**.

3. On peut utiliser plusieurs négations dans la phrase à condition d'éliminer « pas ».

    Exemple : Il n'y a **plus personne**. Je n'ai **plus rien** fait.

La place de la négation : l'ordre des mots dans la phrase négative

	Exemple
Avec un verbe au **temps simple** : **ne** devant le verbe et **pas** après le verbe	Vous **ne** plaisantez **pas**. Nous **ne** marchions **pas** dans la rue.
Remarquez la position des <u>pronoms compléments</u>.	Je **ne** le vois **pas**. Il **ne** <u>vous</u> le donne **pas**.
Avec un verbe au **temps composé** : **ne** devant le <u>verbe auxiliaire</u> et **pas** après le <u>verbe auxiliaire</u>	Ils **ne** <u>sont</u> pas arrivés. Ils **n'**<u>ont</u> **pas** mangé.
Remarquez la position des <u>pronoms compléments</u>.	Je **ne** <u>vous</u> ai **pas** vu. Il **ne** <u>nous</u> a **pas** regardés. Je **ne** <u>me</u> suis **pas** lavé.
Avec un verbe pronominal à **l'impératif** : **ne** devant le pronom et **pas** après le verbe.	**Ne** vous excitez **pas** !

ANNEXE 7 : LES VALEURS ET LES FORMES DU PRÉSENT DE L'INDICATIF

Les valeurs du présent de l'indicatif

a. Observation

La lecture des phrases suivantes montre que le présent de l'indicatif n'a pas toujours la même valeur.

> Pierre boit du thé.

(C'est un principe général, toujours vrai, aujourd'hui, hier ou demain.) En anglais, cette phrase se lirait comme suit :

> *Peter drinks tea.*

> Pierre boit du thé.

(C'est une action qui a lieu au moment où l'on parle, on le voit en train de déguster sa boisson préférée.) En anglais ce serait :

> *Peter is drinking tea.*

B. Les principales valeurs

1. Le présent exprime une vérité toujours vraie, hier comme demain : c'est un présent qui comprend le passé et le futur.

    La terre tourne autour du soleil.

2. Le présent coïncide avec le moment de la parole de celui qui parle. C'est le présent qui se déroule maintenant devant nos yeux.

    Je lis cette phrase imprimée en noir sur du papier blanc.

Les formes du présent de l'indicatif

Le présent se forme selon la terminaison de l'**infinitif**.

A. Les verbes du premier groupe : terminaison en -ER
(voir le tableau 3 des conjugaisons)

Je	parl	-e	nous	parl	-ons
tu	parl	-es	vous	parl	-ez
il	parl	-e	ils	parl	-ent
elle	parl	-e	elles	parl	-ent
on	parl	-e			

B. Les verbes en -ER avec changement dans le radical
(voir le tableau 8 des conjugaisons)

- **Les verbes en –cer :** $\boxed{c \rightarrow ç}$ **devant a et o**

Je	commenc	-e	nous	commenç	-ons
tu	commenc	-es	vous	commenc	-ez
il	commenc	-e	ils	commenc	-ent
elle	commenc	-e	elles	commenc	-ent
on	commenc	-e			

Exemple : annoncer, déplacer, forcer, avancer, dénoncer, etc.

- **Les verbes en –ger :** $\boxed{g \rightarrow ge}$ **devant -ons**
  (voir le tableau 7 des conjugaisons)

Je	boug	-e	nous	bouge	-ons
tu	boug	-es	vous	boug	-ez
il	boug	-e	ils	boug	-ent
elle	boug	-e	elles	boug	-ent
on	boug	-e			

Exemple : arranger, corriger, échanger, déménager, partager, etc.

- **Les verbes en -yer (sauf « ayer ») :** $\boxed{y \rightarrow i}$ **devant le « e » muet**
  (voir les tableaux 9 et 10 des conjugaisons)

J'	ennui	-e	nous	ennuy	-ons
tu	ennui	-es	vous	ennuy	-ez
il	ennui	-e	ils	ennui	-ent
elle	ennui	-e	elles	ennui	-ent
on	ennui	-e			

Exemple : appuyer, employer, ennuyer, nettoyer, déployer, etc.

- **Les verbes en –ayer :** $\boxed{\text{deux orthographes}}$
  (voir le tableau 12 des conjugaisons)

Pour les verbe en -ayer, il y a deux orthographes possibles. Ils peuvent garder le « y » devant le « e » muet ou le changer en « i » comme les autres verbes en -yer.

J'	essay (essai) -e	nous	essay	-ons
tu	essay (essai) -es	vous	essay	-ez
il	essay (essai) -e	ils	essay (essai)	-ent
elle	essay (essai) -e	elles	essay (essai)	-ent
on	essay (essai) -e			

Exemple : effrayer, essuyer, payer, balayer, rayer, etc.

• **Les verbes en -eler* -emer, -ener, -eser, -eter*, -ever :** $\boxed{e \rightarrow è}$ **devant consonne finale suivie d'un « e » muet** *(voir le tableau 4 des conjugaisons)*

J'	achèt	-e	nous	achet	-ons
tu	achèt	-es	vous	achet	-ez
il	achèt	-e	ils	achèt	-ent
elle	achèt	-e	elles	achèt	-ent
on	achèt	-e			

Exemple : acheter, élever, mener, peser, déceler, etc.

* Un certain nombre de ces verbes doublent le « l » et le « t » devant le « e » muet ; voir le cas suivant.

• **Les verbes en -eler et -eter :** $\boxed{\text{double consonne}}$ **devant le « e » muet**
(voir le tableau 6 des conjugaisons)

J'	appell	-e	nous	appel	-ons
tu	appell	-es	vous	appel	-ez
il	appell	-e	ils	appell	-ent
elle	appell	-e	elles	appell	-ent
on	appell	-e			

Exemple : appeler, jeter, renouveler, épeler, rejeter, etc.

• **Les verbes en -éder, -éger, -érer et -éter :** $\boxed{é \rightarrow è}$ **devant le « e » muet**
(voir le tableau 11 des conjugaisons)

J'	espèr	-e	nous	espér	-ons
tu	espèr	-es	vous	espér	-ez
il	espèr	-e	ils	espèr	-ent
elle	espèr	-e	elles	espèr	-ent
on	espèr	-e			

J'	allèg	-e	nous	allég	-eons*
tu	allèg	-es	vous	allég	-ez
il	allèg	-e	ils	allèg	-ent
elle	allèg	-e	elles	allèg	-ent
on	allèg	-e			

Exemple : céder, compléter, gérer, libérer

C. Les verbes du deuxième groupe : terminaison en -ir

Les verbes en -ir se forment de la façon suivante : on coupe la terminaison -ir et on ajoute -is, -is, -it, -issons, -issez, -issent. *(voir le tableau 13 des conjugaisons)*

Je	fin	-is	nous	fin	-issons
tu	fin	-is	vous	fin	-issez
il	fin	-it	ils	fin	-issent
elle	fin	-it	elles	fin	-issent
on	fin	-it			

Il y a plus de 300 verbes qui se conjuguent sur le modèle de « finir ».

Exemple : grandir, guérir, obéir, réussir, finir

D. Les verbes irréguliers en -ir

Les formes irrégulières des verbes en -ir sont tellement nombreuses (17 tableaux de conjugaisons) qu'il est impossible de donner ici les détails sur chacune. Il faut se référer aux tableaux 14 à 30 pour avoir une vue d'ensemble de ces conjugaisons.

Il y a quand même quelques principes généraux qui s'appliquent à la majorité des verbes.

* Les verbes en -ir, comme « **courir** », sauf ceux des tableaux 15 « **assaillir** », 18 « **cueillir** » et 24 « **ouvrir** », se conjuguent avec un « **s** » à la première et la deuxième personne du singulier et un « **t** » à la troisième.

Je	cour	-s	nous	cour	-ons
tu	cour	-s	vous	cour	-ez
il	cour	-t	ils	cour	-ent
elle	cour	-t	elles	cour	-ent
on	cour	-t			

* Les verbes en -ir des tableaux 15 « **assaillir** », 18 « **cueillir** » et 24 « **ouvrir** », se conjuguent au présent comme s'ils étaient des verbes du premier groupe, avec un « **e** » à la première et à la troisième personne du singulier et un « **es** » à la deuxième.

J'	ouvr	-e	nous	ouvr	-ons
tu	ouvr	-es	vous	ouvr	-ez
il	ouvr	-e	ils	ouvr	-ent
elle	ouvr	-e	elles	ouvr	-ent
on	ouvr	-e			

E. Les verbes irréguliers en -oir

La plupart des verbes en -oir (tableaux 31 à 42) se conjuguent avec un « **s** » à la première et à la deuxième personne du singulier et un « **t** » à la troisième. Le « **s** » et le « **t** » sont précédés de « **ai** » (je sais), de « **au** » (il vaut), de « **eu** » (tu meus) ou de « **oi** » (il doit).

Je	voi	-s	elle	voi	-t
tu	voi	-s	on	voi	-t
il	voi	-t			

* Les verbes des tableaux 37 « **pouvoir** », 40 « **valoir** » et 42 « **vouloir** » remplacent le « **s** » par un « **x** » à la première et à la deuxième personne du singulier. Nous avons alors, « je peux, tu vaux et je veux ».

Je	peu	-x
tu	peu	-x
il, elle, on	peu	-t

* Les verbes des tableaux 31 « **asseoir** », 36 « **pourvoir** » et 41 « **voir** » transforment le « **i** » en « **y** » aux première et deuxième personnes du pluriel.

nous	vo	-yons
vous	vo	-yez

F. Les verbes irréguliers en -re

- En général, les verbes en -re (tableaux 43 à 71) se conjuguent avec un « **s** » à la première et à la deuxième personne du singulier et un « **t** » à la troisième.

Je	bat	**-s**	il	ba	**-t**
tu	bat	**-s**	elle	ba	**-t**
			on	ba	**-t**

- Le verbe « **vaincre** », tableau 70, garde le « **c** » de la première et de la deuxième personne, à la troisième,

Je	vain	**-cs**	il	vain	-c
tu	vain	**-cs**	elle	vain	-c
			on	vain	-c

comme les verbes qui ont un « **d** » à la première et à la deuxième personne gardent le « **d** » à la troisième personne. C'est le cas des verbes des tableaux 43 « **attendre** » 50 « **coudre** », 61 « **moudre** » et 64 « **prendre** ».

Je	pren	**-ds**	il	pren	**-d**
tu	pren	**-ds**	elle	pren	**-d**
			on	pren	**-d**

- Les plus grandes transformations dans la forme des trois personnes du pluriel se voient dans les tableaux 51 « **craindre** » et 57 « **éteindre** » où nous trouvons la forme « **-gn** » avant la terminaison.

nous	crai**gn**	**-ons**	ils	crai**gn**	-ent
vous	crai**gn**	**-ez**	elles	crai**gn**	-ent

- Le verbe « **boire** » change de radical pour les trois personnes du pluriel.

Je	b	**-ois**	nous	**buv**	-ons
tu	b	**-ois**	vous	**buv**	-ez
il	b	**-oit**	ils	**boiv**	-ent
elle	b	**-oit**	elles	**boiv**	-ent
on	b	**-oit**			

Consultez la liste alphabétique des verbes qui se trouve à la fin du présent cahier, elle renvoie aux tableaux des conjugaisons qui correspondent au modèle à suivre pour conjuguer le verbe correctement.

ANNEXE 8 : LE PRÉSENT DE L'IMPÉRATIF

La nature de l'impératif

L'impératif est le mode qui sert à **donner des ordres** à une ou à plusieurs personnes.

La formation de l'impératif

A. Règle générale

Pour le présent de l'impératif, on utilise la forme « tu », « nous » et « vous » du présent de l'indicatif **sans le sujet**.

	Présent de l'indicatif	*Présent de l'impératif*		*Présent de l'indicatif*	*Présent de l'impératif*
tu	parles	**parle**		reçois	reçois
nous	parlons	parlons		recevons	recevons
vous	parlez	parlez		recevez	recevez
tu	finis	finis		offres	**offre**
nous	finissons	finissons		offrons	offrons
vous	finissez	finissez		offrez	offrez
tu	sors	sors		vas	**va**
nous	sortons	sortons		allons	allons
vous	sortez	sortez		allez	allez

N.B. : La forme négative : ne parle pas ; ne finissons pas, ne finissez pas, etc.

B. Nota bene

• **Les verbes qui ont -es à la 2ᵉ personne du singulier**

Tous les verbes qui, au présent de l'indicatif, se terminent par « es » à la deuxième personne du singulier (« as » pour le verbe *aller*) perdent le « s » à l'impératif. On conserve le « s » lorsque ce verbe est suivi des pronoms « en » et « y ».

Exemples:	tu parles	parle	n'en parle pas	parles-en
	tu offres	offre	n'en offre pas	offres-en
	tu vas	va	n'y va pas	vas-y

C. Avoir et être

L'impératif de **avoir** et **être** se forme à partir du présent du subjonctif.

	Présent du subjonctif	*Présent de l'impératif*
tu	aies	**aie**
nous	ayons	ayons
vous	ayez	ayez
tu	sois	sois
nous	soyons	soyons
vous	soyez	soyez

D. Les verbes pronominaux

• La conservation d'un pronom

Les verbes pronominaux gardent un pronom à l'impératif (tu, te ➡ toi). Le pronom suit le verbe et est attaché à celui-ci par un trait d'union.

tu te	souviens	souviens-**toi**
nous nous	parlons	parlons-**nous**
vous vous	réveillez	réveillez-**vous**

• La place du pronom à la forme négative

À la forme négative, le verbe pronominal retrouve son pronom devant le verbe. Le verbe et son pronom sont encadrés par la négation.

tu	**ne** te souviens **plus**	**ne** te souviens **plus**
nous	**ne** nous parlons **jamais**	**ne** nous parlons **jamais**
vous	**ne** vous réveillez **pas**	**ne** vous réveillez **pas**

ANNEXE 9 : LA FORMATION DES TEMPS DU PASSÉ

Les temps du passé sont le passé composé, le passé récent, l'imparfait, le plus-que-parfait, le futur antérieur et le conditionnel passé.

Le passé composé – *présent du verbe auxiliaire + participe passé*

Le passé composé est formé à partir du présent des auxiliaires **avoir** et **être** suivis du participe passé du verbe à conjuguer. Voir Annexe 12 pour les règles d'accord du participe passé.

A. Verbes conjugués avec avoir

Infinitif	*Sujet*	*Auxiliaire au présent* +	*Participe passé* =	PASSÉ COMPOSÉ
parler	j'	ai	parlé	j'ai parlé
finir	tu	as	fini	tu as fini
courir	il	a	couru	il a couru
ouvrir	elle	a	ouvert	elle a ouvert
tenir	on	a	tenu	on a tenu
pouvoir	nous	avons	pu	nous avons pu
savoir	vous	avez	su	vous avez su
voir	ils	ont	vu	ils ont vu
vivre	elles	ont	vécu	elles ont vécu

B. Verbes conjugués avec être

monter	je	suis	monté	je suis monté(e)
aller	tu	es	allé	tu es allé(e)
mourir	il	est	mort	il est mort
partir	elle	est	parti	elle est partie
venir	on	est	venu	on est venu
naître	nous	sommes	né	nous sommes nés(es)
descendre	vous	êtes	descendu	vous êtes descendu(s)(es)
sortir	ils	sont	sorti	ils sont sortis
passer	elles	sont	passé	elles sont passées

Le passé récent – *venir de + infinitif*

Le passé récent est formé du présent du verbe **venir** suivi de **de** et de l'infinitif du verbe à conjuguer.

Infinitif	*Sujet*	*Venir*	PASSÉ RÉCENT
parler	je	viens	je **viens** de parler
finir	tu	viens	tu **viens** de finir
savoir	il	vient	il **vient** de savoir
vivre	nous	venons	nous **venons** de vivre
naître	vous	venez	vous **venez** de naître
venir	ils	viennent	ils **viennent** de venir

L'imparfait – *présent de l'indicatif (1ʳᵉ personne du pluriel) + terminaison « ais »*

L'imparfait est formé à partir du radical de la **1ʳᵉ personne du pluriel** du présent auquel on ajoute les terminaisons **-ais**, **-ais**, **-ait**, **-ions**, **-iez** et **-aient**.

Infinitif	*Sujet*	*1ʳᵉ pers plur. présent*	*IMPARFAIT*
parler	nous	**parl**ons	je parl**ais**
finir	nous	**finiss**ons	tu finiss**ais**
savoir	nous	**sav**ons	il sav**ait**
vivre	nous	**viv**ons	nous viv**ions**
naître	nous	**naiss**ons	vous naiss**iez**
venir	nous	**ven**ons	ils ven**aient**

Le plus-que-parfait – *verbe auxiliaire à l'imparfait + participe passé*

Le plus-que-parfait est formé à partir de l'imparfait des auxiliaires **avoir** et **être** suivis du **participe passé** du verbe à conjuger. Voir Annexe 12 pour les règles d'accord du participe passé.

Infinitif	*Sujet*	*Auxiliaire à l'imparfait*	*Participe passé*	*PLUS-QUE-PARFAIT*
parler	j'	avais	parlé	j'avais parlé
finir	tu	avais	fini	tu avais fini
courir	il	avait	couru	il avait couru
ouvrir	elle	avait	ouvert	elle avait ouvert
tenir	on	avait	tenu	on avait tenu
pouvoir	nous	avions	pu	nous avions pu
savoir	vous	aviez	su	vous aviez su
voir	ils	avaient	vu	ils avaient vu
vivre	elles	avaient	vécu	elles avaient vécu
monter	j'	étais	monté	j'étais monté(e)
aller	tu	étais	allé	tu étais allé(e)
mourir	il	était	mort	il était mort
partir	elle	était	parti	elle était partie
venir	on	était	venu	on était venu
naître	nous	étions	né	nous étions nés(es)
descendre	vous	étiez	descendu	vous étiez descendu(s)(es)
sortir	ils	étaient	sorti	ils étaient sortis
passer	elles	étaient	passé	elles étaient passées

ANNEXE 10 : TABLEAU DES TERMINAISONS DU PARTICIPE PASSÉ

Verbes et leurs composés		*Infinitif*		*Participe passé*
Verbes en -er		parler	**É**	parlé
+	naître	naître		né
	être	être		été
Verbes en -ir		finir	**I**	fini
sauf	courir (+ composés)	courir		couru
	couvrir	couvrir		couvert
	mourir	mourir		mort
	offrir	offrir		offert
	ouvrir	ouvrir		ouvert
	souffrir	souffrir		souffert
	tenir (+ composés)	tenir		tenu
	venir (+ composés)	venir		venu
+	luire (+ composés)	luire		lui
	nuire	nuire		nui
	rire (+ composés)	rire		ri
	suffire	suffire		suffi
	suivre (+ composés)	suivre		suivi
	asseoir	asseoir	**IS**	assis
	mettre (+ composés)	mettre		mis
	prendre (+ composés)	prendre		pris
Verbes en -uire		conduire	**IT**	conduit
		instruire		instruit
sauf	luire	luire		lui
	nuire	nuire		nui
+	dire (+ composés)	dire		dit
	écrire (+ composés)	écrire		écrit
Verbes en -oir -oire		avoir	**U**	eu
		apercevoir		aperçu
		boire		bu
		croire		cru
		devoir		dû
		pleuvoir		plu
		pouvoir		pu
		recevoir		reçu
		savoir		su
		voir		vu

verbes en -aître			connaître	**U**	connu
			paraître		paru
sauf	prendre	(+ composés)	prendre		pris
+	battre	(+ composés)	battre		battu
	courir	(+ composés)	courir		couru
	lire	(+ composés)	lire		lu
	plaire	(+ composés)	plaire		plu
	tenir	(+ composés)	tenir		tenu
	venir	(+ composés)	venir		venu
	vivre	(+ composés)	vivre		vécu
	faire	(+ composés)	faire	**AIT**	fait
	traire	(+ composés)			
Verbes en -aindre			craindre	**AINT**	craint
Verbes en -eindre			éteindre	**EINT**	éteint
	offrir		offrir	**ERT**	offert
	couvrir		couvrir		couvert
	souffrir		souffrir		souffert
	ouvrir		ouvrir		ouvert
Verbes en -oindre			joindre	**OINT**	joint
	mourir		mourir	**ORT**	mort

ANNEXE 11 : TABLEAU DES AUXILIAIRES : QUAND UTILISER « AVOIR » ET « ÊTRE »

être				*avoir*
se + verbe	aller / venir arriver / partir naître / mourir rester / tomber devenir	monter / descendre entrer / sortir passer retourner se conjuguent avec *être* ou avec *avoir*		Tous les autres verbes
Nous nous sommes endormis.	Nous sommes allés au cinéma.	Je suis monté dans la voiture.	J'ai monté la valise sur le toit de la voiture.	Tu as vu ?
Ils se sont excusés.	Sa sœur est morte.	Vous êtes descendu(s)(e)(es) à l'auberge.	Vous avez descendu l'escalier de l'auberge.	Il a dormi.
Nous nous sommes aimés.	Ils sont partis depuis deux jours.	Il est sorti avec ses amis.	Il a sorti les plantes sur le balcon.	J'ai aimé ce film.
Je me suis trompé.	Vous êtes arrivés en retard.	Nous sommes passés(es) chez toi.	Nous avons passé notre voiture à Jules.	Ils ont bien mangé.
Elle s'est réveillée tard.	Elle est restée longtemps. Où sont-ils nés ? Tu es venue seule ?	Ils sont retournés à la bibliothèque.	Ils ont retourné le livre pour voir le prix.	J'ai compris.

ANNEXE 12 : L'ACCORD DU PARTICIPE PASSÉ

Le participe passé utilisé sans auxiliaire

Le participe passé utilisé sans auxiliaire a une valeur **d'adjectif** et se comporte comme tel ; il s'accorde en genre et en nombre avec le nom auquel il se rapporte.

Les arbres <u>abattus</u> par le vent avaient plus de 50 ans.
La maison <u>construite</u> par mon grand-père a toujours fière allure.

Le participe passé utilisé avec « avoir »

- Le participe passé des verbes conjugués avec « avoir » s'accorde avec **le CD**[1] si celui-ci précède le verbe.

  Les fraises, je les ai <u>lavées</u>.

  J'ai lavé quoi ? Réponse : « les », qui vient avant « ai lavé » et qui remplace « les fraises », qui sont féminin pluriel. Le participe passé devra donc être au féminin pluriel : lavées.

  Les fraises que j'ai <u>lavées</u> sont prêtes à être mangées.

  J'ai lavé quoi ? Réponse : « que », qui vient avant « ai lavé » et qui remplace « les fraises », qui sont féminin pluriel. Le participe passé devra donc être au féminin pluriel : lavées.

- Le participe passé utilisé avec « avoir » peut s'accorder s'il y a les pronoms « que », « la » ou « les » devant l'auxiliaire qui compose le verbe.

Le participe passé utilisé avec « être »

- Le participe passé des verbes conjugués avec « être » s'accorde avec le **sujet** du verbe, un peu comme l'adjectif ou le nom attribut du sujet s'accorde avec ce dernier. Le sujet répond aux questions « Qui ? » ou « Qu'est-ce qui ? » posées immédiatement **avant** le verbe.

  Marie est <u>montée</u> à l'étage.

  Qui est monté à l'étage ? – Réponse : « Marie », qui est féminin singulier. Le participe passé devra être au féminin singulier : montée.

  La voiture est <u>stationnée</u> devant le garage.

  Qu'est-ce qui est stationné devant le garage ? – Réponse : « la voiture », qui est féminin singulier. Le participe passé devra être au féminin singulier : stationnée.

Note sur le complément direct

1. Pour bien appliquer les règles de l'accord du participe passé utilisé avec « avoir », il faut bien comprendre ce qu'est un **complément direct**, le **CD**. Le complément direct est le mot ou le groupe de mots qui complète directement – sans préposition – le sens du verbe. Pour le trouver, on demande « Quoi ? » ou « Qui ? » après le verbe.

J'ai vu un oiseau sur la branche.

J'ai vu quoi ? – Réponse : un oiseau. Le groupe « un oiseau » est le complément direct du verbe « ai vu ».

Nous avons attendu Marie près du cinéma.

Nous avons attendu qui ? – Réponse : « Marie » qui est le complément direct du verbe « avons attendu ».

Le participe passé des verbes pronominaux

A. Le participe passé des verbes pronominaux **réfléchis**[2] et **réciproques**[3] s'accorde avec le **complément direct** qui précède le verbe. S'il n'y a pas de CD avant le verbe, le participe demeure invariable.

> Elle s'est <u>coiffée</u>.

> Pour trouver le CD, utiliser l'auxiliaire « avoir » et poser la question « qui ? » ou « quoi ? » après le verbe.

> Elle a coiffé qui ? — Réponse : « elle-même », c'est-à-dire « se », qui est CD. Le participe passé « coiffée » devra être féminin singulier.

> Ils se sont <u>vus</u> dans la rue.

> Ils ont vu qui ? – Réponse : « l'un, l'autre », c'est-à-dire « se » qui est CD. Le participe passé « vus » devra être masculin pluriel.

> Nous nous sommes <u>lavé</u> les cheveux.

> Nous avons lavé quoi ? – Réponse : « les cheveux », qui est le CD mais placé après le verbe « avons lavé ». Le participe passé « lavé » demeure donc invariable.

B. Le participe passé des verbes pronominaux **non réfléchis**[4] (dont le 2e pronom n'a pas de fonction logique) et des verbes **essentiellement pronominaux**[5] s'accorde avec le **sujet** du verbe.

> Les spectatrices se sont <u>tues</u> durant la performance du clown.

> Qui s'est tu durant la performance du clown ? – Réponse : « Les spectatrices ». Le participe passé s'accorde avec « Les spectatrices ».

> Ils se sont <u>absentés</u> du cours.

> Qui s'est absenté du cours ? – Réponse : « Ils ». Le participe passé s'accorde avec « Ils ».

Notes sur les verbes pronominaux

2. Les verbes pronominaux sont **réfléchis** lorsque l'action du verbe a pour CD le pronom qui précède le verbe et qui n'est pas le sujet.

> Elle s'est <u>peignée</u>.

3. Les verbes pronominaux sont **réciproques** lorsque l'action du verbe est faite par plusieurs sujets et a pour CD le pronom qui précède le verbe et qui n'est pas le sujet. Les verbes pronominaux réciproques sont toujours au pluriel.

> Ils se sont <u>parlé</u>. Ils se sont <u>battus</u>.

4. Les verbes pronominaux **non réfléchis** sont accompagnés d'un deuxième pronom qui n'est ni CD ni CI du verbe. Ce deuxième pronom n'a pas de fonction grammaticale. La présence du deuxième pronom modifie légèrement le sens du verbe.

plaindre – *to feel sorry for*	se plaindre – *to complain*
endormir – *to put to sleep*	s'endormir – *to fall asleep*
douter – *to doubt*	se douter – *to suspect*

5. Les verbes **essentiellement pronominaux** sont des verbes qui n'existent qu'à cette forme accompagnée du deuxième pronom.

Voici une liste partielle des verbes essentiellement pronominaux :

s'absenter	s'empresser	s'obstiner	s'abstenir	s'en aller	se raviser	s'accouder
s'enfuir	se rebeller	s'accroupir	s'envoler	se réfugier	s'acharner	s'éprendre
se repentir	s'affairer	s'évanouir	se soucier	se désister	s'exclamer	se souvenir
s'écrier	s'infiltrer	se suicider	s'efforcer	se méfier	s'emparer	se moquer, etc.

ANNEXE 13 : LES VALEURS DES TEMPS DU PASSÉ

	Passé composé		Imparfait		Plus-que-parfait
					action antérieure à une autre action passée
1 AP	Durée limitée >——passé——|---présent---> > 60 min< >—|———|—> Il <u>a écouté</u> la radio pendant une heure.	1 É-D	Action ou état non fini dans le passé >——passé——|---présent---> <----------> Pendant ce temps, il <u>faisait</u> très beau, le soleil <u>brillait</u> et tout le monde <u>semblait</u> heureux.	1	
2 AP	Action point >——passé——|---présent---> >——————•———————> Hier, j'<u>ai nourri</u> le chat.	2 É-D	Description dans le passé Marie <u>portait</u> des gants. >——passé——|---présent---> <---------->	2 AA	avec le passé composé >——passé——|---présent---> <————< •-----|——•——> Pierre <u>avait fini</u> de jouer au tennis quand il a reçu l'appel téléphonique de Marie.
3 AP	Actions points en série >——passé——|---présent---> >—•—•—•—> Je <u>suis sorti</u>, j'<u>ai pris</u> l'autobus et je me <u>suis rendu</u> à mon travail.	3 AI	Action interrompue par une autre >——passé——|---présent---> <----------->| Je <u>mangeais</u> (quand Paul est arrivé). Monique <u>se préparait</u> à aller au cinéma (mais sa mère lui a parlé pendant une heure au téléphone). .	3	
4 AP	Actions points répétées et terminées >——passé——|---présent---> >-|-•-•-•-|-> L'été dernier, j'<u>ai fait</u> de la bicyclette tous les matins.	4 AH	Habitude dans le passé >——passé——|---présent---> <--------------> <--------------> <--------------> Quand il était jeune, il se <u>promenait</u> en montagne tous les dimanches. (used to + infinitif) (would + infinitif)	4 AA	Avec l'imparfait, des actions répétées, mais l'une précédant l'autre >——passé——|---présent---> <————< •---|——•——> •---|——•——> •---|——•——> Dès que Lucie <u>avait fini</u> de travailler, elle rentrait à la maison.

Valeurs du passé composé

A. La valeur de base du passé composé – *action point terminée*

Le présent de l'indicatif exprime un fait dont le déroulement s'accomplit au moment même de la parole *(je parle)*. Le **passé composé**, lui, exprime **un fait** qu'on constate **achevé** au moment même de la parole *(j'ai parlé)*. L'action passée n'est pas vue, perçue sous l'aspect de la durée.

B. Autres valeurs du passé composé

Le passé composé exprime une action qui s'est déroulée **avant** le moment de la parole (antériorité). Ces actions sont vues comme des points sur la ligne du temps — actions points (AP).

————•—•—•————>

1. La durée de l'action est limitée.

   Exemple : Il <u>a écouté</u> la radio pendant une heure.

2. La durée de l'action n'est pas considérée. Cette durée n'a pas d'importance.

   Exemple : La nuit dernière, j'<u>ai dormi</u> profondément.

On ne sait pas combien de temps a duré la nuit de sommeil, et ce n'est pas important.

3. Des actions points en série qui font progresser la situation par leur succession.

   Exemple : Je <u>suis sorti</u>, j'<u>ai pris</u> l'autobus et je me <u>suis rendu</u> à mon travail.

4. Actions points répétées et terminées. Elles se sont répétées durant une période de temps limitée dans le passé.

   Exemple : L'été dernier, j'<u>ai fait</u> de la bicyclette tous les matins.

Valeur du passé récent

Le passé récent met en relation avec le moment de la parole une action qui a eu lieu il y a peu de temps.

   Exemple : Ce matin, Marie a mangé à 8 heures. Il est 9 heures. Alors, elle <u>vient de manger</u>.

Cette action de manger est très proche du fait d'en parler.

Valeurs de l'imparfait

A. La valeur de base de l'imparfait – *état, action inachevée dans le passé*

L'imparfait est différent de tous les autres temps du passé en ce qu'il exprime la **durée** dans le passé ; il marque ce qui est **inachevé** dans le passé. Il ne marque ni le début ni la fin de l'action qu'il exprime. On le définit souvent comme un « **présent en cours dans le passé** ». On peut aussi le comparer au temps du cinéma : on voit le film se dérouler sous nos yeux, mais on sait tous que l'action qui se passe devant nous est au passé ; on la voit au présent et elle avait lieu au présent quand on a tourné ce film.

La valeur de base de l'imparfait, c'est donc l'expression de **l'action en cours de développement** dans le passé.

   Pierre travaillait à l'usine.
   Il pleuvait ce jour-là et elle marchait sans parapluie.

B. Autres valeurs de l'imparfait

1 et 2. État – Description dans le passé – (E-D)

Des actions vues dans leur durée. Souvent, on ne sait pas quand commencent ou finissent ces actions. Elles décrivent des gens ou des choses, des **états** ou des **conditions** – description (D).

Exemple : Pendant ce temps, il <u>faisait</u> très beau, le soleil <u>brillait</u> et tout le monde <u>semblait</u> heureux.

On ne sait pas quand il a commencé à faire beau, ni depuis quand le soleil brillait, ni depuis quand le monde était heureux.

3. Action interrompue par une autre action – (AI)

Des actions vues dans leur durée qui sont **interrompues** par une autre action. On peut les assimiler à l'imparfait de la description puisqu'on décrit l'action avant son interruption – description (D).

Exemple : Il <u>faisait</u> beau quand soudainement il a commencé à pleuvoir.

4. Action habituelle dans le passé – (AH)

Une action qui **se répète** dans le passé. On ne précise ni le début ni la fin de la période – action habituelle dans le passé (H).

Exemple : Quand il était jeune, il se <u>promenait</u> en montagne tous les dimanches.

Valeurs du plus-que-parfait

La valeur de base du plus-que-parfait : *action antérieure à une autre action dans le passé (AA)*

Dans des phrases simples

Le plus-que-parfait sert d'abord à marquer une action achevée dans le passé avec une **antériorité** plus ou moins déterminée.

Exemple : À la même heure, hier, nous avions déjà terminé notre repas du soir.

N.B. : Rien n'indique depuis combien de temps nous avions terminé ce repas, mais cette « fin » était survenue avant le moment passé auquel nous faisons allusion « à la même heure, hier ».

Ce temps est très souvent utilisé en début de récit pour caractériser une **situation** qui sert de décor aux faits qui seront exprimés à l'imparfait.

Marie <u>avait</u> si longtemps <u>rêvé</u> de faire ce voyage à l'étranger. Maintenant, elle dégustait chaque moment de ce séjour, profitait de chaque seconde de découverte et songeait déjà à revenir l'an prochain.

Dans des phrases complexes

Dans le système principale / subordonnée, le plus-que-parfait exprime l'**antériorité** d'une action passée par rapport à une autre qui est au passé composé ou à l'imparfait – **action antérieure** à une autre action passée (AA).

- Une action passée se produisant **avant une autre action passée** qui est au passé composé.

  Pierre <u>avait fini</u> de jouer au tennis quand il a reçu l'appel téléphonique de Marie.

- Des actions passées qui **se répètent**, mais dont l'une se produit **avant l'autre**. On utilise l'imparfait pour l'action qui se produit après l'autre.

  Dès que Lucie <u>avait fini</u> de travailler, elle rentrait à la maison.

On ne sait pas combien de fois se sont répétées ces actions. Mais on sait que chaque fois qu'elle avait fini de travailler, immédiatement Lucie rentrait chez elle.

Expressions de temps

présent	*passé*
aujourd'hui	ce jour-là
hier	la veille
avant-hier	l'avant-veille
demain	le lendemain
après-demain	le surlendemain
ce soir	ce soir-là
en ce moment	à ce moment-là
ici	là
cette année	cette année-là
ce mois-ci	ce mois-là
cette semaine	cette semaine-là
la semaine (l'année) prochaine	la semaine (l'année) suivante
la semaine (l'année) dernière	la semaine (l'année) précédente
maintenant	alors
voici	voilà

ANNEXE 14 : LES HOMOPHONES

Les homophones[1] sont des mots qui se prononcent de manière identique, mais qui ont un **sens** différent, une **fonction** grammaticale différente et une **graphie** (forme) différente. En anglais, on pense à *to / too / two*.

Note : *Les substitutions suggérées dans les tests supposent que vous faites aussi l'adaptation grammaticale nécessaire.*

Module 1

Homophones : on / ont ; sont / son ; mais / mes ; ou / où ; a / as / à

on / ont

on :	pronom indéfini, 3e personne du singulier, sujet du verbe
Exemple :	**On** dit que les sectes se multiplient à un rythme alarmant.
TEST :	« On » peut être remplacé par « nous ».

ont :	verbe « avoir », 3e personne du pluriel du présent de l'indicatif
Exemple :	Ils **ont** une bonne formation en science.
TEST :	« Ont » peut être remplacé par « avaient ».

son / sont

son :	déterminant possessif devant un nom masculin singulier ou un nom féminin singulier commençant par une voyelle
Exemple :	**Son** gourou *(masc.)* l'a trompé. **Son** équipe *(fém.)* l'a soutenu.
TEST :	« Son » peut être remplacé par « ton ».

sont :	verbe « être », 3e personne du pluriel du présent de l'indicatif
Exemple :	Ils **sont** contents.
TEST :	« Sont » peut être remplacé par « étaient ».

mais / mes

mais :	conjonction de coordination qui introduit, à l'intérieur de la phrase, une restriction.
Exemple :	On croit au paranormal, **mais** il n'y a pas de preuves.
TEST :	« Mais » peut être remplacé par « pourtant ».

mes :	adjectif possessif devant un nom pluriel
Exemple :	**Mes** notes sont bonnes.
TEST :	« Mes » peut être remplacé par « tes ».

ou / où

ou :	conjonction de coordination qui indique une alternative
Exemple :	Est-ce que vous êtes croyant **ou** sceptique ?
TEST :	« Ou » peut être remplacé par « et » (structurellement).

où :	adverbe qui indique le temps, le lieu
Exemple :	Voilà les ruines **où** les disciples de Koresh sont morts.
TEST :	« Où » peut être remplacé par « dans lequel », « dans lesquels », « dans laquelle », ou « dans lesquelles ».

---

1. Les homophones présentés dans cette annexe se trouvent dans le logiciel *Homophones* où vous trouverez une abondance d'exercices ainsi que des explications grammaticales. Si vous ne disposez pas du logiciel, les explications grammaticales suivantes vous permettront de faire les exercices sur les homophones de chaque module.

a / as / à

a :	verbe « avoir », 3e personne du singulier du présent de l'indicatif
Exemple :	Roxanne **a** une très belle personnalité.
TEST :	« A » peut être remplacé par « avait ».

as :	verbe « avoir », 2e personne du singulier du présent de l'indicatif
Exemple :	Tu **as** une très belle personnalité.
TEST :	« As » peut être remplacé par « avais ».

à :	préposition qui introduit un complément de verbe ou de nom
Exemple :	Nous allons **à** Paris.
TEST :	« À » ne peut pas être remplacé par « avait ». En anglais = *to, at*.

Module 2

Homophones : ce / se ; ces / ses / c'est / s'est ; leur / leurs ; on / on n'

ce / se

ce :	déterminant démonstratif devant un nom masculin singulier
Exemple :	**Ce** phénomène est inexplicable.
TEST :	« Ce » peut être remplacé par « le ».

se :	pronom personnel, 3e personne, qui fait partie le plus souvent du verbe pronominal
Exemple :	Elles **se** lavent. Il **se** croit fou.
TEST :	« Se » ne peut pas être remplacé par « le ». Il peut être remplacé par un pronom à une autre personne. Exemple : Nous **nous** lavons.

ces / ses / c'est / s'est

ces :	déterminant démonstratif devant un nom pluriel
Exemple :	**Ces** fleurs que tu vois au loin sont très belles.
TEST :	« Ces », adjectif déterminant pluriel, peut être remplacé par « ce » ou « cette », selon le cas. On peut aussi ajouter « -ci » ou « -là » après le nom. Exemple : **Ces** fleurs-**là** que tu vois au loin sont très belles.

ses :	déterminant possessif devant un nom pluriel
Exemple :	Il a mis **ses** chaussures noires.
TEST :	« Ses », déterminant possessif pluriel, peut être remplacé par « son » ou « sa », selon le cas. On peut aussi ajouter « à lui » ou « à elle » après le nom. Exemple : Il a mis **ses** chaussures noires **à lui**.

c'est :	le pronom « ce » (« c' ») devant le verbe « être » à la troisième personne
Exemple :	**C'est** la maison de la secte.
TEST :	« C'est » peut être remplacé par « cela est ».

s'est :	le pronom « se » (« s' ») devant le verbe « être » à la troisième personne
Exemple.	Le gourou **s'est** pris pour Dieu.
TEST :	« S'est » fait partie d'un verbe pronominal au temps composé. Il peut être remplacé par un pronom à une autre personne. Exemple : Vous **vous êtes** pris pour Dieu.

leur / leurs

leur :		pronom personnel invariable (ne s'accorde pas) placé devant un verbe.
Exemple :		Ils **leur** parlent tous les jours. (Anglais = *them.*)
TEST :		« Leur », pronom personnel, peut être remplacé par « lui ».

leur :		déterminant possessif devant un nom singulier
Exemple :		**Leur** chef est charismatique.
TEST :		« Leur », déterminant possessif, peut être remplacé par « mon », « son », etc.

leurs :		déterminant possessif devant un nom pluriel
Exemple :		**Leurs** chefs sont charismatiques.
TEST :		« Leurs », déterminant possessif, peut être remplacé par « mes », « ses », etc.

on n' / on + voyelle

on n' :		pronom personnel sujet suivi d'un verbe à la forme **négative**
Exemple.		**On n'a pas** beaucoup de chance.
TEST :		« On n' » peut être remplacé par une construction **négative**.
		Exemple : **Nous n'avons** pas beaucoup de chance.

on + voyelle :	pronom sujet suivi d'un verbe à la forme affirmative commençant par une voyelle
Exemple :		**On** a beaucoup de chance.
TEST :		« On » peut être remplacé par « nous » dans une construction **affirmative**.
		Exemple : Nous avons beaucoup de chance.

Module 3

Homophones : ni / n'y ; m'a / ma ; t'a / ta ; l'a / la ; m'ont / mon

ni / n'y

ni :		conjonction de coordination à valeur négative ; le contraire de « et »
Exemple :		Le sceptique ne croit **ni** à Dieu **ni** à diable.
TEST :		« Ni » – « ni » = *neither, nor* en anglais.

n'y :		pronom adverbial dans une construction négative
Exemples :		Croit-il au paranormal ? Non, il **n'y** croit pas du tout.
		Va-t-il à la réunion ? Non il **n'y** va pas.
TEST :		« Y » a le sens de « à cela », « à cet endroit », dans une construction négative.
		Exemples : Croit-il au paranormal ? Non, il **ne** croit pas du tout **à cela**.
		Va-t-il à la réunion ? Non il **ne** va pas **à cet endroit**.

m'a / ma

m'a :		pronom personnel + 3^e personne du singulier du présent de l'indicatif de « avoir »
Exemple :		Le travail **m'a** donné beaucoup de satisfaction.
TEST :		« M'a » peut être remplacé par « m'avait ».

ma :		déterminant possessif devant un nom féminin singulier
Exemple :		**Ma** secte est riche.
TEST :		« Ma » peut être remplacé par « mon », « ton », etc.

t'a / ta

t'a : pronom personnel + 3e personne du singulier du présent de l'indicatif de « avoir ».

Exemple : Le travail **t'a** donné beaucoup de satisfaction.

TEST : « T'a » peut être remplacé par « t'avait ».

ta : déterminant possessif devant un nom féminin singulier

Exemple : **Ta** secte est riche.

TEST : « Ta » peut être remplacé par « mon », « ton », etc.

l'a / la

l'a : pronom personnel + 3e personne du singulier du présent de l'indicatif de « avoir »

Exemple : Le travail **l'a** marqué.

TEST : « L'a » peut être remplacé par « l'avait ».

la : pronom personnel + verbe aux temps simples.

Exemple : Nous **la** voyons.

TEST : « La », pronom personnel + verbe simple, peut être remplacé par un autre pronom.

Exemple : Nous **le** voyons ; nous **vous** voyons.

N.B. : « La » devant un nom féminin est un déterminant.

m'ont / mon

m'ont : pronom personnel + 3e personne du pluriel du présent de l'indicatif de « avoir »

Exemple : Les études **m'ont** donné beaucoup de satisfaction.

TEST : « M'ont » peut être remplacé par « m'avaient ».

mon : déterminant possessif devant un nom masculin singulier ou un nom féminin singulier commençant par une voyelle

Exemple : **Mon** gourou (masc.) est riche. **Mon** équipe (fém.) l'a soutenu.

TEST : « Mon » peut être remplacé par « ton », « son », etc.

Module 4

Homophones : peu / peux / peut ; près / prêt ; sans / s'en ; dans / d'en ; é / er / ez

peu / peux / peut

peu : adverbe de quantité signifiant une petite quantité

Exemple : Les adeptes ont **peu** de preuves mais beaucoup de conviction.

TEST : « Peu » peut être remplacé par « pas beaucoup ».

peux : verbe « pouvoir », 1e et 2e personne du singulier

Exemple : Tu **peux** rire si tu le veux.

TEST : « Peux » peut être remplacé par « pouvais ».

peut : verbe « pouvoir », 3e personne du singulier

Exemple : Il **peut** rire s'il le veut.

TEST : « Peut » se remplace par « pouvait ».

près / prêt

près : adverbe signifiant proche

Exemple : Les Lafontaine habitent **près** d'ici.

TEST : « Près » peut être remplacé par « loin ».

prêt 1 :   nom masculin signifiant l'action de prêter
Exemple :   Son **prêt** bancaire lui coûte cher.
TEST :   « Prêt » (nom) veut dire *loan*.

prêt 2 :   adjectif masculin signifiant disposé à
Exemple :   Il est **prêt** à partir.
TEST :   « Prêt » (adjectif) veut dire *ready*.

sans / s'en

sans :   préposition ayant le sens de « privation »
Exemple :   Il n'est pas sage de croire **sans** voir.
TEST :   « Sans » veut dire *without*.

s'en :   pronom personnel, 3e personne, suivi de « en »
Exemple :   Il **s'en** va. Il **s'en** prend aux autorités.
TEST :   « S'en », avec un verbe conjugué, peut être remplacé par « m'en », « t'en », etc.
Exemple :   Je **m'en** prends aux autorités.

é / er / ez

- é :   terminaison du **participe passé** des verbes réguliers en « - er ». On emploie le participe passé avec les verbes auxiliaires « avoir » et « être ».
Exemple :   Il **a** mang**é** ; il **est** mont**é**.
On emploie le participe passé après un nom ; le participe passé a alors la valeur d'un **adjectif**.
Exemple : Le livre achet**é** au marché aux puces est beau.
N.B. : Bien sûr, le participe passé suit certaines règles d'accord qui font qu'on y ajoute parfois « e », « s » et « es ».
Exemple : Ils sont mont**és** au 17e étage. Les blouses achet**ées** aux puces sont jolies.
TEST :   On remplace le participe passé en « -é » par « vu » ou tout autre participe passé qui ne se termine pas par « -é ».

- er :   terminaison de **l'infinitif** pour les verbes du premier groupe. On utilise l'infinitif (-er) après un verbe autre que avoir et être.
Exemple :   Ils veulent pos**er** des questions au gourou.
On utilise l'infinitif (-er) après les prépositions « à », « de », « par », « pour », « sans ».
Exemple : Je travaille pour gagn**er** ma vie.
TEST :   On remplace le verbe du premier groupe par un verbe d'un autre groupe pour voir s'il faut mettre l'infinitif.
Exemple : Je travaille pour gagn**er** *(inf.)* ; je travaille pour réuss**ir** *(inf.)*.

- ez :   terminaison du **verbe conjugué** avec « vous ».
Exemple :   Vous croy**ez** aux preuves scientifiques.
TEST :   On remplace le verbe du premier groupe par un verbe d'un autre groupe pour déterminer s'il s'agit d'un verbe conjugué avec « vous ».
Exemple : Vous gagn**ez** ; vous réussiss**ez**.

ANNEXE 15 : LES VERBES RÉGULIERS ET LES PRINCIPAUX VERBES IRRÉGULIERS

Verbes réguliers en -er

parler
se laver

Verbes irréguliers en -er

acheter	bouger	envoyer
aller	commencer	essayer
appeler	ennuyer	lever

Verbes réguliers en -ir

finir

Verbes irréguliers en -ir

courir	mentir	sentir
cueillir	mourir	servir
dormir	offrir	sortir
fuir	ouvrir	tenir
haïr	partir	venir

Verbes irréguliers en -oir

s'asseoir	pleuvoir	savoir
devoir	pouvoir	voir
falloir	recevoir	vouloir

Verbes irréguliers en -re

attendre	dire	perdre
boire	écrire	plaire
conduire	éteindre	prendre
connaître	faire	rire
craindre	lire	suivre
croire	mettre	vivre

ANNEXE 16 : TABLEAU DES CONJUGAISONS

LES AUXILIAIRES

INFINITIF | avoir | **1**

PARTICIPE PASSÉ eu

INDICATIF

présent
j'	ai
tu	as
il (elle, on)	a
nous	avons
vous	avez
ils (elles)	ont

imparfait
j'	avais
tu	avais
il (elle, on)	avait
nous	avions
vous	aviez
ils (elles)	avaient

passé composé
j'	ai eu
tu	as eu
il (elle, on)	a eu
nous	avons eu
vous	avez eu
ils (elles)	ont eu

plus-que-parfait
j'	avais eu
tu	avais eu
il (elle, on)	avait eu
nous	avions eu
vous	aviez eu
ils (elles)	avaient eu

IMPÉRATIF

présent
[j']	x
[tu]	aie
[il (elle, on)]	x
[nous]	ayons
[vous]	ayez
[ils (elles)]	x

INFINITIF | être | **2**

PARTICIPE PASSÉ été

INDICATIF

présent
je	suis
tu	es
il (elle, on)	est
nous	sommes
vous	êtes
ils (elles)	sont

imparfait
j'	étais
tu	étais
il (elle, on)	était
nous	étions
vous	étiez
ils (elles)	étaient

passé composé
j'	ai été
tu	as été
il (elle, on)	a été
nous	avons été
vous	avez été
ils (elles)	ont été

plus-que-parfait
j'	avais été
tu	avais été
il (elle, on)	avait été
nous	avions été
vous	aviez été
ils (elles)	avaient été

IMPÉRATIF

présent
[j']	x
[tu]	sois
[il (elle, on)]	x
[nous]	soyons
[vous]	soyez
[ils (elles)]	x

LES VERBES PRONOMINAUX

INFINITIF | se laver | **P**

PARTICIPE PASSÉ lavé

INDICATIF

présent
je	me lave
tu	te laves
il (elle, on)	se lave
nous	nous lavons
vous	vous lavez
ils (elles)	se lavent

imparfait
je	me lavais
tu	te lavais
il (elle, on)	se lavait
nous	nous lavions
vous	vous laviez
ils (elles)	se lavaient

passé composé
je	me suis lavé (e)
tu	t'es lavé (e)
il (elle, on)	s'est lavé (e)
nous	nous sommes lavés (ées)
vous	vous êtes lavés (ées)
ils (elles)	se sont lavés (ées)

plus-que-parfait
je	m'étais lavé (e)
tu	t'étais lavé(e)
il (elle, on)	s'était lavé (e)
nous	nous étions lavés (ées)
vous	vous étiez lavés (ées)
ils (elles)	s'étaient lavés (ées)

IMPÉRATIF

présent
[j']	x
[tu]	lave-toi
[il (elle, on)]	x
[nous]	lavons-nous
[vous]	lavez-vous
[ils (elles)]	x

LES VERBES RÉGULIERS EN -ER

INFINITIF | parler | ❸

PARTICIPE PASSÉ parlé   ❸i

INDICATIF

présent			*imparfait*			*plus-que-parfait*	
je	parle		je	parlais		j'	avais parlé
tu	parles		tu	parlais		tu	avais parlé
il (elle, on)	parle		il (elle, on)	parlait		il (elle, on)	avait parlé
nous	parlons		nous	parlions*		nous	avions parlé
vous	parlez		vous	parliez*		vous	aviez parlé
ils (elles)	parlent		ils (elles)	parlaient		ils (elles)	avaient parlé

passé composé			**IMPÉRATIF**	
j'	ai parlé		*présent*	
tu	as parlé		[j']	x
il (elle, on)	a parlé		[tu]	parle
nous	avons parlé		[il (elle, on)]	x
vous	avez parlé		[nous]	parlons
ils (elles)	ont parlé		[vous]	parlez
			[ils (elles)]	x

* 3i : Attention aux verbes en –ier : nous étud**iions**, vous étud**iiez**.

LES VERBES IRRÉGULIERS EN -ER

INFINITIF | acheter | ❹

PARTICIPE PASSÉ acheté

INDICATIF

présent			*imparfait*			*plus-que-parfait*	
j'	achète		j'	achetais		j'	avais acheté
tu	achètes		tu	achetais		tu	avais acheté
il (elle, on)	achète		il (elle, on)	achetait		il (elle, on)	avait acheté
nous	achetons		nous	achetions		nous	avions acheté
vous	achetez		vous	achetiez		vous	aviez acheté
ils (elles)	achètent		ils (elles)	achetaient		ils (elles)	avaient acheté

passé composé			**IMPÉRATIF**	
j'	ai acheté		*présent*	
tu	as acheté		[j']	x
il (elle, on)	a acheté		[tu]	achète
nous	avons acheté		[il (elle, on)]	x
vous	avez acheté		[nous]	achetons
ils (elles)	ont acheté		[vous]	achetez
			[ils (elles)]	x

INFINITIF | aller | ❺

PARTICIPE PASSÉ allé

INDICATIF

présent			*imparfait*			*plus-que-parfait*	
je	**vais**		j'	allais		j'	étais allé (e)
tu	**vas**		tu	allais		tu	étais allé (e)
il (elle, on)	**va**		il (elle, on)	allait		il (elle, on)	était allé (e)
nous	allons		nous	allions		nous	étions allés (ées)
vous	allez		vous	alliez		vous	étiez allés (ées)
ils (elles)	**vont**		ils (elles)	allaient		ils (elles)	étaient allés (ées)

passé composé			**IMPÉRATIF**	
je	suis allé (e)		*présent*	
tu	es allé (e)		[j']	x
il (elle, on)	est allé (e)		[tu]	**va**
nous	sommes allés (ées)		[il (elle, on)]	x
vous	êtes allés (ées)		[nous]	allons
ils (elles)	sont allés (ées)		[vous]	allez
			[ils (elles)]	x

LES VERBES IRRÉGULIERS EN -ER

INFINITIF	**appeler** ⑥	*imparfait*		*plus-que-parfait*	
PARTICIPE PASSÉ	appelé	j'	appelais	j'	avais appelé
		tu	appelais	tu	avais appelé
INDICATIF		il (elle, on)	appelait	il (elle, on)	avait appelé
		nous	appelions	nous	avions appelé
présent		vous	appeliez	vous	aviez appelé
j'	appelle	ils (elles)	appelaient	ils (elles)	avaient appelé
tu	appelles				
il (elle, on)	appelle	*passé composé*		**IMPÉRATIF**	
nous	appelons	j'	ai appelé		
vous	appelez	tu	as appelé	*présent*	
ils (elles)	appellent	il (elle, on)	a appelé	[j']	x
		nous	avons appelé	[tu]	appelle
		vous	avez appelé	[il (elle, on)]	x
		ils (elles)	ont appelé	[nous]	appelons
				[vous]	appelez
				[ils (elles)]	x

INFINITIF	**bouger** ⑦	*imparfait*		*plus-que-parfait*	
PARTICIPE PASSÉ	bougé	je	bougeais	j'	avais bougé
		tu	bougeais	tu	avais bougé
INDICATIF		il (elle, on)	bougeait	il (elle, on)	avait bougé
		nous	bougions	nous	avions bougé
présent		vous	bougiez	vous	aviez bougé
je	bouge	ils (elles)	bougent	ils (elles)	avaient bougé
tu	bouges				
il (elle, on)	bouge	*passé composé*		**IMPÉRATIF**	
nous	bougeons	j'	ai parlé		
vous	bougez	tu	as bougé	*présent*	
ils (elles)	bougent	il (elle, on)	a bougé	[j']	x
		nous	avons bougé	[tu]	bouge
		vous	avez bougé	[il (elle, on)]	x
		ils (elles)	ont bougé	[nous]	bougeons
				[vous]	bougez
				[ils (elles)]	x

INFINITIF	**commencer** ⑧	*imparfait*		*plus-que-parfait*	
PARTICIPE PASSÉ	commencé	je	commençais	j'	avais commencé
		tu	commençais	tu	avais commencé
INDICATIF		il (elle, on)	commençait	il (elle, on)	avait commencé
		nous	commencions	nous	avions commencé
présent		vous	commenciez	vous	aviez commencé
je	commence	ils (elles)	commençaient	ils (elles)	avaient commencé
tu	commences				
il (elle, on)	commence	*passé composé*		**IMPÉRATIF**	
nous	commençons	j'	ai commencé		
vous	commencez	tu	as commencé	*présent*	
ils (elles)	commencent	il (elle, on)	a commencé	[j']	x
		nous	avons commencé	[tu]	commence
		vous	avez commencé	[il (elle, on)]	x
		ils (elles)	ont commencé	[nous]	commençons
				[vous]	commencez
				[ils (elles)]	x

LES VERBES IRRÉGULIERS EN -ER

INFINITIF **ennuyer** ❾

PARTICIPE PASSÉ ennuyé

INDICATIF

présent
j'   ennuie
tu   ennuies
il (elle, on)   ennuie
nous   ennuyons
vous   ennuyez
ils (elles)   ennuient

imparfait
j'   ennuyais
tu   ennuyais
il (elle, on)   ennuyait
nous   ennuyions
vous   ennuyiez
ils (elles)   ennuyaient

passé composé
j'   ai ennuyé
tu   as ennuyé
il (elle, on)   a ennuyé
nous   avons ennuyé
vous   avez ennuyé
ils (elles)   ont ennuyé

plus-que-parfait
j'   avais ennuyé
tu   avais ennuyé
il (elle, on)   avait ennuyé
nous   avions ennuyé
vous   aviez ennuyé
ils (elles)   avaient ennuyé

IMPÉRATIF

présent
[j']   x
[tu]   ennuie
[il (elle, on)] x
[nous]   ennuyons
[vous]   ennuyez
[ils (elles)]   x

INFINITIF **envoyer** ❿

PARTICIPE PASSÉ envoyé

INDICATIF

présent
j'   envoie
tu   envoies
il (elle, on)   envoie
nous   envoyons
vous   envoyez
ils (elles)   envoient

imparfait
j'   envoyais
tu   envoyais
il (elle, on)   envoyait
nous   envoyions
vous   envoyiez
ils (elles)   envoyaient

passé composé
j'   ai envoyé
tu   as envoyé
il (elle, on)   a envoyé
nous   avons envoyé
vous   avez envoyé
ils (elles)   ont envoyé

plus-que-parfait
j'   avais envoyé
tu   avais envoyé
il (elle, on)   avait envoyé
nous   avions envoyé
vous   aviez envoyé
ils (elles)   avaient envoyé

IMPÉRATIF

présent
[j']   x
[tu]   envoie
[il (elle, on)] x
[nous]   envoyons
[vous]   envoyez
[ils (elles)]   x

INFINITIF **espérer** ⓫

PARTICIPE PASSÉ espéré

INDICATIF

présent
j'   espère
tu   espères
il (elle, on)   espère
nous   espérons
vous   espérez
ils (elles)   espèrent

imparfait
j'   espérais
tu   espérais
il (elle, on)   espérait
nous   espérions
vous   espériez
ils (elles)   espéraient

passé composé
j'   ai espéré
tu   as espéré
il (elle, on)   a espéré
nous   avons espéré
vous   avez espéré
ils (elles)   ont espéré

plus-que-parfait
j'   avais espéré
tu   avais espéré
il (elle, on)   avait espéré
nous   avions espéré
vous   aviez espéré
ils (elles)   avaient espéré

IMPÉRATIF

présent
[j']   x
[tu]   espère
[il (elle, on)] x
[nous]   espérons
[vous]   espérez
[ils (elles)]   x

LES VERBES IRRÉGULIERS EN -ER

INFINITIF	essayer	⓬
PARTICIPE PASSÉ	essayé	

INDICATIF

présent

j'	essaie / essaye
tu	essaies / essayes
il (elle, on)	essaie / essaye
nous	essayons
vous	essayez
ils (elles)	essaient / essayent

imparfait

j'	essayais
tu	essayais
il (elle, on)	essayait
nous	essayions
vous	essayiez
ils (elles)	essayaient

passé composé

j'	ai essayé
tu	as essayé
il (elle, on)	a essayé
nous	avons essayé
vous	avez essayé
ils (elles)	ont essayé

plus-que-parfait

j'	avais essayé
tu	avais essayé
il (elle, on)	avait essayé
nous	avions essayé
vous	aviez essayé
ils (elles)	avaient essayé

IMPÉRATIF

présent

[j']	x
[tu]	essaie / essaye
[il (elle, on)]	x
[nous]	essayons
[vous]	essayez
[ils (elles)]	x

LES VERBES RÉGULIERS EN -IR

INFINITIF	finir	⓭
PARTICIPE PASSÉ	fini	

INDICATIF

présent

je	finis
tu	finis
il (elle, on)	finit
nous	finissons
vous	finissez
ils (elles)	finissent

imparfait

je	finissais
tu	finissais
il (elle, on)	finissait
nous	finissions
vous	finissiez
ils (elles)	finissaient

passé composé

j'	ai fini
tu	as fini
il (elle, on)	a fini
nous	avons fini
vous	avez fini
ils (elles)	ont fini

plus-que-parfait

j'	avais fini
tu	avais fini
il (elle, on)	avait fini
nous	avions fini
vous	aviez fini
ils (elles)	avaient fini

IMPÉRATIF

présent

[j']	x
[tu]	finis
[il (elle, on)]	x
[nous]	finissons
[vous]	finissez
[ils (elles)]	x

LES VERBES IRRÉGULIERS EN -IR

INFINITIF	acquérir	⓮
PARTICIPE PASSÉ	acquis	

INDICATIF

présent

j'	acquiers
tu	acquiers
il (elle, on)	acquiert
nous	acquérons
vous	acquérez
ils (elles)	acquièrent

imparfait

j'	acquérais
tu	acquérais
il (elle, on)	acquérait
nous	acquérions
vous	acquériez
ils (elles)	acquéraient

passé composé

j'	ai acquis
tu	as acquis
il (elle, on)	a acquis
nous	avons acquis
vous	avez acquis
ils (elles)	ont acquis

plus-que-parfait

j'	avais acquis
tu	avais acquis
il (elle, on)	avait acquis
nous	avions acquis
vous	aviez acquis
ils (elles)	avaient acquis

IMPÉRATIF

présent

[j']	x
[tu]	acquiers
[il (elle, on)]	x
[nous]	acquérons
[vous]	acquérez
[ils (elles)]	x

LES VERBES IRRÉGULIERS EN -IR

INFINITIF	**assaillir** ⓯	*imparfait*		*plus-que-parfait*	
PARTICIPE PASSÉ	assailli	j'	assaillais	j'	avais assailli
		tu	assaillais	tu	avais assailli
INDICATIF		il (elle, on)	assaillait	il (elle, on)	avait assailli
		nous	assaillions	nous	avions assailli
présent		vous	assailliez	vous	aviez assailli
j'	assaille	ils (elles)	assaillaient	ils (elles)	avaient assailli
tu	assailles				
il (elle, on)	assaille	*passé composé*		IMPÉRATIF	
nous	assaillons	j'	ai assailli		
vous	assaillez	tu	as assailli	*présent*	
ils (elles)	assaillent	il (elle, on)	a assailli	[j']	x
		nous	avons assailli	[tu]	assaille
		vous	avez assailli	[il (elle, on)]	x
		ils (elles)	ont assailli	[nous]	assaillons
				[vous]	assaillez
				[ils (elles)]	x

INFINITIF	**bouillir** ⓰	*imparfait*		*plus-que-parfait*	
PARTICIPE PASSÉ	bouilli	je	bouillais	j'	avais bouilli
		tu	bouillais	tu	avais bouilli
INDICATIF		il (elle, on)	bouillait	il (elle, on)	avait bouilli
		nous	bouillions	nous	avions bouilli
présent		vous	bouilliez	vous	aviez bouilli
je	bous	ils (elles)	bouillaient	ils (elles)	avaient bouilli
tu	bous				
il (elle, on)	bout	*passé composé*		IMPÉRATIF	
nous	bouillons	j'	ai bouilli		
vous	bouillez	tu	as bouilli	*présent*	
ils (elles)	bouillent	il (elle, on)	a bouilli	[je]	x
		nous	avons bouilli	[tu]	bous
		vous	avez bouilli	[il (elle, on)]	x
		ils (elles)	ont bouilli	[nous]	bouillons
				[vous]	bouillez
				[ils (elles)]	x

INFINITIF	**courir** ⓱	*imparfait*		*plus-que-parfait*	
PARTICIPE PASSÉ	couru	je	courais	j'	avais cou**r**u
		tu	courais	tu	avais cou**r**u
INDICATIF		il (elle, on)	courait	il (elle, on)	avait cou**r**u
		nous	courions	nous	avions cou**r**u
présent		vous	couriez	vous	aviez cou**r**u
je	cours	ils (elles)	couraient	ils (elles)	avaient cou**r**u
tu	cours				
il (elle, on)	court	*passé composé*		IMPÉRATIF	
nous	courons	j'	ai cou**r**u		
vous	courez	tu	as cou**r**u	*présent*	
ils (elles)	courent	il (elle, on)	a cou**r**u	[j']	x
		nous	avons cou**r**u	[tu]	cours
		vous	avez cou**r**u	[il (elle, on)]	x
		ils (elles)	ont cou**r**u	[nous]	courons
				[vous]	courez
				[ils (elles)]	x

LES VERBES IRRÉGULIERS EN -IR

INFINITIF	cueillir	**18**	*imparfait*		*plus-que-parfait*	
PARTICIPE PASSÉ	cueilli		je	cueillais	j'	avais cueilli
			tu	cueillais	tu	avais cueilli
INDICATIF			il (elle, on)	cueillait	il (elle, on)	avait cueilli
			nous	cueillions	nous	avions cueilli
présent			vous	cueilliez	vous	aviez cueilli
je	cueille		ils (elles)	cueillaient	ils (elles)	avaient cueilli
tu	cueilles					
il (elle, on)	cueille		*passé composé*		**IMPÉRATIF**	
nous	cueillons		j'	ai cueilli		
vous	cueillez		tu	as cueilli	*présent*	
ils (elles)	cueillent		il (elle, on)	a cueilli	[j']	x
			nous	avons cueilli	[tu]	cueille
			vous	avez cueilli	[il (elle, on)]	x
			ils (elles)	ont cueilli	[nous]	cueillons
					[vous]	cueillez
					[ils (elles)]	x

INFINITIF	dormir	**19**	*imparfait*		*plus-que-parfait*	
PARTICIPE PASSÉ	dormi		je	dormais	j'	avais dormi
			tu	dormais	tu	avais dormi
INDICATIF			il (elle, on)	dormait	il (elle, on)	avait dormi
			nous	dormions	nous	avions dormi
présent			vous	dormiez	vous	aviez dormi
je	dors		ils (elles)	dormaient	ils (elles)	avaient dormi
tu	dors					
il (elle, on)	dort		*passé composé*		**IMPÉRATIF**	
nous	dormons		j'	ai dormi		
vous	dormez		tu	as dormi	*présent*	
ils (elles)	dorment		il (elle, on)	a dormi	[j']	x
			nous	avons dormi	[tu]	dors
			vous	avez dormi	[il (elle, on)]	x
			ils (elles)	ont dormi	[nous]	dormons
					[vous]	dormez
					[ils (elles)]	x

INFINITIF	faillir	**20**	*imparfait*		*plus-que-parfait*	
PARTICIPE PASSÉ	failli		je		j'	avais failli
			tu		tu	avais failli
INDICATIF			il (elle, on)		il (elle, on)	avait failli
			nous		nous	avions failli
présent			vous		vous	aviez failli
je			ils (elles)		ils (elles)	avaient failli
tu						
il (elle, on)			*passé composé*		**IMPÉRATIF**	
nous			j'	ai failli		
vous			tu	as failli	*présent*	
ils (elles)			il (elle, on)	a failli	[je]	
			nous	avons failli	[tu]	
			vous	avez failli	[il (elle, on)]	
			ils (elles)	ont failli	[nous]	
					[vous]	
					[ils (elles)]	

LES VERBES IRRÉGULIERS EN -IR

INFINITIF fuir ㉑

PARTICIPE PASSÉ fui

INDICATIF

présent

je	fuis
tu	fuis
il (elle, on)	fuit
nous	fuyons
vous	fuyez
ils (elles)	fuient

imparfait

je	fuyais
tu	fuyais
il (elle, on)	fuyait
nous	fuyions
vous	fuyiez
ils (elles)	fuyaient

passé composé

j'	ai fui
tu	as fui
il (elle, on)	a fui
nous	avons fui
vous	avez fui
ils (elles)	ont fui

plus-que-parfait

j'	avais fui
tu	avais fui
il (elle, on)	avait fui
nous	avions fui
vous	aviez fui
ils (elles)	avaient fui

IMPÉRATIF

présent

[j']	x
[tu]	fuis
[il (elle, on)]	x
[nous]	fuyons
[vous]	fuyez
[ils (elles)]	x

INFINITIF haïr ㉒

PARTICIPE PASSÉ haï

INDICATIF

présent

je	hais
tu	hais
il (elle, on)	hait
nous	haïssons
vous	haïssez
ils (elles)	haïssent

imparfait

je	haïssais
tu	haïssais
il (elle, on)	haïssait
nous	haïssions
vous	haïssiez
ils (elles)	haïssaient

passé composé

j'	ai haï
tu	as haï
il (elle, on)	a haï
nous	avons haï
vous	avez haï
ils (elles)	ont haï

plus-que-parfait

j'	avais haï
tu	avais haï
il (elle, on)	avait haï
nous	avions haï
vous	aviez haï
ils (elles)	avaient haï

IMPÉRATIF

présent

[j']	x
[tu]	hais
[il (elle, on)]	x
[nous]	haïssons
[vous]	haïssez
[ils (elles)]	x

INFINITIF mourir ㉓

PARTICIPE PASSÉ mort

INDICATIF

présent

je	meurs
tu	meurs
il (elle, on)	meurt
nous	mourons
vous	mourez
ils (elles)	meurent

imparfait

je	mourais
tu	mourais
il (elle, on)	mourait
nous	mourions
vous	mouriez
ils (elles)	mouraient

passé composé

je	suis mort (e)
tu	es mort (e)
il (elle, on)	est mort (e)
nous	sommes morts (es)
vous	êtes morts (es)
ils (elles)	sont morts (es)

plus-que-parfait

j'	étais mort (e)
tu	étais mort (e)
il (elle, on)	était mort (e)
nous	étions morts (es)
vous	étiez morts (es)
ils (elles)	étaient morts (es)

IMPÉRATIF

présent

[j']	x
[tu]	meurs
[il (elle, on)]	x
[nous]	mourons
[vous]	mourez
[ils (elles)]	x

LES VERBES IRRÉGULIERS EN -IR

INFINITIF | ouvrir | **24**

PARTICIPE PASSÉ ouvert

INDICATIF

présent

j'	ouvre
tu	ouvres
il (elle, on)	ouvre
nous	ouvrons
vous	ouvrez
ils (elles)	ouvrent

imparfait

j'	ouvrais
tu	ouvrais
il (elle, on)	ouvrait
nous	ouvrions
vous	ouvriez
ils (elles)	ouvraient

passé composé

j'	ai ouvert
tu	as ouvert
il (elle, on)	a ouvert
nous	avons ouvert
vous	avez ouvert
ils (elles)	ont ouvert

plus-que-parfait

j'	avais ouvert
tu	avais ouvert
il (elle, on)	avait ouvert
nous	avions ouvert
vous	aviez ouvert
ils (elles)	avaient ouvert

IMPÉRATIF

présent

[j']	x
[tu]	ouvre
[il (elle, on)]	x
[nous]	ouvrons
[vous]	ouvrez
[ils (elles)]	x

INFINITIF | partir | **25**

PARTICIPE PASSÉ parti

INDICATIF

présent

je	pars
tu	pars
il (elle, on)	part
nous	partons
vous	partez
ils (elles)	partent

imparfait

je	partais
tu	partais
il (elle, on)	partait
nous	partions
vous	partiez
ils (elles)	partaient

passé composé

je	suis parti (e)
tu	es parti (e)
il (elle, on)	est parti (e)
nous	sommes partis (es)
vous	êtes partis (es)
ils (elles)	sont partis (es)

plus-que-parfait

j'	étais parti (e)
tu	étais parti (e)
il (elle, on)	était parti (e)
nous	étions partis (es)
vous	étiez partis (es)
ils (elles)	étaient partis (es)

IMPÉRATIF

présent

[j']	x
[tu]	pars
[il (elle, on)]	x
[nous]	partons
[vous]	partez
[ils (elles)]	x

INFINITIF | sentir | **26**

PARTICIPE PASSÉ senti

INDICATIF

présent

je	sens
tu	sens
il (elle, on)	sent
nous	sentons
vous	sentez
ils (elles)	sentent

imparfait

je	sentais
tu	sentais
il (elle, on)	sentait
nous	sentions
vous	sentiez
ils (elles)	sentaient

passé composé

j'	ai senti
tu	as senti
il (elle, on)	a senti
nous	avons senti
vous	avez senti
ils (elles)	ont senti

plus-que-parfait

j'	avais senti
tu	avais senti
il (elle, on)	avait senti
nous	avions senti
vous	aviez senti
ils (elles)	avaient senti

IMPÉRATIF

présent

[j']	x
[tu]	sens
[il (elle, on)]	x
[nous]	sentons
[vous]	sentez
[ils (elles)]	x

LES VERBES IRRÉGULIERS EN -IR

INFINITIF servir **27**

PARTICIPE PASSÉ servi

INDICATIF

présent

je	se**rs**
tu	se**rs**
il (elle, on)	se**rt**
nous	servons
vous	servez
ils (elles)	servent

imparfait

je	servais
tu	servais
il (elle, on)	servait
nous	servions
vous	serviez
ils (elles)	servaient

passé composé

j'	ai servi
tu	as servi
il (elle, on)	a servi
nous	avons servi
vous	avez servi
ils (elles)	ont servi

plus-que-parfait

j'	avais servi
tu	avais servi
il (elle, on)	avait servi
nous	avions servi
vous	aviez servi
ils (elles)	avaient servi

IMPÉRATIF

présent

[j']	x
[tu]	se**rs**
[il (elle, on)]	x
[nous]	servons
[vous]	servez
[ils (elles)]	x

INFINITIF tenir **28**

PARTICIPE PASSÉ tenu

INDICATIF

présent

je	**tiens**
tu	**tiens**
il (elle, on)	**tient**
nous	tenons
vous	tenez
ils (elles)	**tienn**ent

imparfait

je	tenais
tu	tenais
il (elle, on)	tenait
nous	tenions
vous	teniez
ils (elles)	tenaient

passé composé

j'	ai tenu
tu	as tenu
il (elle, on)	a tenu
nous	avons tenu
vous	avez tenu
ils (elles)	ont tenu

plus-que-parfait

j'	avais tenu
tu	avais tenu
il (elle, on)	avait tenu
nous	avions tenu
vous	aviez tenu
ils (elles)	avaient tenu

IMPÉRATIF

présent

[j']	x
[tu]	**tiens**
[il (elle, on)]	x
[nous]	tenons
[vous]	tenez
[ils (elles)]	x

INFINITIF venir **29**

PARTICIPE PASSÉ venu

INDICATIF

présent

je	**viens**
tu	**viens**
il (elle, on)	**vient**
nous	venons
vous	venez
ils (elles)	**vienn**ent

imparfait

je	venais
tu	venais
il (elle, on)	venait
nous	venions
vous	veniez
ils (elles)	venaient

passé composé

je	suis venu (e)
tu	es venu (e)
il (elle, on)	est venu (e)
nous	sommes venus (es)
vous	êtes venus (es)
ils (elles)	sont venus (es)

plus-que-parfait

j'	étais venu (e)
tu	étais venu (e)
il (elle, on)	était venu (e)
nous	étions venus (es)
vous	étiez venus (es)
ils (elles)	étaient venus (es)

IMPÉRATIF

présent

[j']	x
[tu]	**viens**
[il (elle, on)]	x
[nous]	venons
[vous]	venez
[ils (elles)]	x

LES VERBES IRRÉGULIERS EN -IR

INFINITIF	vêtir	**30**
PARTICIPE PASSÉ	vêtu	

INDICATIF

présent

je	vêts
tu	vêts
il (elle, on)	vêt
nous	vêtons
vous	vêtez
ils (elles)	vêtent

imparfait

je	vêtais
tu	vêtais
il (elle, on)	vêtait
nous	vêtions
vous	vêtiez
ils (elles)	vêtaient

passé composé

j'	ai vêtu
tu	as vêtu
il (elle, on)	a vêtu
nous	avons vêtu
vous	avez vêtu
ils (elles)	ont vêtu

plus-que-parfait

j'	avais vêtu
tu	avais vêtu
il (elle, on)	avait vêtu
nous	avions vêtu
vous	aviez vêtu
ils (elles)	avaient vêtu

IMPÉRATIF

présent

[je]	x
[tu]	vêts
[il (elle, on)]	x
[nous]	vêtons
[vous]	vêtons
[ils (elles)]	x

LES VERBES IRRÉGULIERS EN -OIR

INFINITIF	s'asseoir	**31**
PARTICIPE PASSÉ	assis	

INDICATIF

présent

je	m'assieds / m'assois
tu	t'assieds / t'assois
il (elle, on)	s'assied / s'assoit
nous	nous asseyons / assoyons
vous	vous asseyez / assoyez
ils (elles)	s'asseyent / s'assoient

imparfait

je	m'asseyais / m'assoyais
tu	t'asseyais / t'assoyais
il (elle, on)	s'asseyait / s'assoyait
nous	nous asseyions/assoyions
vous	vous asseyiez / assoyiez
ils (elles)	s'asseyaient / s'assoyaient

passé composé

je	me suis assis (e)
tu	t'es assis (e)
il (elle, on)	s'est assis (e)
nous	nous sommes assis (es)
vous	vous êtes assis (es)
ils (elles)	se sont assis (es)

plus-que-parfait

je	m'étais assis (e)
tu	t'étais assis (e)
il (elle, on)	s'était assis (e)
nous	nous étions assis (es)
vous	vous étiez assis (es)
ils (elles)	s'étaient assis (es)

IMPÉRATIF

présent

[j']	x
[tu]	assieds-toi / assois-toi
[il (elle, on)]	x
[nous]	asseyons-nous / assoyons-nous
[vous]	asseyez-vous / assoyez-vous
[ils (elles)]	x

INFINITIF	devoir	**32**
PARTICIPE PASSÉ	dû (due)	

INDICATIF

présent

je	dois
tu	dois
il (elle, on)	doit
nous	devons
vous	devez
ils (elles)	doivent

imparfait

je	devais
tu	devais
il (elle, on)	devait
nous	devions
vous	deviez
ils (elles)	devaient

passé composé

j'	ai dû
tu	as dû
il (elle, on)	a dû
nous	avons dû
vous	avez dû
ils (elles)	ont dû

plus-que-parfait

j'	avais dû
tu	avais dû
il (elle, on)	avait dû
nous	avions dû
vous	aviez dû
ils (elles)	avaient dû

IMPÉRATIF

présent

[j']	x
[tu]	dois
[il (elle, on)]	x
[nous]	devons
[vous]	devez
[ils (elles)]	x

LES VERBES IRRÉGULIERS EN -OIR

INFINITIF	**falloir**	33
PARTICIPE PASSÉ	fallu	

INDICATIF

présent

je	x
tu	x
il	faut
nous	x
vous	x
ils (elles)	x

imparfait

je	x
tu	x
il	fallait
nous	x
vous	x
ils (elles)	x

passé composé

j'	x
tu	x
il	a fallu
nous	x
vous	x
ils (elles)	x

plus-que-parfait

j'	x
tu	x
il	avait fallu
nous	x
vous	x
ils (elles)	x

IMPÉRATIF

présent

[j']	x
[tu]	x
[il]	x
[nous]	x
[vous]	x
[ils (elles)]	x

INFINITIF	**mouvoir**	34
PARTICIPE PASSÉ	mû	

INDICATIF

présent

je	meus
tu	meus
il (elle, on)	meut
nous	mouvons
vous	mouvez
ils (elles)	meuvent

imparfait

je	mouvais
tu	mouvais
il (elle, on)	mouvait
nous	mouvions
vous	mouviez
ils (elles)	mouvaient

passé composé

j'	ai mû
tu	as mû
il (elle, on)	a mû
nous	avons mû
vous	avez mû
ils (elles)	ont mû

plus-que-parfait

j'	avais mû
tu	avais mû
il (elle, on)	avait mû
nous	avions mû
vous	aviez mû
ils (elles)	avaient mû

IMPÉRATIF

présent

[je]	x
[tu]	meus
[il (elle, on)]	x
[nous]	mouvons
[vous]	mouvez
[ils (elles)]	x

INFINITIF	**pleuvoir**	35
PARTICIPE PASSÉ	plu	

INDICATIF

présent

je	x
tu	x
il	pleut
nous	x
vous	x
ils (elles)	pleuvent*

imparfait

je	x
tu	x
il	pleuvait
nous	x
vous	x
ils (elles)	pleuvaient*

passé composé

je	x
tu	x
il	a plu
nous	x
vous	x
ils (elles)	ont plu*

plus-que-parfait

je	x
tu	x
il	avait plu
nous	x
vous	x
ils (elles)	avaient plu*

IMPÉRATIF

présent

[j']	x
[tu]	x
[il]	x
[nous]	x
[vous]	x
[ils (elles)]	x

---

* Usité seulement au figuré.

LES VERBES IRRÉGULIERS EN -OIR

INFINITIF   pourvoir **36**

PARTICIPE PASSÉ   pourvu

INDICATIF

présent

je	pourvois
tu	pourvois
il (elle, on)	pourvoit
nous	pourvoyons
vous	pourvoyez
ils (elles)	pourvoient

imparfait

je	pourvoyais
tu	pourvoyais
il (elle, on)	pourvoyait
nous	pourvoyions
vous	pourvoyiez
ils (elles)	pourvoyaient

passé composé

j'	ai pourvu
tu	as pourvu
il (elle, on)	a pourvu
nous	avons pourvu
vous	avez pourvu
ils (elles)	ont pourvu

plus-que-parfait

j'	avais pourvu
tu	avais pourvu
il (elle, on)	avait pourvu
nous	avions pourvu
vous	aviez pourvu
ils (elles)	avaient pourvu

IMPÉRATIF

présent

[je]	x
[tu]	pourvois
[il (elle, on)]	x
[nous]	pourvoyons
[vous]	pourvoyez
[ils (elles)]	x

INFINITIF   pouvoir **37**

PARTICIPE PASSÉ   pu

INDICATIF

présent

je	peux / puis
tu	peux
il (elle, on)	peut
nous	pouvons
vous	pouvez
ils (elles)	peuvent

imparfait

je	pouvais
tu	pouvais
il (elle, on)	pouvait
nous	pouvions
vous	pouviez
ils (elles)	pouvaient

passé composé

j'	ai pu
tu	as pu
il (elle, on)	a pu
nous	avons pu
vous	avez pu
ils (elles)	ont pu

plus-que-parfait

j'	avais pu
tu	avais pu
il (elle, on)	avait pu
nous	avions pu
vous	aviez pu
ils (elles)	avaient pu

IMPÉRATIF

présent

[j']	x
[tu]	x
[il (elle, on)]	x
[nous]	x
[vous]	x
[ils (elles)]	x

INFINITIF   recevoir **38**

PARTICIPE PASSÉ   reçu

INDICATIF

présent

je	reçois
tu	reçois
il (elle, on)	reçoit
nous	recevons
vous	recevez
ils (elles)	reçoivent

imparfait

je	recevais
tu	recevais
il (elle, on)	recevait
nous	recevions
vous	receviez
ils (elles)	recevaient

passé composé

j'	ai reçu
tu	as reçu
il (elle, on)	a reçu
nous	avons reçu
vous	avez reçu
ils (elles)	ont reçu

plus-que-parfait

j'	avais reçu
tu	avais reçu
il (elle, on)	avait reçu
nous	avions reçu
vous	aviez reçu
ils (elles)	avaient reçu

IMPÉRATIF

présent

[j']	x
[tu]	reçois
[il (elle, on)]	x
[nous]	recevons
[vous]	recevez
[ils (elles)]	x

LES VERBES IRRÉGULIERS EN -OIR

INFINITIF **savoir** ❸❾

PARTICIPE PASSÉ su

INDICATIF

présent

je	s**ais**
tu	s**ais**
il (elle, on)	s**ait**
nous	savons
vous	savez
ils (elles)	savent

imparfait

je	savais
tu	savais
il (elle, on)	savait
nous	savions
vous	saviez
ils (elles)	savaient

passé composé

j'	ai s**u**
tu	as s**u**
il (elle, on)	a s**u**
nous	avons s**u**
vous	avez s**u**
ils (elles)	ont s**u**

plus-que-parfait

j'	avais **su**
tu	avais **su**
il (elle, on)	avait **su**
nous	avions **su**
vous	aviez **su**
ils (elles)	avaient **su**

IMPÉRATIF

présent

[j']	x
[tu]	sa**che**
[il (elle, on)]	x
[nous]	sa**ch**ons
[vous]	sa**ch**ez
[ils (elles)]	x

INFINITIF **valoir** ❹❶

PARTICIPE PASSÉ valu

INDICATIF

présent

je	vaux
tu	vaux
il (elle, on)	vaut
nous	valons
vous	valez
ils (elles)	valent

imparfait

je	valais
tu	valais
il (elle, on)	valait
nous	valions
vous	valiez
ils (elles)	valaient

passé composé

j'	ai valu
tu	as valu
il (elle, on)	a valu
nous	avons valu
vous	avez valu
ils (elles)	ont valu

plus-que-parfait

j'	avais valu
tu	avais valu
il (elle, on)	avait valu
nous	avions valu
vous	aviez valu
ils (elles)	avaient valu

IMPÉRATIF

présent

[je]	x
[tu]	vaux
[il (elle, on)]	x
[nous]	valons
[vous]	valez
[ils (elles)]	x

INFINITIF **voir** ❹❶

PARTICIPE PASSÉ vu

INDICATIF

présent

je	vois
tu	vois
il (elle, on)	voit
nous	voyons
vous	voyez
ils (elles)	voient

imparfait

je	voyais
tu	voyais
il (elle, on)	voyait
nous	voyions
vous	voyiez
ils (elles)	voyaient

passé composé

j'	ai vu
tu	as vu
il (elle, on)	a vu
nous	avons vu
vous	avez vu
ils (elles)	ont vu

plus-que-parfait

j'	avais vu
tu	avais vu
il (elle, on)	avait vu
nous	avions vu
vous	aviez vu
ils (elles)	avaient vu

IMPÉRATIF

présent

[j']	x
[tu]	vois
[il (elle, on)]	x
[nous]	voyons
[vous]	voyez
[ils (elles)]	x

LES VERBES IRRÉGULIERS EN -OIR

INFINITIF	vouloir	42
PARTICIPE PASSÉ	voulu	

INDICATIF

présent

je	veux
tu	veux
il (elle, on)	veut
nous	voulons
vous	voulez
ils (elles)	veulent

imparfait

je	voulais
tu	voulais
il (elle, on)	voulait
nous	voulions
vous	vouliez
ils (elles)	voulaient

passé composé

j'	ai voulu
tu	as voulu
il (elle, on)	a voulu
nous	avons voulu
vous	avez voulu
ils (elles)	ont voulu

plus-que-parfait

j'	avais voulu
tu	avais voulu
il (elle, on)	avait voulu
nous	avions voulu
vous	aviez voulu
ils (elles)	avaient voulu

IMPÉRATIF

présent

[j']	x
[tu]	veux / veuille
[il (elle, on)]	x
[nous]	voulons / veuillons
[vous]	voulez / veuillez
[ils (elles)]	x

LES VERBES IRRÉGULIERS EN -RE

INFINITIF	attendre	43
PARTICIPE PASSÉ	attendu	

INDICATIF

présent

j'	attends
tu	attends
il (elle, on)	attend
nous	attendons
vous	attendez
ils (elles)	attendent

imparfait

j'	attendais
tu	attendais
il (elle, on)	attendait
nous	attendions
vous	attendiez
ils (elles)	attendaient

passé composé

j'	ai attendu
tu	as attendu
il (elle, on)	a attendu
nous	avons attendu
vous	avez attendu
ils (elles)	ont attendu

plus-que-parfait

j'	avais attendu
tu	avais attendu
il (elle, on)	avait attendu
nous	avions attendu
vous	aviez attendu
ils (elles)	avaient attendu

IMPÉRATIF

présent

[j']	x
[tu]	attends
[il (elle, on)]	x
[nous]	attendons
[vous]	attendez
[ils (elles)]	x

INFINITIF	battre	44
PARTICIPE PASSÉ	battu	

INDICATIF

présent

je	bats
tu	bats
il (elle, on)	bat
nous	battons
vous	battez
ils (elles)	battent

imparfait

je	battais
tu	battais
il (elle, on)	battait
nous	battions
vous	battiez
ils (elles)	battaient

passé composé

j'	ai battu
tu	as battu
il (elle, on)	a battu
nous	avons battu
vous	avez battu
ils (elles)	ont battu

plus-que-parfait

j'	avais battu
tu	avais battu
il (elle, on)	avait battu
nous	avions battu
vous	aviez battu
ils (elles)	avaient battu

IMPÉRATIF

présent

[je]	x
[tu]	bats
[il (elle, on)]	x
[nous]	battons
[vous]	battez
[ils (elles)]	x

LES VERBES IRRÉGULIERS EN -RE

INFINITIF   boire   **45**

PARTICIPE PASSÉ **bu**

INDICATIF

présent
je	bois
tu	bois
il (elle, on)	boit
nous	bu**v**ons
vous	bu**v**ez
ils (elles)	boivent

imparfait
je	bu**v**ais
tu	bu**v**ais
il (elle, on)	bu**v**ait
nous	bu**v**ions
vous	bu**v**iez
ils (elles)	bu**v**aient

passé composé
j'	ai bu
tu	as bu
il (elle, on)	a bu
nous	avons bu
vous	avez bu
ils (elles)	ont bu

plus-que-parfait
j'	avais bu
tu	avais bu
il (elle, on)	avait bu
nous	avions bu
vous	aviez bu
ils (elles)	avaient bu

IMPÉRATIF

présent
[j']	x
[tu]	bois
[il (elle, on)]	x
[nous]	bu**v**ons
[vous]	bu**v**ez
[ils (elles)]	x

INFINITIF   clore   **46**

PARTICIPE PASSÉ **clos**

INDICATIF

présent
je	clos
tu	clos
il (elle, on)	clôt
nous	
vous	
ils (elles)	closent

imparfait
je	
tu	
il (elle, on)	
nous	
vous	
ils (elles)	

passé composé
j'	ai clos
tu	as clos
il (elle, on)	a clos
nous	avons clos
vous	avez clos
ils (elles)	ont clos

plus-que-parfait
j'	avais clos
tu	avais clos
il (elle, on)	avait clos
nous	avions clos
vous	aviez clos
ils (elles)	avaient clos

IMPÉRATIF

présent
[je]	x
[tu]	clos
[il (elle, on)]	x
[nous]	
[vous]	
[ils (elles)]	x

INFINITIF   conclure   **47**

PARTICIPE PASSÉ **conclu**

INDICATIF

présent
je	conclus
tu	conclus
il (elle, on)	conclut
nous	concluons
vous	concluez
ils (elles)	concluent

imparfait
je	concluais
tu	concluais
il (elle, on)	concluait
nous	concluions
vous	concluiez
ils (elles)	concluaient

passé composé
j'	ai conclu
tu	as conclu
il (elle, on)	a conclu
nous	avons conclu
vous	avez conclu
ils (elles)	ont conclu

plus-que-parfait
j'	avais conclu
tu	avais conclu
il (elle, on)	avait conclu
nous	avions conclu
vous	aviez conclu
ils (elles)	avaient conclu

IMPÉRATIF

présent
[je]	x
[tu]	conclus
[il (elle, on)]	x
[nous]	concluons
[vous]	concluez
[ils (elles)]	x

LES VERBES IRRÉGULIERS EN -RE

INFINITIF **conduire** 🔵48 | *imparfait* | | *plus-que-parfait*

PARTICIPE PASSÉ	conduit	je	conduisais	j'	avais conduit

INFINITIF **conduire** ●48

PARTICIPE PASSÉ conduit

INDICATIF

présent
je   conduis
tu   conduis
il (elle, on) conduit
nous   conduisons
vous   conduisez
ils (elles)   conduisent

imparfait
je   conduisais
tu   conduisais
il (elle, on) conduisait
nous   conduisions
vous   conduisiez
ils (elles)   conduisaient

passé composé
j'   ai conduit
tu   as conduit
il (elle, on) a conduit
nous   avons conduit
vous   avez conduit
ils (elles)   ont conduit

plus-que-parfait
j'   avais conduit
tu   avais conduit
il (elle, on) avait conduit
nous   avions conduit
vous   aviez conduit
ils (elles)   avaient conduit

IMPÉRATIF

présent
[j']   x
[tu]   conduis
[il (elle, on)] x
[nous]   conduisons
[vous]   conduisez
[ils (elles)] x

INFINITIF **connaître** ●49

PARTICIPE PASSÉ connu

INDICATIF

présent
je   connais
tu   connais
il (elle, on) connaît
nous   connaissons
vous   connaissez
ils (elles)   connaissent

imparfait
je   connaissais
tu   connaissais
il (elle, on) connaissait
nous   connaissions
vous   connaissiez
ils (elles)   connaissaient

passé composé
j'   ai connu
tu   as connu
il (elle, on) a connu
nous   avons connu
vous   avez connu
ils (elles)   ont connu

plus-que-parfait
j'   avais connu
tu   avais connu
il (elle, on) avait connu
nous   avions connu
vous   aviez connu
ils (elles)   avaient connu

IMPÉRATIF

présent
[j']   x
[tu]   connais
[il (elle, on)] x
[nous]   connaissons
[vous]   connaissez
[ils (elles)] x

INFINITIF **coudre** ●50

PARTICIPE PASSÉ cousu

INDICATIF

présent
je   couds
tu   couds
il (elle, on) coud
nous   cousons
vous   cousez
ils (elles)   cousent

imparfait
je   cousais
tu   cousais
il (elle, on) cousait
nous   cousions
vous   cousiez
ils (elles)   cousaient

passé composé
j'   ai cousu
tu   as cousu
il (elle, on) a cousu
nous   avons cousu
vous   avez cousu
ils (elles)   ont cousu

plus-que-parfait
j'   avais cousu
tu   avais cousu
il (elle, on) avait cousu
nous   avions cousu
vous   aviez cousu
ils (elles)   avaient cousu

IMPÉRATIF

présent
[je]   x
[tu]   couds
[il (elle, on)] x
[nous]   cousons
[vous]   cousez
[ils (elles)] x

LES VERBES IRRÉGULIERS EN -RE

INFINITIF | craindre | **51**

PARTICIPE PASSÉ craint

INDICATIF

présent

je	crains
tu	crains
il (elle, on)	craint
nous	craignons
vous	craignez
ils (elles)	craignent

imparfait

je	craignais
tu	craignais
il (elle, on)	craignait
nous	craignions
vous	craigniez
ils (elles)	craignaient

passé composé

j'	ai craint
tu	as craint
il (elle, on)	a craint
nous	avons craint
vous	avez craint
ils (elles)	ont craint

plus-que-parfait

j'	avais craint
tu	avais craint
il (elle, on)	avait craint
nous	avions craint
vous	aviez craint
ils (elles)	avaient craint

IMPÉRATIF

présent

[j']	x
[tu]	crains
[il (elle, on)]	x
[nous]	craignons
[vous]	craignez
[ils (elles)]	x

INFINITIF | croire | **52**

PARTICIPE PASSÉ cru

INDICATIF

présent

je	crois
tu	crois
il (elle, on)	croit
nous	croyons
vous	croyez
ils (elles)	croient

imparfait

je	croyais
tu	croyais
il (elle, on)	croyait
nous	croyions
vous	croyiez
ils (elles)	croyaient

passé composé

j'	ai cru
tu	as cru
il (elle, on)	a cru
nous	avons cru
vous	avez cru
ils (elles)	ont cru

plus-que-parfait

j'	avais cru
tu	avais cru
il (elle, on)	avait cru
nous	avions cru
vous	aviez cru
ils (elles)	avaient cru

IMPÉRATIF

présent

[j']	x
[tu]	crois
[il (elle, on)]	x
[nous]	croyons
[vous]	croyez
[ils (elles)]	x

INFINITIF | croître | **53**

PARTICIPE PASSÉ crû

INDICATIF

présent

je	croîs
tu	croîs
il (elle, on)	croît
nous	croissons
vous	croissez
ils (elles)	croissent

imparfait

je	croissais
tu	croissais
il (elle, on)	croissait
nous	croissions
vous	croissiez
ils (elles)	croissaient

passé composé

j'	ai crû
tu	as crû
il (elle, on)	a crû
nous	avons crû
vous	avez crû
ils (elles)	ont crû

plus-que-parfait

j'	avais crû
tu	avais crû
il (elle, on)	avait crû
nous	avions crû
vous	aviez crû
ils (elles)	avaient crû

IMPÉRATIF

présent

[je]	x
[tu]	croîs
[il (elle, on)]	x
[nous]	croissons
[vous]	croissez
[ils (elles)]	x

LES VERBES IRRÉGULIERS EN -RE

INFINITIF	dire	**54**
PARTICIPE PASSÉ	dit	
INDICATIF		

présent

je	dis
tu	dis
il (elle, on)	dit
nous	disons
vous	**dites (isez*)**
ils (elles)	disent

---

* S'écrit **-isez** pour les verbes suivants : contredire, dédire, interdire médire prédire

imparfait

je	disais
tu	disais
il (elle, on)	disait
nous	disions
vous	disiez
ils (elles)	disaient

passé composé

j'	ai dit
tu	as dit
il (elle, on)	a dit
nous	avons dit
vous	avez dit
ils (elles)	ont dit

plus-que-parfait

j'	avais dit
tu	avais dit
il (elle, on)	avait dit
nous	avions dit
vous	aviez dit
ils (elles)	avaient dit

IMPÉRATIF

présent

[j']	x
[tu]	dis
[il (elle, on)]	x
[nous]	disons
[vous]	**dites (isez*)**
[ils (elles)]	x

INFINITIF	distraire	**55**
PARTICIPE PASSÉ	distrait	
INDICATIF		

présent

je	distrais
tu	distrais
il (elle, on)	distrait
nous	distrayons
vous	distrayez
ils (elles)	distraient

imparfait

je	distrayais
tu	distrayais
il (elle, on)	distrayait
nous	distrayions
vous	distrayiez
ils (elles)	distrayaient

passé composé

j'	ai distrait
tu	as distrait
il (elle, on)	a distrait
nous	avons distrait
vous	avez distrait
ils (elles)	ont distrait

plus-que-parfait

j'	avais distrait
tu	avais distrait
il (elle, on)	avait distrait
nous	avions distrait
vous	aviez distrait
ils (elles)	avaient distrait

IMPÉRATIF

présent

[je]	x
[tu]	distrais
[il (elle, on)]	x
[nous]	distrayons
[vous]	distrayez
[ils (elles)]	x

INFINITIF	écrire	**56**
PARTICIPE PASSÉ	écrit	
INDICATIF		

présent

j'	écris
tu	écris
il (elle, on)	écrit
nous	écrivons
vous	écrivez
ils (elles)	écrivent

imparfait

j'	écrivais
tu	écrivais
il (elle, on)	écrivait
nous	écrivions
vous	écriviez
ils (elles)	écrivaient

passé composé

j'	ai écrit
tu	as écrit
il (elle, on)	a écrit
nous	avons écrit
vous	avez écrit
ils (elles)	ont écrit

plus-que-parfait

j'	avais écrit
tu	avais écrit
il (elle, on)	avait écrit
nous	avions écrit
vous	aviez écrit
ils (elles)	avaient écrit

IMPÉRATIF

présent

[j']	x
[tu]	écris
[il (elle, on)]	x
[nous]	écrivons
[vous]	écrivez
[ils (elles)]	x

LES VERBES IRRÉGULIERS EN -RE

INFINITIF [éteindre] **57**

PARTICIPE PASSÉ éteint

INDICATIF

présent

j'	éteins
tu	éteins
il (elle, on)	éteint
nous	étei**gn**ons
vous	étei**gn**ez
ils (elles)	étei**gn**ent

imparfait

j'	étei**gn**ais
tu	étei**gn**ais
il (elle, on)	étei**gn**ait
nous	étei**gn**ions
vous	étei**gn**iez
ils (elles)	étei**gn**aient

passé composé

j'	ai éteint
tu	as éteint
il (elle, on)	a éteint
nous	avons éteint
vous	avez éteint
ils (elles)	ont éteint

plus-que-parfait

j'	avais éteint
tu	avais éteint
il (elle, on)	avait éteint
nous	avions éteint
vous	aviez éteint
ils (elles)	avaient éteint

IMPÉRATIF

présent

[j']	x
[tu]	éteins
[il (elle, on)]	x
[nous]	étei**gn**ons
[vous]	étei**gn**ez
[ils (elles)]	x

INFINITIF [faire] **58**

PARTICIPE PASSÉ fait

INDICATIF

présent

je	fais
tu	fais
il (elle, on)	fait
nous	faisons
vous	fai**tes**
ils (elles)	font

imparfait

je	faisais
tu	faisais
il (elle, on)	faisait
nous	faisions
vous	faisiez
ils (elles)	faisaient

passé composé

j'	ai fait
tu	as fait
il (elle, on)	a fait
nous	avons fait
vous	avez fait
ils (elles)	ont fait

plus-que-parfait

j'	avais fait
tu	avais fait
il (elle, on)	avait fait
nous	avions fait
vous	aviez fait
ils (elles)	avaient fait

IMPÉRATIF

présent

[j']	x
[tu]	fais
[il (elle, on)]	x
[nous]	faisons
[vous]	fai**tes**
[ils (elles)]	x

INFINITIF [lire] **59**

PARTICIPE PASSÉ lu

INDICATIF

présent

je	lis
tu	lis
il (elle, on)	lit
nous	lisons
vous	lisez
ils (elles)	lisent

imparfait

je	lisais
tu	lisais
il (elle, on)	lisait
nous	lisions
vous	lisiez
ils (elles)	lisaient

passé composé

j'	ai **l**u
tu	as **l**u
il (elle, on)	a **l**u
nous	avons **l**u
vous	avez **l**u
ils (elles)	ont **l**u

plus-que-parfait

j'	avais **l**u
tu	avais **l**u
il (elle, on)	avait **l**u
nous	avions **l**u
vous	aviez **l**u
ils (elles)	avaient **l**u

IMPÉRATIF

présent

[j']	x
[tu]	lis
[il (elle, on)]	x
[nous]	lisons
[vous]	lisez
[ils (elles)]	x

LES VERBES IRRÉGULIERS EN -RE

INFINITIF **mettre** ❻⓪

PARTICIPE PASSÉ mis

INDICATIF

présent
je mets
tu mets
il (elle, on) met
nous mettons
vous mettez
ils (elles) mettent

imparfait
je mettais
tu mettais
il (elle, on) mettait
nous mettions
vous mettiez
ils (elles) mettaient

passé composé
j' ai mis
tu as mis
il (elle, on) a mis
nous avons mis
vous avez mis
ils (elles) ont mis

plus-que-parfait
j' avais mis
tu avais mis
il (elle, on) avait mis
nous avions mis
vous aviez mis
ils (elles) avaient mis

IMPÉRATIF

présent
[j'] x
[tu] mets
[il (elle, on)] x
[nous] mettons
[vous] mettez
[ils (elles)] x

INFINITIF **moudre** ❻①

PARTICIPE PASSÉ moulu

INDICATIF

présent
je mouds
tu mouds
il (elle, on) moud
nous moulons
vous moulez
ils (elles) moulent

imparfait
je moulais
tu moulais
il (elle, on) moulait
nous moulions
vous mouliez
ils (elles) moulaient

passé composé
j' ai moulu
tu as moulu
il (elle, on) a moulu
nous avons moulu
vous avez moulu
ils (elles) ont moulu

plus-que-parfait
j' avais moulu
tu avais moulu
il (elle, on) avait moulu
nous avions moulu
vous aviez moulu
ils (elles) avaient moulu

IMPÉRATIF

présent
[je] x
[tu] mouds
[il (elle, on)] x
[nous] moulons
[vous] moulez
[ils (elles)] x

INFINITIF **naître** ❻②

PARTICIPE PASSÉ né

INDICATIF

présent
je nais
tu nais
il (elle, on) naît
nous naissons
vous naissez
ils (elles) naissent

imparfait
je naissais
tu naissais
il (elle, on) naissait
nous naissions
vous naissiez
ils (elles) naissaient

passé composé
je suis né
tu es né
il (elle, on) est né
nous sommes nés
vous êtes nés
ils (elles) sont nés

plus-que-parfait
je étais né
tu étais né
il (elle, on) était né
nous étions nés
vous étiez nés
ils (elles) étaient nés

IMPÉRATIF

présent
[je] x
[tu] nais
[il (elle, on)] x
[nous] naissons
[vous] naissez
[ils (elles)] x

LES VERBES IRRÉGULIERS EN -RE

INFINITIF	plaire	63
PARTICIPE PASSÉ	plu	

INDICATIF

présent

je	plais
tu	plais
il (elle, on)	plaît
nous	plaisons
vous	plaisez
ils (elles)	plaisent

imparfait

je	plaisais
tu	plaisais
il (elle, on)	plaisait
nous	plaisions
vous	plaisiez
ils (elles)	plaisaient

passé composé

j'	ai plu
tu	as plu
il (elle, on)	a plu
nous	avons plu
vous	avez plu
ils (elles)	ont plu

plus-que-parfait

j'	avais plu
tu	avais plu
il (elle, on)	avait plu
nous	avions plu
vous	aviez plu
ils (elles)	avaient plu

IMPÉRATIF

présent

[j']	x
[tu]	plais
[il (elle, on)]	x
[nous]	plaisons
[vous]	plaisez
[ils (elles)]	x

INFINITIF	prendre	64
PARTICIPE PASSÉ	pris	

INDICATIF

présent

je	prends
tu	prends
il (elle, on)	prend
nous	prenons
vous	prenez
ils (elles)	prennent

imparfait

je	prenais
tu	prenais
il (elle, on)	prenait
nous	prenions
vous	preniez
ils (elles)	prenaient

passé composé

j'	ai pris
tu	as pris
il (elle, on)	a pris
nous	avons pris
vous	avez pris
ils (elles)	ont pris

plus -que-parfait

j'	avais pris
tu	avais pris
il (elle, on)	avait pris
nous	avions pris
vous	aviez pris
ils (elles)	avaient pris

IMPÉRATIF

présent

[j']	x
[tu]	prends
[il (elle, on)]	x
[nous]	prenons
[vous]	prenez
[ils (elles)]	x

INFINITIF	résoudre	65
PARTICIPE PASSÉ	résous	

INDICATIF

présent

je	résous
tu	résous
il (elle, on)	résout
nous	résolvons
vous	résolvez
ils (elles)	résolvent

imparfait

je	résolvais
tu	résolvais
il (elle, on)	résolvait
nous	résolvions
vous	résolviez
ils (elles)	résolvaient

passé composé

j'	ai résous
tu	as résous
il (elle, on)	a résous
nous	avons résous
vous	avez résous
ils (elles)	ont résous

plus-que-parfait

j'	avais résous
tu	avais résous
il (elle, on)	avait résous
nous	avions résous
vous	aviez résous
ils (elles)	avaient résous

IMPÉRATIF

présent

[je]	x
[tu]	résous
[il (elle, on)]	x
[nous]	résolvons
[vous]	résolvez
[ils (elles)]	x

LES VERBES IRRÉGULIERS EN -RE

INFINITIF	**rire**	66
PARTICIPE PASSÉ	ri	

INDICATIF

présent

je	ris
tu	ris
il (elle, on)	rit
nous	rions
vous	riez
ils (elles)	rient

imparfait

je	riais
tu	riais
il (elle, on)	riait
nous	riions
vous	riiez
ils (elles)	riaient

passé composé

j'	ai ri
tu	as ri
il (elle, on)	a ri
nous	avons ri
vous	avez ri
ils (elles)	ont ri

plus-que-parfait

j'	avais ri
tu	avais ri
il (elle, on)	avait ri
nous	avions ri
vous	aviez ri
ils (elles)	avaient ri

IMPÉRATIF

présent

[j']	x
[tu]	ris
[il (elle, on)]	x
[nous]	rions
[vous]	riez
[ils (elles)]	x

INFINITIF	**rompre**	67
PARTICIPE PASSÉ	rompu	

INDICATIF

présent

je	romps
tu	romps
il (elle, on)	rompt
nous	rompons
vous	rompez
ils (elles)	rompent

imparfait

je	rompais
tu	rompais
il (elle, on)	rompait
nous	rompions
vous	rompiez
ils (elles)	rompaient

passé composé

j'	ai rompu
tu	as rompu
il (elle, on)	a rompu
nous	avons rompu
vous	avez rompu
ils (elles)	ont rompu

plus-que-parfait

j'	avais rompu
tu	avais rompu
il (elle, on)	avait rompu
nous	avions rompu
vous	aviez rompu
ils (elles)	avaient rompu

IMPÉRATIF

présent

[j']	x
[tu]	romps
[il (elle, on)]	x
[nous]	rompons
[vous]	rompez
[ils (elles)]	x

INFINITIF	**suffire**	68
PARTICIPE PASSÉ	suffi	

INDICATIF

présent

je	suffis
tu	suffis
il (elle, on)	suffit
nous	suffisons
vous	suffisez
ils (elles)	suffisent

imparfait

je	suffisais
tu	suffisais
il (elle, on)	suffisait
nous	suffisions
vous	suffisiez
ils (elles)	suffisaient

passé composé

j'	ai suffi
tu	as suffi
il (elle, on)	a suffi
nous	avons suffi
vous	avez suffi
ils (elles)	ont suffi

plus-que-parfait

j'	avais suffi
tu	avais suffi
il (elle, on)	avait suffi
nous	avions suffi
vous	aviez suffi
ils (elles)	avaient suffi

IMPÉRATIF

présent

[je]	x
[tu]	suffis
[il (elle, on)]	x
[nous]	suffisons
[vous]	suffisez
[ils (elles)]	x

LES VERBES IRRÉGULIERS EN -RE

INFINITIF	suivre	**69**

PARTICIPE PASSÉ	suivi

INDICATIF

présent

je	suis
tu	suis
il (elle, on)	suit
nous	suivons
vous	suivez
ils (elles)	suivent

imparfait

je	suivais
tu	suivais
il (elle, on)	suivait
nous	suivions
vous	suiviez
ils (elles)	suivaient

passé composé

j'	ai suivi
tu	as suivi
il (elle, on)	a suivi
nous	avons suivi
vous	avez suivi
ils (elles)	ont suivi

plus-que-parfait

j'	avais suivi
tu	avais suivi
il (elle, on)	avait suivi
nous	avions suivi
vous	aviez suivi
ils (elles)	avaient suivi

IMPÉRATIF

présent

[j']	x
[tu]	suis
[il (elle, on)]	x
[nous]	suivons
[vous]	suivez
[ils (elles)]	x

INFINITIF	vaincre	**70**

PARTICIPE PASSÉ	vaincu

INDICATIF

présent

je	vaincs
tu	vaincs
il (elle, on)	vainc
nous	vainquons
vous	vainquez
ils (elles)	vainquent

imparfait

je	vainquais
tu	vainquais
il (elle, on)	vainquait
nous	vainquions
vous	vainquiez
ils (elles)	vainquaient

passé composé

j'	ai vaincu
tu	as vaincu
il (elle, on)	a vaincu
nous	avons vaincu
vous	avez vaincu
ils (elles)	ont vaincu

plus-que-parfait

j'	avais vaincu
tu	avais vaincu
il (elle, on)	avait vaincu
nous	avions vaincu
vous	aviez vaincu
ils (elles)	avaient vaincu

IMPÉRATIF

présent

[je]	x
[tu]	vaincs
[il (elle, on)]	x
[nous]	vainquons
[vous]	vainquez
[ils (elles)]	x

INFINITIF	vivre	**71**

PARTICIPE PASSÉ	vécu

INDICATIF

présent

je	vis
tu	vis
il (elle, on)	vit
nous	vivons
vous	vivez
ils (elles)	vivent

imparfait

je	vivais
tu	vivais
il (elle, on)	vivait
nous	vivions
vous	viviez
ils (elles)	vivaient

passé composé

j'	ai vécu
tu	as vécu
il (elle, on)	a vécu
nous	avons vécu
vous	avez vécu
ils (elles)	ont vécu

plus-que-parfait

j'	avais vécu
tu	avais vécu
il (elle, on)	avait vécu
nous	avions vécu
vous	aviez vécu
ils (elles)	avaient vécu

IMPÉRATIF

présent

[j']	x
[tu]	vis
[il (elle, on)]	x
[nous]	vivons
[vous]	vivez
[ils (elles)]	x

ANNEXE 17 : LISTE ALPHABÉTIQUE DES VERBES

Le nombre qui suit chacun des verbes, renvoie au tableau des conjugaisons corrrespondant. La lettre « P » renvoie au tableau des conjugaisons de la forme pronominale.

LE CORRIGÉ

Module 1 : Les rêves
Chapitre 2 : La boîte à outils

Pré-test
Partie 1
1. chantons, chantes / 2. réussis, réussissent / 3. vendez, vendent / 4. appelons, appelle / 5. essayez, essaie
Partie 2
1. travaille / 2. rêvent / 3. commande / 4. bougent / 5. protègent.

Exercice 2.1
1. envoie, envoyer (inf. 1er gr.) / 2. finit, finir (inf. 2e gr.) / 3. établit, établir (inf. 2e gr.) / 4. classe, classer (inf. 1er gr.) / 5. dormons, dormir (autres) / 6. bougent, bouger (inf. 1er gr.) / 7. reste, rester (inf. 1er gr.) / 8. rend, rendre (inf. 3e gr.) / 9. vendent, vendre (inf. 3e gr.) / 10. s'interroge, s'interroger (inf. 1er gr.)

Exercice 2.2
<u>savants</u> **pensent** - <u>nous</u> **organisons** - <u>sommeil</u> **se divise** - <u>Nous</u> **rêvons** - <u>on</u> **appelle**

Exercice 2.3
Le sommeil se divise (3e s.) / 2. Nous rêvons (1re, p.) / 3. on est (3e s.), on rêve (3e s.) / 4. Notre corps est engourdi (3e s.) / 5. Vous rêvez (2e, p) / 6. je me souviens (1re, s.) / 7. Il déploie (3e s.) / 8. ils protègent (3e p.) / 9. nous rêvons (1re, p.), nous dormons (1re, p) / 10. Vous recevez (2e, p.)

Exercice 2.4
A. 1. rêvons, rêve / 2. commences, commençons / 3. bouge, bougeons / 4. déployons, déploient / 5. achetez, achète.
B. 6. appelez, appelle / 7. jetons, jette / 8. espérons, espèrent / 9. inquiétez, inquiètes / 10. élèvent, élève

Exercice 2.5
1. grandis, grandissez / 2. obéis, obéissons / 3. punit, punissent / 4. réfléchit, réfléchissons / 5. réussit, réussissent

Exercice 2.6
1. vends, vendent / 2. perd, perdez / 3. répond, répondons / 4. rends, rendent / 5. prenons, prennent

Exercice 2.7
1. <u>rêve</u>, rêvent / 2.-3. <u>échappe</u>, échappons, échappent / 4. <u>protègent</u> / protégeons / 5.-6. <u>cessez</u>, cesse, cessent / 7.-8. <u>essaient</u>, essaie, essayez / 9.-10. <u>rappelons</u>, rappellent, rappelez

Exercice 2.8
1. varie / 2.-3. augmentent, diminuent / 4. cause / 5.-6. finit, demeurons / 7. réussissent / 8.-9. hibernent, tombent / 10. accumule

Exercice 2.9
1. nous réveillons / 2. nous rappelons / 3. se divise / 4. se caractérisent / 5. ne t'actives pas

Exercice 2.10
1. Les, aux / 2. Le, au / 3. la, du, le / 4. l', du / 5. Au, du.

Exercice 2.11
1. de la, de / 2. des, de / 3. de la, de / 4. du, de / 5. du, de.

Post-test
Partie 1
1. aidons, aides / 2. finis, finissent / 3. perdez, perds / 4. envoyons, envoies / 5. vous appelez, m'appelle
Partie 2
1. entraînent / 2. Agissent / 3. me couche / 4. Voyageons / 5. règle

Exercice 2.16
Savants (n.), nous (pron.), eux (pron.), divise (v.), dans (prép.), très (adv.), paradoxal (adj.), toutes (adj.), temps (n.), chaque (dét.), premier (adj.), Le (art.), durer (v.).

Exercice 2.18 (Reconstitution de texte)

On ne sait **pas** vraiment ce qui cause les rêves, et encore moins à quoi **ils** servent. Il y a quand même plusieurs hypothèses. En voici deux.

Selon certains psychologues, nos rêves décrivent nos désirs refoulés. Ils sont pleins de symboles qu'on peut décoder. Mais maintenant qu'on sait que **les** animaux rêvent, certains trouvent que cette théorie n'a plus beaucoup de sens. Il est difficile d'imaginer que les chats et **les** chiens ont **des** désirs refoulés ou qu'**ils** voient des symboles.

D'autres pensent que les rêves sont simplement des résidus de notre pensée : des choses, importantes ou banales, s'impriment dans notre cerveau pendant la journée. Elles ressurgissent alors dans notre sommeil. Durant la phase MOR (Mouvements Oculaires Rapides), le cerveau va récupérer toutes sortes de souvenirs et les assembler un peu au hasard. Cela explique pourquoi les rêves sont si bizarres. D'après les partisans de cette théorie, nos rêves n'ont donc pas de signification importante . Bref, ils ne servent pas à grand-chose... « Si les rêves sont si importants , pourquoi on ne s'en souvient pas ? »

Module 2 : La télévision ou la vie
Chapitre 2 : La boîte à outils

Pré-test
Partie 1
1. allons / 2. fais / 3. dites / 4. vient / 5. vois / 6. vas / 7. font / 8. disent / 9. viennent / 10. voyez
Partie 2
1. Aide, N'aide pas / 2. Définissons, Ne définissons pas / 3. Vendez, Ne vendez pas / 4. Viens, Ne viens pas / 5. Penchez-vous, Ne vous penchez pas
Partie 3
1. bat / 2. connaît / 3. veulent / 4. faites / 5. Prenez

Exercice 2.1
grandissent, reste, varient, est, s'agit, rend, devient, peut, disent, détruit.
(er) : rester, varier / (ir) : grandir / (re) : rendre / (autres) : être, devenir, pouvoir, dire, détruire / (pronominaux) : s'agir

Exercice 2.2
télévision demeure, **journaux** restent, **Cela** s'explique, **image** fascine, **ils** trouvent

Exercice 2.3
La télévision ne rend pas (3ᵉ s.) / 2. Nous pouvons (1ʳᵉ p.) / 3. Les sondages montrent (3ᵉ p.) / 4. Vous faites (2ᵉ p.) / 5. tu choisis (2ᵉ s.)

Exercice 2.4
Partie A
1. bats, bat / 2. prends, prennent / 3. écrivez, écris / 4. est, sont / 5. as, avez.
Partie B
6. viens, allons / 7. vois, voit / 8. voulons, veux / 9. ouvre, ouvrez / 10. vas, vais.

Exercice 2.5
1. Publiez, Ne publiez pas / 2. Réussissons, Ne réussissons pas / 3. Vendez, Ne vendez pas / 4. Soyez, Ne soyez pas / 5. Dépêche-toi, Ne te dépêche pas

Exercice 2.6
croient, croyons (Nous), crois (Tu) / 2. Disent, dites (Vous), dis (Je) / 3. Eblouissent, éblouit (image), éblouissez (amis) / 4. Connaît, connaissons (Nous), connaissent (Berthelot et d'autres experts) / 5. Préfèrent, préfère (Il), préférons (Nous).

Exercice 2.7
Partie A
est / 1. apprend / 2. fournit. / 3. commence / 4. ne veut pas / 5. vient / 6. grandit / 7-8. sont, a / 9. ne font pas / 10. n'ont pas

Partie B

11-12. ignorent, voient / 13. comprend / 14. interprète / 15. n'a pas / 16. ne peut pas / 17. dépend / 18. peut-il / 19. savent / 20. finissent

Exercice 2.8

Partie A

Ecoute, arrête / regarde / Prends, barbouille / écris / dors, ronfle

Partie B (suite)

Passez, arrêtez / allez, relisez, ouvrez, faites / dormez, faites / soyez, apportez, étudiez / refusez, dites / Ajoutez / faites / es, dépêchons, sortons

Exercice 2.10

1. Encouragez-**la**. / 2. Aidez-**le** à comprendre. / 3. Faites-**les** ressortir. / 4. Montrez-**lui** la nécessité de choisir. / 5. Apprenez-**leur** les mots pour parler de la télévision.

Post-test

Partie 1

1. mets , mettent / 2. vendons , vends / 3. écris , écrivez / 4. veut , veulent / 5. êtes , sont

Partie 2

1. Aide Jean !, N'aide pas Jean ! / 2. Définissez la question !, Ne définissez pas la question ! / 3. Vendons l'œuf !, Ne vendons pas l'œuf ! / 4. Deviens célèbre !, Ne deviens pas célèbre ! / 5. Cachez-vous !, Ne vous cachez pas !

Partie 3

1. sont / 2. doivent / 3. Sachez / 4. réussit / 5. Couchez-vous

Exercice 2.15

1. des / 2. de / 3. du / 4. de / 5. de l' / 6. des / 7. de / 8. de / 9. des / 10. de / 11. de / 12. de / 13.-14. de la, de / 15. de

Exercice 2.16

Un (art.) / personnes (n.) / à (prép.) / violence (n.) / la (art.) / nationale (adj.) / et (conj.) / sont (v.) / très (adv.) / ils (pron.) / intensives (adj.) / contrôle (n.).

Exercice 2.18 (Reconstitution de texte)

En règle générale, dans les *Reality shows*, l'histoire n'a pas de scénario. Et les personnages ne sont pas les mêmes d'une émission à l'autre. Le spectateur n'a **pas** ainsi le temps de les connaître et de s'attacher à eux. Les budgets de production rest**ent** inférieurs à ceux des émissions de séries ordinaires. Les scènes en direct peuv**ent** être intéressantes ou ennuyeuses parce que **la** réalité est imprévisible. Les histoires de police en direct entr**ent** dans cette catégorie.

Il ne faut pas croire non plus que les émissions de télé-vérité représent**ent** fidèlement la vie de tous les jours. Prenons le cas d'un policier typique. Il travaille de 9 heures à 17 heures, et les événements excitants, comme ceux qui sont représentés à **la** télévision, il les rencontre rarement. La représentation fidèle **du** travail d'un policier ennuierait profondément les spectateurs. Ce que ceux-ci cherch**ent**, ce n'est pas la réalité elle-même, mais une sélection de la réalité. Il**s** veulent l'évasion **et** l'aventure : ils veul**ent** sortir de leur routine et voir **des** choses hors de l'ordinaire.

Module 3 : Le monde interlope
Chapitre 2 : La boîte à outils

Pré-test

Partie 1

J'ai trouvé, Je n'ai pas trouvé / Tu as réfléchi, Tu n'as pas réfléchi / Il a vendu, Il n'a pas vendu / Nous avons eu, Nous n'avons pas eu / Ils ont été, Ils n'ont pas été

Partie 2

ai fait / ai préparé / ai lavé / ai fini / suis sorti(e)

Exercice 2.1

1. a étudié, a, étudié, étudier / 2. a appris, a, appris, apprendre / 3. a fini, a, fini, finir / 4. ont répondu, ont, répondu, répondre / 5. se sont rassemblés, sont, rassemblés, se rassembler

Exercice 2.2

1. Je rougis, rougir, rougi, ai, J'ai rougi / 2. Vous perdez, perdre, perdu, avez, Vous avec perdu / 3. Elle a, avoir, eu, a, Elle a eu / 4. Ils sont, être, été, ont, Ils ont été / 5. Tu vas, aller, allé, es, Tu es allé

Exercice 2.3

1. Nous ne finissons pas, finir, fini, avons, Nous n'avons pas fini / 2. Vous ne vendez pas, vendre, vendu, avez, Vous n'avez pas vendu / 3. Elle ne sait pas, savoir, su, a, Elle n'a pas su / 4. Tu ne peux pas, pouvoir, pu, as, Tu n'as pas pu / 5. Je ne pars pas, partir, parti, suis, Je ne suis pas parti

Exercice 2.4

1. Je me suis habillé / 2. Il s'est intéressé / 3. Ils se sont rappelé / 4. Vous vous êtes introduit / 5. Je ne me suis pas absenté

Exercice 2.5

1.-2.-3. est, est, est / 4. a / 5.-6. est, a / 7.-8. a, est / 9.-10. a, a / 11.-12. est, est.

Exercice 2.6

1. Nous, avons écouté, avoir, écouté, (non) / 2. Nous, sommes montés, être, monté, (oui) / 3. Ils, ont libéré, avoir, libéré, (non) / 4. Elle, est descendue, être, descendu, (oui) / 5. Dolorès, a attrapé, avoir, attrapé, (non) / 6. Nous, avons frappé, avoir, frappé, (non) / 7. Elles, sont parties, être, parti, (oui) / 8. Nous, avons tourné, avoir, tourné, (non) / 9. Je, ai mangées, avoir, mangé, (oui) / 10. Ils, se sont levés, être, levé, (oui)
F. Utilisation du passé composé ou de l'imparfait.
Question 1 : Le passé composé / Question 2 : L'imparfait / Question 3 : Le passé composé / Question 4 : L'imparfait / Question 5 : L'imparfait

Exercice 2.7

It *was raining*. - É-D - imparfait / He *took* his umbrella. - AP -passé composé / He *locked* the house and *went* out. - AP - passé composé (2) / His car, an old Buick, *was* across the street. - É-D - imparfait / He *tried* to start it but it *was* too wet. - AP - É-D - Passé composé ; imparfait

Exercice 2.10

1. Il a pris / 2. Il a commencé / 3. Il a brûlé / 4. Un agent l'a arrêté / 5. Il a fait des reproches

Exercice 2.11

1. Je voulais / 2. J'ai téléphoné / 3. Je lui ai demandé / 4. Nous avons pris / 5. Je suis sortie / 6. J'ai pris / 7. Je suis arrivée / 8. J'ai vu / 9. Nous sommes entrées / 10-11. Le garçon est arrivé, et nous avons commandé / 12. Nous avons bien mangé / 13. Nous avons payé / 14. Le repas était exquis / 15. Nous étions contentes.

Exercice 2.12

1. On est rentré tout de suite. / 2. J'ai trop mangé. / 3. Nous avons beaucoup parlé. / 4. Ils ont toujours chanté. / 5. Tu es déjà parti

Post-test
Partie 1

J'ai été, Je n'ai pas été / Tu as marché, Tu n'as pas marché / Il a eu, Il n'a pas eu / Nous avons fini, Nous n'avons pas fini / Ils ont pris, Ils n'ont pas pris

Partie 2

1. avons accompli / 2. avons fait / 3. avons nettoyé / 4. sommes allés / 5. sommes rentrés.

Exercice 2.18

immense (FS) / inquiétant (MS) / aiguë (FS) / première (FS) / fort (MS) / alarmant (MS) / douillette (FS) / incessants (MP) / amère (FS) / impossible (FS) / grande (FS) / entrouverte (FS) / masqué (MS) / gigantesque (MS) / vifs (MP) / impitoyable / (MS) / menaçant (MS)

Exercice 2.19

1. différente, lourde, courte, fermée, importante, allemande, dure, contente, nationale / 2. chère, entière, première, altière, étrangère, dernière / 3. neuve, active, attentive, compétitive, primitive / 4. éternelle, sotte, formelle, ancienne, grosse, muette, pareille, cruelle, bonne / 5. trompeuse, peureuse, menteuse, heureuse, rêveuse, créatrice, conservatrice / 6. blanche, sèche, franche / 7. complète, secrète, discrète, inquiète / 8. vieille, fraîche, longue, publique, brève, gentille, favorite

Exercice 2.20

1. ronde / 2. blanches / 3. vive / 4. furieuse / 5. épuisées/ 6. dangereuse / 7. nationales / 8. Énervée / 9. sèche / 10. égales

Exercice 2.21

1. Elle est attentive / 2. les principales villes / 3. Cette chemise est neuve / 4. Votre bière est-elle légère ? / 5. la semaine prochaine / 6. un camion brésilien / 7. Les filles sont-elles plus paresseuses ? / 8. de la viande fraîche / 9. des personnes discrètes. / 10. interlocuteur franc

Exercice 2.22

1. Pourquoi sont-elles si sérieuses ? / 2. Ces voitures semblent luxueuses / 3. Les professeures sont fières de leurs classes. / 4. Elles paraissent fatiguées et tristes. / 5. Ce ne sont pas des monuments nationaux.

Exercice 2.25

Le, (art.) / le, (pron.) / sans, (prép.) / fois, (n.) / parti (p.p) / était (v.) / seul (n.) / de, (prép.) / Soudain, (adv.) / s', (pron.)

Exercice 2.26

1. avons peur / 2. bougeons / 3. restons / 4. sois / 5. deviennent / 6. faites / 7. voulez / 8. ayez / 9. s'en fout / 10. laisse / 11. savent / 12. ont / 13. tient / 14. préfère

Exercice 2.28 (Reconstitution de texte)

Il était dix-sept heures. M. Pinson, en soupirant, a demandé à Marie de commencer à mettre les bijoux les plus précieux dans le coffre-fort. « Enfin ! », a soupiré à son tour la vendeuse, une femme entre deux âges. « Quelle journée désastreuse ! Les clients se font de plus en plus rares. » « Oui, en effet, a répondu le patron, les temps sont durs, et les amoureux y pensent à deux fois avant d'offrir une bague à diamants à leur____ fiancée. Et puis, tu sais, aujourd'hui les mariages ne sont plus tellement à la mode. Je crois qu'il est inutile de rester ouvert jusqu'à six heures. » Marie a fait signe que oui et a rappelé à son patron de ne pas oublier le système d'alarme. « Des bandits ont dévalisé plusieurs bijouteries du quartier. Quelle peste, ces cambrioleurs ! » Au même instant, la porte s'est ouverte brusquement pour laisser passer le dernier client de l'après-midi.

À première vue, le bijoutier et son employée n'ont rien remarqué de particulier chez ce client de la dernière heure. C'était un homme de taille moyenne, bien rasé et soigneusement coiffé ; il portait un complet gris assorti d'une chemise noire et d'une cravate jaune. Ses souliers minutieusement polis brillaient comme des miroirs. Il y avait cependant quelque chose de trop soigné dans sa tenue et aussi d'un peu faux. M. Pinson allait s'occuper de lui, lorsqu'il a remarqué le revolver qu'il tenait à la main.

Module 4 : Des gens hors de l'ordinaire
Chapitre 2 : La boîte à outils

Pré-test
Partie 1

1. Nous chantons, Tu chantes / 2. Je réussis, Elles réussissent / 3. Vous comprenez, Elles comprennent / 4. Il a, J'ai / 5. Tu es, Nous sommes

Partie 2

était, avait, électrisait, connaissaient, a créé

Exercice 2.1

ont renouvelé (passé composé), renouveler / connaissaient (imparfait), connaître / faisaient (imparfait), faire / se produisaient (imparfait), se produire / a reconnu (passé composé), reconnaître

Exercice 2.2

1. Nous <u>analysons</u>, Elles <u>analysaient</u> / 2. Nous <u>réunissons</u>, Je <u>réunissais</u> / 3. Nous <u>vendons</u>, Il <u>vendait</u> / 4. Nous <u>faisons</u>, Vous <u>faisiez</u> / 5. Nous <u>avons</u>, Ils <u>avaient</u> / 6. Nous <u>allons</u>, On <u>allait</u> / 7. Nous <u>venons</u>, Tu <u>venais</u> / 8. Nous <u>connaissons</u>, Yvonne <u>connaissait</u> / 9. Nous nous <u>lavons</u>, Je me <u>lavais</u> / 10. Nous sommes, Nous étions
Le verbe être

Exercice 2.4

1. était / 2. travaillait / 3. jugeaient / 4. reprochait / 5. disait.

Exercice 2.6
1. passais / 2. avait / 3. nageais / 4. disait / 5. ressemblais.

Exercice 2.8
1. transcendait / 2. allait / 3. ont qualifié / 4. étaient / 5. a pas empêché / 6. avaient / 7. n'ont jamais écrit / 8. a été / 9. émouvait / 10. reposait / 11. se distinguait / 12. exprimait / 13. chantait / 14. touchait / 15. rêvait.

Exercice 2.9
1. Il **était** (É-D) / 2. Il **faisait** (É-D) / 3. Denise **s'est installée** (AP) / 4. Elle **a commandé** (AP) / 5. elle **a vu** (AP) / 6. qui **traversait** (É-D) / 7. Elle l'**a appelé** (AP) / 8. Il **est venu** (AP) / 9. les musiciens **sont montés** (AP) / 10. Le groupe **était** (É-D) / 11. Ils **étaient** (É-D) / 12. Ils **portaient** (É-D) / 13. Ils **avaient** (É-D) / 14. Des verres fumés **cachaient** (É-D) / 15. ils **ont regardé** (AP) / 16. chaque musicien **a pris** (AP) / 17. Le chef du groupe **s'est approché** (AP) / 18. le public **a commencé** (AP) / 19. Les musiciens **paraissaient** (É-D) / 20. la foule **criait** (É-D)

Post-test
Partie 1
améliorions, améliorer, amélioré, avons amélioré / finissions, finir, fini, avons fini / attendions, attendre, attendu, avons attendu / allions, aller, allé, sommes allés / faisions, faire, fait, avons fait.
Partie 2
1. était / 2. ont créé / 3. connaissaient / 4. examinaient / 5. avait / 6. a provoqué

Exercice 2.15 (Reconstitution de texte)
Céline Dion, une des plus grandes chanteuses du monde a commenc**é** à chant**er** à cinq ans. Selon sa mère, même très jeune, rien d'autre n'intéress**ait** Céline. Elle n'aim**ait** pas l'école et **elle** ne parlait que de chanter. Elle profitait de tout**es** les occasions pour se produire en public. Déjà, elle rêvait **de** devenir une grande star de la chanson.

Les parents de Céline **ont** toujours cru au talent de leur fille. D'ailleurs, dans **la** famille Dion, on aimait beaucoup le chant et **la** musique. Madame Dion **a** écrit les paroles de quelques chansons de Céline ; son frère y a ajout**é** la musique.

Un jour, monsieur et madame Dion **ont** présenté Céline à un imprésario qui s'appelait René Angelil. Celui-ci a cru au talent de Céline et **a** décidé de s'occup**er** de sa carrière. Comme Brian Epstein l'avait fait pour **les** Beatles.

On dit que Céline, avec Barbra Streisand, possèd**e** une des plus belle**s** voix du monde. Aujourd'hui, elle se produit sur la scène international**e** et vend des millions de disques. Pas mal pour une petite fille de Charlemagne, P.Q. !